Die Subkultur der Hooligans

Merkmale, Probleme, Präventionsansätze

von

Ina Weigelt

Tectum Verlag
Marburg 2004

Weigelt, Ina:
Die Subkultur der Hooligans.
Merkmale, Probleme, Präventionsansätze.
/ von Ina Weigelt
- Marburg : Tectum Verlag, 2004
ISBN 978-3-8288-8679-7

© Tectum Verlag

Tectum Verlag
Marburg 2004

Vorwort

Ich muss ehrlich zugeben, vor einem halben Jahr hatte ich wenig Ahnung von Fußball und noch weniger Ahnung von Hooligans. Es wäre mir wahrscheinlich auch nicht in den Sinn gekommen, mich mit dem Thema weiter auseinanderzusetzen. Als es darum ging, ein Diplomarbeitsthema auszuwählen, hatte ich dementsprechend anfangs ganz andere Eingebungen. Da jedoch meine Vorstellungen nicht wirklich umzusetzen waren, musste ich mir ein anderes Thema einfallen lassen. In Überlegung mit meinem betreuenden Dozenten kam ich dann zum Thema Hooligans. Zunächst einmal konnte ich damit nicht viel anfangen. Nach einiger Zeit und Gedanken darüber entwickelte sich bei mir ein neugieriges Interesse am Thema. Ich fand es spannend, sich mal mit etwas zu beschäftigen, mit dem man sonst eigentlich nichts zu tun hat, d.h. an was man infolgedessen recht unvoreingenommen herangehen kann. Es reizte mich, sich in etwas theoretisch hineinzufinden und es neu geordnet zusammenzutragen.

Das Problem der ganzen Sache liegt natürlich auch auf der Hand: Mein jetziges Wissen (und natürlich das Wissen was hier abgedruckt ist) ist größtenteils angelesen oder „angehört" von subjektiven Dritten, wie dem Fernsehen, Freunden und Fußballfans. Praktisch hatte ich wenig Möglichkeit direkt mit Hooligans in Kontakt zu kommen oder sie bei ihren Gewalttouren zu begleiten. Ich war in einigen Fan-Blöcken von der 1. Bundesliga bis zur Regionalliga, aber mehr als Fotos und Eindrücke konnte ich da für meine Arbeit nicht sammeln. Diesem Dilemma wohl bewusst, habe ich versucht in meiner Arbeit mehr die wirklichen Experten zu Wort kommen zu lassen, um diese anschließend kritisch gegenüberzustellen und daraus meine eigenen Schlüsse zu ziehen. Es sei mir daher meine „praktische Unwissenheit" verziehen.

Bedanken möchte ich mich bei meinem fachlichen Betreuer und Erstgutachter Dr. Thomas Meyer für die Unterstützung und die freie Hand bei der inhaltlichen Füllung meines Themas. Auch meinem Zweitgutachter Univ.-Prof. Dr. Thilo Eisenhardt gilt der Dank für die Korrektur. Danken möchte ich auch meiner Familie, die mich für die Zeit der Arbeit wieder zu Hause aufgenommen hat und mir für die drei Monate weitestgehend die nötige Ruhe gewährt und den Rücken frei gehalten hat. Des Weiteren bei allen Freunden, die mich mit ihrem Wissen (besonders beim Thema Fußball) unterstützt haben. Für die grammatische und orthographische Korrektur möchte ich mich bei Matthias Zwarg bedanken.

Ina Weigelt

Zschopau, im Juli 2003

Inhalt

1. **Einleitung** — 11
2. **Merkmale** — 13

   2.1 Begriffsklärungen — 13
      2.1.1 Hooligan / Hooliganismus — 13
      2.1.2 Devianz / Gewalt — 15
      2.1.3 Subkultur — 15

   2.2 Geschichte des Hooliganismus — 19
      2.2.1 Geschichte von Krawallen bei sportlichen Großveranstaltungen, insbesondere bei Fußballspielen — 23
      2.2.2 Ausdifferenzierung der Fan-Szene — 28
         2.2.2.1 „Neckermänner" — 30
         2.2.2.2 „Kutten" — 31
         2.2.2.3 „Hools" — 32
      2.2.3 Entwicklung des Hooliganismus in der DDR und in den neuen Bundesländern — 33
      2.2.4 Ost-West-Vergleich der heutigen Hooligan-Szene — 38
      2.2.5 Neuere Entwicklungen — 40

   2.3. Ursachen von Zuschauerausschreitungen und Hooliganismus — 44
      2.3.1 Die Entwertungsthese (nach Heitmeyer) – Individualisierung und ihre Folgen — 47
      2.3.2 „Gewalt macht Spaß" – Die Frage nach dem Warum — 49
      2.3.3 Massenbewegungen und Gruppenverhalten — 51
      2.3.4 Gewalt bei den Fußballspielern — 53
      2.3.5 Die Rolle des DFB, der Vereine und die zunehmende Kommerzialisierung und Professionalisierung des Profi-Fußballs — 56
      2.3.6 Aggressor in Grün – Die Polizei als „3. Mob" — 59

2.4 Spezifische Merkmale und Verhaltensweisen der Hooligansubkultur — 68

- 2.4.1 IDENTIFIKATION MIT DEM VEREIN — 68
- 2.4.2 ÄUßERLICHE ERSCHEINUNG — 71
- 2.4.3 HIERARCHISIERUNG („GUTE", MITLÄUFER, „LUTSCHER") — 73
- 2.4.4 EHRENKODEX — 74
- 2.4.5 ALKOHOL- UND DROGENKONSUM — 77
- 2.4.6 VISUALISIERUNGEN (FANZINES, TRANSPARENTE, AUFKLEBER, COMICS ETC.) — 80
- 2.4.7 EXKURS: ULTRAS – EINE ABGRENZUNG — 87
- 2.4.8 SOLIDARITÄT UND ANERKENNUNG — 91
- 2.4.9 MÄNNLICHKEIT UND KÖRPERLICHKEIT — 93
- 2.4.10 FREUND- UND FEINDSCHAFTEN — 95
- 2.4.11 PROVOKATION ALS WICHTIGSTES „INSTRUMENT" DER HOOLIGANS — 99
- 2.4.12 DER ABLAUF EINES HOOLIGAN-„SPIELTAGS" — 102

3 Ausgewählte Probleme — 108

- 3.1 Politisierung der Hooligan-Szene – „rechte" und „linke" Gewalt — 108
- 3.2 Die Rolle der Medien bei der Gewaltentstehung — 113
- 3.3 Besonderes Problem: Länderspiele — 118
- 3.4 Auf gute Feindschaft: Das deutsch-holländische (Fußball-)Verhältnis — 121
- 3.5 Frauen in der Fußballfan- und Hooliganszene — 127

4 Prävention von gewalttätigem Zuschauerverhalten — 131

- 4.1 durch die Sozialarbeit — 133
    - 4.1.1 Fan-Projekte — 134
    - 4.1.2 Akzeptierende Jugendsozialarbeit nach Krafeld — 140

4.1.3 Sportsozialarbeit	– 145
4.2 durch die Polizei	– 149
4.3 durch die Stadienordnung und -architektur	– 155
4.4 durch die Ordner	– 160
4.5 durch die Vereine/den DFB	– 164

5 Persönliches Resümee – 166

6 Literatur – 171

7 Anhang – 179

Abkürzungsverzeichnis

a.a.O.	am angegebenen Ort
Abb.	Abbildung
ABM	Arbeitsbeschaffungsmaßnahme
Anm. d. Verf.	Anmerkung des Verfassers
ANS/NA	Aktionsfront Nationale Sozialisten / Nationale Aktivisten
AOR	Akademischer Oberrat
BMD	„Bester Mob Deutschlands" – Fan-/Hooligan-Gruppe in Hannover
BRD	Bundesrepublik Deutschland
BSG	Betriebssportgemeinschaft
bzw.	beziehungsweise
ca.	circa
CCCS	Centre for Contemporary Cultural Studies (Birmingham)
D.h. / d.h.	das heißt
DDR	Deutsche Demokratische Republik
DFB	Deutscher Fußballbund
Dr.	Doktor
DSJ	Deutsche Sportjugend
DVU	Deutsche Volksunion
EG	Europäische Gemeinschaft
EM	Europameisterschaft
etc.	et cetera – und so weiter
evtl.	eventuell
f.	folgende Seite
FC	Football Club / Fußball Club
ff.	folgende Seiten
FIFA	Fédération Internationale de Football Association - Internationaler Fußballverband
FKK	Freikörper-Kultur
ggf.	gegebenenfalls
Hool(s)	Hooligan(s)
Hrsg.	Herausgeber
HSV	Hamburger Sport-Verein
IM	Inoffizieller Mitarbeiter
insbes.	insbesondere
ISDN	Integrated Services Digital Network – digitaler Telefonstandard
KOS	Koordinationsstelle Fan-Projekte
LKA	Landeskriminalamt
m. E.	meines Erachtens
mind.	mindestens
n. Chr.	nach Christus
NKSS	„Nationales Konzept Sport und Sicherheit"

NPD	Nationaldemokratische Partei Deutschland
NRW	Nordrhein-Westfalen
PD	Privat-Dozent
PKW	Personenkraftwagen / Auto
RAF	Rote Armee Fraktion
resp.	respektive
S 04	FC Schalke 04
S.	Seite
SED	Sozialistische Einheitspartei Deutschland
Sept.	September
SKB	szenekundiger Beamte
sog.	so genannt(e)
St.	Sankt
StGB	Strafgesetzbuch
u.a.	unter anderem
UEFA	Union of European Football Association – Europäischer Fußballverband
Univ.-Prof.	Universitätsprofessor
usw.	und so weiter
v. Chr.	vor Christus
v. a.	vor allem
VfB	Verein für Ballspiele
vgl.	vergleich(e)
WM	Weltmeisterschaft
z. T.	zum Teil
z.B.	zum Beispiel
ZIS	Zentrale Informationsstelle Sporteinsätze
zit.	zitiert

1 Einleitung

Spätestens seit den Ereignissen in Lens (zur Fußball-Weltmeisterschaft in Frankreich 1998) dürfte ein Großteil der deutschen Bevölkerung wissen, was Hooligans sind: brutale Schläger, zurückgebliebene Jugendliche mit schlechter Kindheit, Neonazis und vor allem keine richtigen Fußballfans. Da sind sich vor allem die Offiziellen (von den Vereinen, vom DFB etc.) einig. Dass dieses Raster nicht so einfach über die gewaltbereiten Jugendlichen und jungen Männer gelegt werden kann, will ich mit dieser Arbeit richtig stellen. Ich will die Subkultur der Hooligans gründlich analysieren, um dabei die Vorurteile von den wirklichen empirisch nachgewiesenen Gegebenheiten zu trennen.

Aus dieser Zielsetzung heraus lag dementsprechend das Hauptaugenmerk meiner Arbeit auf dem ersten Teil, in welchem ich versuchte, die besonderen Spezifika der Subkultur herauszufiltern. Dafür notwendig waren anfangs die klare Abgrenzung der Begriffe und die Erklärungen über die Geschichte des Hooliganismus, die auch die heutige Differenzierung der (deutschen) Fußballfanszene begründet. Nicht zuletzt sollten innerdeutsche Unterschiede dabei herausgearbeitet werden. Nach diesen Vorüberlegungen und Differenzierungen habe ich mich der Ursachenanalyse zugewandt. Schnell habe ich festgestellt, dass es nicht die Ursache für jugendliches Gewalthandeln gibt, deshalb war es notwendig mehrere (theoretische wie praktische) Ansätze zu erläutern. Schließlich habe ich mich den spezifischen Merkmalen und Verhaltensweisen der Hooligans gewidmet. Auch hier war es nicht mein Ziel, ein bestimmtes Raster anzulegen, nach dem Hooligans „erkannt" und „entlarvt" werden können, vielmehr war es mein Anliegen zu zeigen, wie viele Facetten diese Subkultur hat und wo Affinitäten zu anderen Jugend(sub)kulturen zu finden sind.

Im zweiten Teil meiner Arbeit habe ich besondere Probleme – Hooligans würden vielleicht eher sagen: Aspekte – der Hooliganszene vorgetragen, die im ersten Teil noch nicht mit zum Ausdruck kamen. So werden die politischen Orientierungen der Hools, die Rolle der Medien, das Problem Länderspiele, die deutsch-holländischen Hooligan- und Fanbeziehungen und die Rolle der Frauen in der Szene aufgegriffen, um das Bild der Hooligans und ihrer Umstände zu verfeinern.

Im letzten Teil schließlich beschäftige ich mich mit den Präventionsmaßnahmen. Prävention wird von allen Instanzen, die sich mit „Hooliganbekämpfung" beschäftigen, groß geschrieben. Wie dies praktisch verwirklicht wird, ist jedoch sehr unterschiedlich. So wird in der Sozialarbeit – allen voran in der Fan-Projektarbeit – Akzeptanz für die Lebenswelt und für die Bewältigungsstrategien der Fans gefordert. Dem gegenüber stehen die überwiegend repressiv orientierten Maßnahmen der Polizei. Auch die Regierung hat versucht, den Fußballausschreitungen Einhalt zu gebieten, indem sie im „Nationalen Konzept Sport und Sicherheit" (und in anderen Gesetzen) Richtlinien für die Stadienordnung, bauliche Maßnahmen, für die Ordnerdienst u.a. aufgestellt hat. Schließlich und endlich beschäftigen sich auch die Vereine und ihr Dachverband der Deutsche Fußballbund (DFB) – wenn auch dürftig – mit dem „Hooliganproblem".

Im Hinblick auf die nächste Fußballweltmeisterschaft 2006 in Deutschland bleibt zu sagen, dass es wohl naiv ist, zu glauben, die Ausschreitungen bei Fußballspielen werden sich von allein auflösen oder sich durch die Maßnahmen der verschiedenen Institutionen bedeutend verringern. Deshalb scheint es m. E. sinnvoll, sich mit dem Thema besonders in der Sozialarbeit auseinanderzusetzen, um weitere Strategien für die Praxis zu entwickeln, die es denn Jugendlichen erlauben, ihre Bedürfnisse auszuleben, ohne dabei Personen oder Sachgegenstände zu gefährden.

2 Merkmale

2.1 Begriffsklärungen

2.1.1 Hooligan / Hooliganismus

> „Hoolganismus ist eine männliche Form zivilen Ungehorsams, eine nichtpolitische Rebellion gegen die sinnlose Autorität des Alltags, ein Versuch, die von montags bis freitags aufgezwungene Rolle abzustoßen, aus dem langweiligen, abstumpfenden Spießerdasein auszubrechen – wenigstens für ein paar Stunden."[1]

Um diese beiden Begriffe zu definieren, will ich zunächst einmal nach der Herkunft des Begriffes „Hooligan" suchen. Ralf Ek hat herausgefunden, dass der Begriff zum ersten Mal im Jahre 1898 in einer englischen Tageszeitung im Zusammenhang mit Alkohol und exzessiver Gewaltanwendung auf öffentlichen Plätzen benutzt wurde[2]. Woher dieser Begriff jedoch kommt, ist sehr umstritten und es gibt viele Erklärungsversuche. Ek nennt zwei mögliche Abstammungen: *„Zum einen könnte sich der Begriff auf eine irisch-stämmige Familie namens 'Houliah' beziehen, die landesweit wegen ihrer gewalttätigen und trinkfesten Mitglieder bekannt war und in volkstümlichen irischen und schottischen Liedern besungen wurden. Zum anderen könnte Hooligan aus einer missverständlichen Übernahme von 'Hooley´s gang' entstanden sein, einer Bande jugendlicher Straßenkrimineller."*[3] Eine weitere Variante besteht darin, „Hooligan" als englischen Kunstbegriff anzusehen, der sinngemäß mit „Straßenrowdy" oder „Halbstarker" übersetzt wird. Oder der Begriff kommt vom irischen Wort „hooley", was so viel heißt wie „Sauforgie", und wurde zu Hooligan verdreht. Aber es gibt auch Begriffserklärungen, die davon ausgehen, dass der Begriff etymologisch nicht von der britischen Insel kommt, sondern aus dem slawischen Sprachgebrauch. Denn ca. seit 1900 wurde der Begriff parallel auch in Russland benutzt.

Für welche Variante man sich nun entscheidet, fest steht, dass ab etwa 1900 „Hooligan" benutzt wurde, um Straßenkriminelle zu beschreiben und auch Männer, die durch rowdyhaftes Verhalten und enormen Alkoholkonsum auffielen[4]. Erst seit den 80er Jahren des 20. Jahrhunderts wurde in Deutschland und ca. 15 bis 20 Jahre zuvor in England der Begriff im Zusammenhang mit gewalttätigen Fußballfans verwendet. „Hooligan" löste damit Begriffe wie „Fußballrocker" oder „Fußballrowdy"[5] ab, denn – wie ich in Kapitel 2.2.1 noch näher beschreiben werde – nicht erst seit den 80er Jahren gibt es das Phänomen der Randalierer beim Fußball. Nun aber hatte sich die Fanszene in friedliche und randalierende Fans geteilt (siehe Kapitel 2.2.2). Bei der neuen *„sich zu körperlichen Auseinandersetzung bekennenden Gruppierung"*[6] hatte sich der Begriff durchgesetzt und wurde genutzt um sich von den friedlichen Fans – den so genannten „Kutten" und „Normalos" (siehe Kapitel 2.2.2) – abzugrenzen.

Meier definiert nun Hooligans als *„Personen, die im Umfeld von Fußballspielen und Ereignissen durch gewalttätige Aktionen gegen Personen und Sachen auffallen."*[7] Hooliganismus ist demzufolge die Zuschauergewalt, die aus der aggressiven Auseinandersetzung zwischen rivalisierenden Hooligangruppen gewaltbereiter junger Männer vor, während oder nach einem Fußballspiel entsteht.

Meier bezieht in die Definition des Hooliganismus die Subkulturkomponente mit ein: *„Hooliganismus wird als eine gewalttätige Subkultur verstanden, deren innersubkulturell physisch gewalttätiger Aktionismus auf keiner ideologischen oder theoretischen Grundlage basiert."*[8] Damit will er auch die Subkultur von dem Vorurteil lösen, politischen oder gar rechtsradikalen Interessen zu unterliegen.[9]

2.1.2 Devianz / Gewalt

> „Augenscheinlich war die Gewalttätigkeit eine Art Protest. So gäbe es Sinn: Fußballspiele dienten als Ventil für heftige Frustrationen. So viele junge Leute waren arbeitslos geworden oder hatten überhaupt noch nie Arbeit gefunden. Folglich war die Gewalt eine Art Rebellion – soziale Rebellion, Klassenrebellion, irgend so was."[10]

Ein wichtiger Aspekt bei der Beschreibung der Hooligansubkultur ist der Gewaltaspekt. Gewalt spielt bei den Hooligans eine zentrale Rolle, sie ist ein Machtinstrument, mit dem sie spielen, aber sie ist auch ein Aspekt, der den Jugendlichen und jungen Männern physisch, psychisch und strukturell widerfährt.

Devianz oder abweichendes Verhalten wird als einmalige oder dauerhafte Verletzung gegebener sozialer Normen verstanden. Was als abweichendes Verhalten gilt, entscheidet die jeweilige Gesellschaft. Da die Normen und das entsprechende Verhalten einem ständigen Wandel unterliegen, ist das Urteil, ob es sich um deviantes Verhalten handelt, im Einzelfall sehr schwierig zu treffen.

Die physische Gewalt der Hooligans kann als abweichendes Verhalten von Jugendlichen verstanden werden, denn in der hiesigen Normalgesellschaft wird physische Gewalt weitestgehend abgelehnt. Hier liegt auch wieder ein Differenzierungspunkt zu „normalen" Fußballfans, die sich eher noch an den Werten und Normen der Gesellschaft orientieren. So schreibt z.B. Gehrmann: *„Fußballfans tragen ihren gepflegten Haß (‚Pflastersteine für die Schalker Schweine!') im Stadion öffentlich vor wie Hooligans ihre Lust an der Gewalt offen ausleben."*[11]

(aus Becker/Pilz 1988, S.99)

Wollen wir nun aber den Gewaltbegriff näher bestimmen. Dass Gewalt nicht nur dann vorliegt, wenn „Blut" fließt[12], steht wohl eindeutig fest. Trotzdem scheint es lohnenswert, es noch einmal zu erwähnen, denn damit kann man sich die Frage stellen, *„ob nicht die vielfach gesellschaftlich geduldeten, legitimierten, ja manchmal sogar gepriesenen subtil verfeinerten Formen der psychischen und strukturellen Gewalt viel problematischer sind, viel mehr Schaden anrichten als manche der gesellschaftlich geächteten Formen körperlicher Gewaltanwendung."*[13] So möchte ich mich der Gewaltdefinition von Theunert anschließen, der schreibt: *„Gewalt ist ... die Manifestation von Macht und/oder Herrschaft, mit der Folge, und/oder dem Ziel der Schädigung von einzelnen oder Gruppen von Menschen."*[14] Zu dieser Definition gehören zwei Bestimmungskriterien: Erstes Kriterium der Gewalt ist, die *„bei dem oder der Betroffenen feststellbare Folge, die durch Gewalt bewirkte Schädigung [...] Das Ziel der Gewaltausübung tritt gegenüber der Folge in den Hintergrund, es ist sekundäres Bestimmungskriterium."*[15] Zweites Kriterium ist, dass sie an die *„Ausübung oder Existenz von Macht und Herrschaft gebunden ist. Macht und Herrschaft gründen auf der Verfügung über Machtmittel, die die Voraussetzungen zur Gewaltanwendung schaffen."*[16]

Pilz geht weiter und lässt die sozialen Bedingungen in seinen Gewaltbegriff mit einfließen, die maßgeblich an der Gewaltentstehung beteiligt sind.[17] So fordert er, – anlehnend an Horn – dass *„die Wirkungszusammenhänge zwischen Sozialstruktur und Verhalten aufgedeckt werden. Dies gilt auch und gerade für die Gewalttätigkeit Jugendlicher, deren personales Gewaltverhalten überwiegend eine Folge gesellschaftlich produzierter, struktureller Gewalt ist."*[18] Für Pilz liegt die Gewalt des Individuums in der Umwelt bzw. der Lebenswelt des Menschen. Deshalb können gewalttätige Handlungen gesamtgesellschaftlich betrachtet unsinnig und falsch erscheinen, jedoch auf der Ebene des Individuums akzeptabel oder gar sinnvoll sein. So kann das Problem der Gewalt nicht so einfach gelöst werden. Oder wie es Pilz ausdrückt: *„Wie jedes menschliche Verhalten ist auch das gewaltförmige Verhalten von Jugendlichen nur sachgerecht zu beurteilen und kann entsprechend auch nur sachgerecht darauf reagiert werden, wenn wir es in den Kontext übergreifender, gesellschaftlicher Probleme und Wertordnungen stellen."*[19]

Diese Lebenswelt ist für die Fußballfans und Hooligans die Sportwelt. Und der Kampf und die Gewalt im Sport sind dominant. So schreiben Pilz und Silberstein: *„Zusammenfassend lässt sich festhalten, dass sich im Sport im Zuge des Zivilisationsprozesses eine zunehmende Kontrolle von Affekten und expressiven Formen der Gewalt festmachen lässt. Dies führt einerseits zu einer Verlagerung zu instrumentellen Formen der Gewalt, andererseits aber auch zu einer sehr unterschiedlichen Ausprägung dieser Entwicklung in den verschiedenen Sportarten. Diese Ergebnisse sind in mehrfacher Hinsicht bedeutsam für das Problem der Zuschauer- bzw. Fangewalt:*
- *Fans kommen überwiegend aus einem Sozialmilieu, in dem Gewalt- und Affektkontrolle wenig ausgeprägt sind;*
- *Fans haben offenbar im Umfeld von Fußballspielen gute Möglichkeiten, gesellschaftlich tabuierte Formen der Gewalt, also expressive Gewalt, auszuüben und auszuleben. Hier kann man aus sich herausgehen und kann alle Formen kontrollierten Handelns vergessen. Gleichzeitig kann man sich der großen Aufmerksamkeit der Medien sicher sein."*[20]

2.1.3 Subkultur

> *„Diese Fußballfanentwicklung unterliegt den allgemeinen gesellschaftlichen Veränderungsprozessen einer Normalisierungsgesellschaft mit standardisierten Verhaltensanforderungen. [...] Die Verhaltensdiskrepanz zwischen milieuspezifischer und der herrschenden standardisierten Form, die die Einpassung der Individuen in die bestehenden Verhältnisse garantieren soll [...], eskalierte in dieser gesellschaftlichen Entwicklungsphase im jugendlichen Subkulturbereich."*[21]

Beziehen möchte ich mich bei meinen Subkulturüberlegungen auf das Modell von Rolf Schwendter. Er definiert zunächst den Kulturbegriff, um die Negation dessen als Subkultur zu definieren. So ist für ihn Kultur *„der Innbegriff alles nicht Biologischen in der menschlichen Gesellschaft. Oder, anders gesagt: Kultur ist die Summe aller Institutionen, Bräuche, Werkzeuge, Normen, Wertordnungssysteme, Präferenzen, Bedürfnisse usw. in einer konkreten Gesellschaft."*[22] Das entsprechende Gegenteil dessen ist dann die Subkultur, wenn sich nämlich die Institutionen, Bräuche, Werkzeuge, Normen, Wertordnungssysteme, Präferenzen, Bedürfnisse usw. im nicht geringen Maße von denen der Machtträger (oder *„herrschenden Institutionen"*) differenziert.[23]

Schwendter geht weiter und differenziert die Subkulturen – in Anlehnung an Hollstein – in *„Teil- und Gegenkulturen"*. *„Teilkulturen"* sind Konsum- und Kompensationskulturen mit hohen Integrationsgraden, die nicht aus der Jugend hervorgehen, sondern für die Jugend gemacht werden. Diese *„Teilkulturen"* sind für Schwendter weniger interessant. Die *„Gegenkulturen"* verstehen sich selbst (und wollen auch so verstanden werden) als Opposition gegen das bestehende System[24], wobei er da wieder unterscheidet in *„progressive"* und *„regressive"* Subkulturen.[25] Schwendter beschreibt die Subkulturen so:

- *„Die Normen, Institutionen etc. der progressiven Subkulturen dienen diesen dazu, den gegenwärtigen Stand der Gesellschaft aufzuheben, weiterzutreiben, einen grundsätzlich neuen Zustand zu erarbeiten."*[26]

- „Die Normen, Institutionen etc. der regressiven Subkulturen dienen diesen dazu, einen vergangenen Stand der Gesellschaft, Normen, die nicht mehr, oder nicht in dieser Weise, in der gegenwärtigen Gesellschaft wirksam sind, wiederherzustellen."[27]

Auch die „*regressiven*" Subkulturen interessieren Schwendter nur peripher, da zur Zeit der Verfassung des Buches von Schwendter der allgemeine Zeitgeist mehr links schwebte, sprich man eine neue Gesellschaft mit neuen Normen, Werten etc. schaffen wollte. Die zwar schon wieder gegründete NPD hatte ihre ersten Erfolge gehabt, aber die Neonazi-Szene (die man ja im Sinne von Schwendter als regressiv bezeichnen kann) wurde weder als Subkultur noch als Jugendsubkultur ernst genommen.[28] Die „*progressiven*" Subkulturen teilte Schwendter dann wiederum in „*rationalistische*" (an Analysen, Praxis zur Majorität und zu unfreiwilligen Subkulturen, Selbstbestimmung und konkrete Arbeit an technischen Möglichkeiten hin orientiert) und „*emotionale*" (wichtig sind individuelle Freiheit, Entwicklung des Bewusstseins und allgemeine bis kosmische Futurologie) Subkulturen auf.[29] Dazu eine verdeutlichende Übersicht, die Schwendter aufgestellt hat:

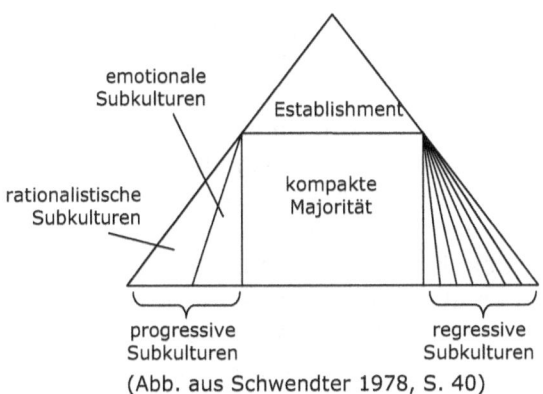

(Abb. aus Schwendter 1978, S. 40)

Ein weiterer wichtiger Ansatz in der Subkulturforschung entwickelten das Birminghamer Centre for Contemporary Cultural Studies (CCCS), das 1964 gegründet wurde. Die Studien der britischen Subkulturforschung befassten sich vor allem mit den

Herkunftsfamilien der Jugendlichen in Subkulturen. Und sie kamen zu ähnlichen Erkenntnissen wie Schwendter: Sie arbeiteten zwei Gruppen heraus: *„die Subkulturen der Arbeiterklasse und die Gegenkulturen der Mittelschicht".*[30] So wurde der Subkulturforschung immer wieder ein milieu- bzw. schichtorientierter Ansatz zugeordnet.

Ein anderer Ansatz wird durch Wilfried Ferchoff gegeben, der sich von dem Milieuansatz löst, und stattdessen für ihn die Subkultur aufgrund der *„Veränderungen des gesamtgesellschaftlichen Gefüges"* entsteht.[31]

Matthesius schreibt in Bezug auf die Subkultur Hooligans der Individualisierungsthese (siehe auch Kapitel 2.3.1) noch einen entscheidenden Aspekt zu, denn die *„die aufgezeigten milieuspezifischen Verhaltensweisen müssen jedoch aufgrund der Individualisierungsthese modifiziert werden. Zeigen die Jugendlichen der im Fußball sozialisierten Fans noch ausgeprägte milieuspezifische Verhaltensweisen auf, so haben sich diese im Zuge der Individualisierungstendenzen verändert. Milieugebundene Jugendliche unterliegen in der Sekundärsozialisation schichtenübergreifenden Sozialisationseinflüssen und neue, nicht dem beschriebenen Milieu zuzurechnende Jugendliche beteiligen sich heute an Fußballfanaktivitäten und verwässern ursprüngliche Handlungsabläufe und –vorgaben."*[32]

In meiner folgenden Arbeit möchte ich mich diesen Überlegungen anschließen. Die Hooligans sind nicht mehr nur aufgrund ihrer Herkunftsfamilie, bzw. ihrer Schicht (was ja die traditionelle Arbeiterschicht wäre) Hooligans, sondern weil sie sich frei für diese Subkultur entschieden haben. Darum gibt es auch Jugendliche aus der Mittelschicht oder gar der Oberschicht, die sich dieser Subkultur anschließen. Klar ist, dass ein Großteil der jungen Männer auch noch aus dem Arbeitermilieu (wenn man mal davon ausgehen möge, dass es dies in der Form noch gibt) kommen, weil es eine Szene ist, in der noch klassische Verhaltensweisen der männlichen Arbeiterklasse zelebriert werden (so z. B. das Männlichkeitsverhalten, Kampf, Solidarität, Konkurrenz etc.). Aber dazu mehr in den nächsten Kapiteln.

1 Farin, Klaus: generation kick.de. Jugendsubkulturen heute, 2001, S. 191
2 vgl. Ek, Ralf: Hooligans. Fakten – Hintergründe - Analysen, 1996
3 Meier, Ingo-Felix: Hooliganismus in Deutschland, 2001, S. 9
4 vgl. Meier, 2001, a.a.O.
5 Nachzulesen sind diese Begriffe in unterschiedlichsten wissenschaftlichen Büchern und Zeitschriften vor ca. 1980, sowie in vielen Artikeln der Presse, so z. B. im „Spiegel", Ausgabe 48, 1982.
6 Matthesius, Beate: Anit-Sozial-Front. Vom Fußballfan zum Hooligan, 1992, S. 111
7 Meier, 2001, S.9, a.a.O.
8 Meier, 2001, S. 12, a.a.O.
9 Zwar gibt es Hooligans, die rechtradikale Haltungen haben, jedoch kann nicht von einer rechten Subkultur gesprochen werden (aber mehr dazu in Kapitel 3.1.1).
10 Buford, Bill: Geil auf Gewalt. Unter Hooligans, 1992, S. 15
11 Gehrmann, Jayin Thomas/Schneider, Thomas: Fußballrandale. Hooligans in Deutschland, 1998, S. 178
12 vgl. Brückner (1979), zit. aus Pilz, Gunter A: Jugend, Gewalt und Rechtsextremismus, 1994, S. 17
13 Pilz, 1994, S. 17, a.a.O.
14 Theunert (1987), zit. aus Pilz, 1994, S. 17, a.a.O.
15 Theunert (1987), zit. aus Pilz, 1994, S. 17, a.a.O.
16 Theunert (1987), zit. aus Pilz, 1994, S. 17, a.a.O.
17 vgl. Pilz, 1994, S. 18, a.a.O.
18 Pilz, 1994, S. 18, a.a.O.
19 Pilz, 1994, S. 19, a.a.O.
20 Pilz, G.A./Schippert, D./Silberstein, W: Das Fußballfanprojekt Hannover, 1990, S. 17
21 Matthesius, 1992, S. 104, a.a.O.
22 Schwendter, Rolf: Theorie der Subkultur, 1978, S. 10
23 vgl. Schwendter, 1978, S. 11, a.a.O.
24 vgl. Schwendter, 1978, S. 11, a.a.O.
25 vgl. Schwendter, 1978, S. 37f., a.a.O.
26 Schwendter, 1978, S. 37, a.a.O.

27	Schwendter, 1978, S. 37, a.a.O.
28	vgl. Farin, 2001, S. 17ff., a.a.O.
29	vgl. Schwendter, 1978, S. 40, a.a.O.
30	Farin, 2001, S. 62f., a.a.O.
31	Ferchhoff, zit. aus Meier, 2001, S. 12, a.a.O.
32	Matthesius, 1992, S.21f., a.a.O.

2.2 Geschichte des Hooliganismus

2.2.1 Geschichte von Krawallen bei sportlichen Großveranstaltungen, insbesondere bei Fußballspielen

> *„Der Fußball ist, darüber kann kaum ein Zweifel bestehen, sowohl Ausdruck wirklicher Konflikte wie Anlass, sie auszutragen. Was hat aber das Spiel selbst mit realen Konflikten zu tun? Wer die Spielstruktur des Fußballs untersucht, wird zunächst feststellen, dass richtige Kämpfe und Wettkämpfe gewisse Gemeinsamkeiten aufweisen: Auch im Fußball wird, wie im wirklichen Leben, real gehandelt, auch eine sportliche Entscheidung kann von den Beteiligten sehr ernst genommen werden. Sieg und Niederlage können auch im Spiel ziemlich bedeutsam werden."*[33]

Gewalt im Zusammenhang mit sportlichen Großveranstaltungen gibt es schon, seit es den Sport bzw. die Zuschauer gibt. So sind bereits aus der Antike Zuschauerausschreitungen überliefert. Tacitus schreibt zum Beispiel über die Sicherheitsmaßnahmen der Dionysyen in Chios. Dort gab es nämlich sog. „Stock- und Peitschenträger" (heute würde man sagen Polizeibeamte), die für Recht und Ordnung zu sorgen hatten und das ausdrückliche Recht der körperlichen Züchtigung hatten.[34] Die antiken Schriften raten, *„bei Fackelläufen, Wettkämpfen und anderen öffentlichen Veranstaltungen auf der Hut zu sein und durch überlegte Postierung von Sicherheitskräften an strategisch wichtigen Punkten jede Möglichkeit zum Aufruhr im Keim zu ersticken."*[35] In Delphi wurde um 450 vor Christus während Wettkämpfen das Mitnehmen von alkoholischen Getränken ins Stadion untersagt, nachdem es immer wieder zu Randalen von betrunkenen Stadionbesuchern kam.[36]

Middendorf zitiert folgende Geschichte, die sich ebenso gut in den heutigen Ligen abspielen könnte, jedoch aus dem Jahre 59 n. Chr. stammt: *„In der Stadt P[ompeji] fand eine Wettkampfveranstaltung zwischen den Mannschaften von P[ompeji] und der benachbarten Stadt N[ivevia] statt. Als die Wettkämpfe begannen, feuerten die Zuschauer auf den Tribünen ihre Kämpfer* *lautstark an. Dann gab es zwischen den Parteien zuerst Schimpfereien, anschließend folgten Steine und schließlich gingen die Zuschauer beider Parteien mit Fäusten, Stöcken und Dolchen aufeinander los. Die herbeigerufenen Ordnungshüter schlugen wahllos in das Getümmel, so dass eine Panik ausbrach. Die Fliehenden schlugen blindwütig auf alles ein, was sich ihnen in den Weg stellte. 20.000 Zuschauer drängten schreiend aus dem Stadion, viele Menschen wurden niedergetreten, es gab einige hundert Verletzte."*[37] Folge dieser Zuschauerausschreitung war, dass die Beamten, die das Spiel genehmigten, lebenslang verbannt wurden und dass in der Stadt Pompeji zehn Jahre lang keine Gladiatorenkämpfe durchgeführt werden durften.

Auch aus dem Mittelalter gibt es Überlieferungen von Zuschauerausschreitungen. So erließ der Bürgermeister von London 1314 ein Ballspielverbot, da es im Zusammenhang der Ausübung dieser Sportarten immer wieder zu Krawallen kam.

1848 wurden in Cambridge die ersten allgemeinen Fußballregeln aufgestellt (Konrad Koch verfasst 1875 in Braunschweig die ersten deutschen Fußballregeln). Erste Fußballvereine wurden gegründet und auch die Fußballfanszene entstand. Es gab erste Ausschreitungen, da Fußball als Kampf zwischen zwei rivalisierenden Gemeinden (Mannschaften) zelebriert wurde und die Zuschauer auf den Rängen Gebietsansprüche und reale Konflikte austragen wollten. Vor allem bei Spielen zwischen territorialen Nachbarn – sog. Derbys[38] – war mit Krawallen zu rechnen, denn *„im Derby kämpfen die Spieler nicht nur für sich selbst oder um des Fußballs willen, sondern im Namen einer Gruppe. Wenn die Spieler als Repräsentanten einer Gemeinschaft und als Vertreter von deren Idealen antreten, dann, so weiß die Konfliktsoziologie, sind die Auseinandersetzungen unerbittlicher als die, bei denen die Spieler nur ihre persönliche Kampfmotivation mitbringen."*[39] Der britische Soziologe Eric Dunning hat sich mit Forschungen über die Zuschauerausschreitungen in England seit ca. dem 19. Jahrhundert verdient gemacht. Von 1895 bis 1914 errechnet er ca. 200 Fälle von Ausschreitungen pro Jahr.

(Ohne Hooligans und Zäune: **Ein** Polizist gegenüber der Menge im Spiel Brentford-Huddersfield im Sept. 1935; aus Bausenwein, 1995, S. 327)

Im Gegensatz zum heutigen Hooliganismus waren die damaligen Aggressionen weniger gegen die gegnerischen Vereinsanhänger gerichtet, vielmehr hatten sie mit den konkreten Umständen des Spieles zu tun, wie zum Beispiel wenn die Zuschauer unzufrieden mit der Schiedsrichterleistung waren oder über das unfaire Spiel der gegnerischen Mannschaft oder über das überfüllte Stadion. So richtete sich die Gewalt eher gegen den Schiedsrichter oder gegen die Spieler oder gegen andere Fangruppen, was, mal abgesehen von den Derbys, auch damit zusammenhängt, dass zu den Auswärtsspielen wenig Fans mitreisten, einfach weil die (finanziellen) Möglichkeiten sehr beschränkt waren.[40]

Die uns heute bekannten Ausschreitungen im Zuge von Fußballspielen – die seit 1966 mit dem Begriff Hooliganismus (die Herkunft dieses Begriffes habe ich in Kapitel 2.1.1 schon näher erläutert) überschrieben werden – entwickelten sich erst ab ca. der Mitte des 20. Jahrhunderts. Eine nicht unwesentliche Rolle bei diesem Prozess spielten die Medien, so wurde z. B. 1960/61 zum ersten Mal im Fernsehen übertragen, wie Fußballfans ein Spielfeld stürmen. Und 1963 wurde von der Presse zum ersten Mal im großen Stil berichtet, wie die „Schlacht" zwischen katholischen Anhängern des FC Everton gegen die protestantischen Fans der Glasgow Rangers anlässlich der inoffiziellen britischen Meisterschaften ausgetragen wurde. Schon in den 60er Jahren wurden bei Presse und Fernsehen spezielle „Randale"-Reporter eingesetzt, und mittlerweile waren die Ausschreitungen neben dem Spiel mindestens genauso wichtig, wie das Spiel selbst.[41]

In der Öffentlichkeit verbindet man den Hooliganismus (nicht zuletzt wegen der Medien) vor allem mit drei historischen Ereignissen: Heysel, Hillsborough und Lens:

- Am 29. Mai 1985 beim 30. Endspiel um den Europapokal der Landesmeister zwischen Juventus Turin und dem FC Liverpool ereignete sich im Brüsseler Heysel-Stadion die Katastrophe. 39 Menschen starben und 376 wurden zum Teil schwer verletzt, als die Zuschauer in Panik gerieten, weil englische Fußballrowdys die italienischen Fans mit Feuerwerkskörpern beschossen und überdies die Ränge des Stadions maßlos überfüllt waren. Tausende stürmten zu den Ausgängen und dabei wurden in dem Aufruhr Menschen niedergetrampelt und zerquetscht. Diese tragischen Ereignisse hatten zur Folge, dass englische Klubs für mehrere Jahre vom internationalen Spielbetrieb ausgeschlossen wurden und die Regierung Thatcher beschloss in ihrem eingerichteten „Kriegskabinett" mehrere Sofortmaßnahmen, wie z. B. Alkoholverbot in den Stadien, Videoüberwachung, Erweiterung der Polizeibefugnisse, Undercoveragenten in den Fanblöcken. Auch europaweit wurden neue Sicherheitsvorschriften in und um die Stadien durchgesetzt.

- Sheffield 15. April 1989 – „Die Anhänger von Liverpool und Nottingham Forrest strömen auf das Stadion von Hillsborough zu, sie freuen sich auf das FA-Cup-Semifinale. Immer mehr stauen sich vor den Türen, viele kommen spät und sie wollen unbedingt noch hinein, also schieben sie die vor ihnen Stehenden vor sich her. Die Polizisten öffnen ein paar Tore, um den Druck draußen zu senken, die Polizisten sind nervös, sie haben Angst vor Hooligans, sie sind schlecht organisiert. Drinnen aber wird der Druck immer stärker, in einem Tunnel, der zur bereits hoffnungslos überfüllten Leppings Lane Tribüne führt, zerquetschen sie einander, weil sie, von hinten zusammengedrückt, vorne nicht über die ‚Sicherheitszäune' rund ums Spielfeld kommen. 96 Fans sterben in der tödlichen, von ‚Sicherheitskräften' aufgestellten Falle von Hillsborough."[42] Ein Richter, der im Nachhinein Untersuchungen zu dieser Katastrophe durchgeführt hatte, empfahl im sog. „Tayler-Report" die Umrüstung der Stadien von Stehplätzen zu Sitzplätzen. Mittlerweile gibt es bei allen Länderspielen und auch in der englischen Liga in den Stadien nur Sitzplätze. Auch in der deutschen Bundesliga soll das durchgesetzt werden, jedoch gibt es energische Gegenwehr von Seiten der Fans.

Nach diesen schweren Ereignissen, die bei weiten nicht alle waren, bemühte man sich auch in Deutschland intensiv darum, durch präventive und repressive Maßnahmen das Problem „in den Griff" zu bekommen. Dadurch wurde das Ausmaß der Zuschauergewalt in der Mitte der 80er Jahre verringert. Bei der Europameisterschaft in Deutschland 1988 und der darauf folgenden Weltmeisterschaft in Italien 1990 kam es jedoch erneut zu gewalttätigen Auseinandersetzungen. Nach der Wiedervereinigung erfolgte zudem eine weitere Belebung der Situation in Deutschland durch die neuen ostdeutschen Vereine und ihrem hohen Konfliktpotential seitens der Fans. So stieg die Zahl der Gewalttaten noch einmal an. Diese Situation führte zu der Entwicklung des „Nationalen Konzeptes Sport und Sicherheit", das z.B. die Einrichtung von Fan-Projekten vorsah.

- Während der Fußballweltmeisterschaft 1998 in Frankreich wurde nach dem Spiel Deutschland gegen Jugoslawien in Lens der französische Gendarm Daniel Nivel von mehreren deutschen Hooligans niedergestreckt und am Boden liegend weiter getreten und geschlagen. Durch diesen Übergriff erlitt Nivel solche schweren Verletzungen, dass er mehrere Tage im Koma lag. Schon Tage zuvor war klar, dass es an diesem Tag zu Ausschreitungen kommen würde und so fanden sich 600 bis 700 deutsche Hooligans – darunter viele Nazis (Augenzeugenberichten nach mehr als sonst) – an diesem Tag in Lens ein.

- Durch diese Eskalation der Gewalt wurden - auch im Hinblick auf die Europameisterschaft 2000 in den Niederlanden und Belgien – die Präventionsaktivitäten auf nationaler und internationaler Ebene weiter intensiviert. Zwar gelang es den deutschen Verantwortlichen, dass es in den Niederlanden und in Belgien zu keinen Ausschreitungen von deutschen Hooligans kam, jedoch gab es auch bei dieser EM wieder Randale, vor allem von englischen Hools.[43]

2.2.2 Ausdifferenzierung der Fan-Szene

> „Aber es ist möglich, sowohl die Gültigkeit bestimmter universeller deterministischer Modelle als auch die Differenzen anzuerkennen: in wichtigen politischen und ökonomischen Belangen ist die Gesellschaft im Umbau und Umschichtungen begriffen, ebenso wie sie in anderen Belangen von ihren konstanten Elementen beherrscht wird. Gewiss hat es in der Arbeiterschaft immer Gewalttätigkeit gegeben, besonders in Verbindung mit dem Fußballspiel, aber es ist auch richtig, dass die letzte Generation – oder möglicherweise die letzten zwei Generationen – junger Fußballfans aus der Arbeiterschaft sich die Gewalttätigkeit auf eine besondere und unverwechselbare Art zu eigen gemacht haben."[44]

Als Konrad Koch 1875 die ersten deutschen Fußballregeln niederschrieb, wurde damit der Grundstein für organisierten Fußball gelegt. 1900 wurde der Deutsche Fußballbund (DFB) gegründet, die Bundesliga wurde eingeführt und erste Vereine begannen, kommerziell Fußball zu spielen. Fußball wurde zwar schon lange Zeit vorher gespielt,[45] aber mit der Kommerzialisierung entstanden erste Fanclubs. Das Zuschauerverhalten änderte sich, aber auch die Erwartungen des Vereins an seine Zuschauer: *„Nicht das Vereinsmitglied, das durch Mithilfe und Beteiligung in den Vereinsbetrieb involviert ist, sondern der zahlende Konsument, dem für viel Geld 90 Minuten Unterhaltung geboten werden sollte, wurde nun benötigt."*[46] Seit ca. den 70er Jahren stieg in Deutschland die Zahl der Fußballfans und es wurden vermehrt neue Fanclubs errichtet. Es entstanden Fanclubs, die sich zunehmend von der Rolle der konsumierenden Fans lösten und sich immer mehr den *„gesellschaftlichen Zwängen der standardisierten Verhaltensanforderungen"*[47] entzogen. Es entstanden neue Formen des Fußballfandaseins. Auch die Gewalt in den Stadien nahm in dieser Zeit wieder zu. Heitmeyer schreibt dazu: *„Da nicht von einer homogenen Fußballfan-Szene auszugehen ist, stellt sich die Frage nach den unterschiedlichen Motiven. Wir unterscheiden eher konsumorientierte, fußballzentrierte oder erlebnisorientierte Motive, um Identitätsbestrebungen, Fußball und sozialen Alltag über das Erleben* *von Spannungssituationen miteinander zu verbinden.*"[48] Wie nun diese drei Typen von Fußballfans sich im Detail unterscheiden, soll diese Übersicht verdeutlichen:

	Konsumorientierte Fans	**Fußballzentrierte Fans**	**Erlebnisorientierte Fans**
Sportliche Bedeutung des Fußballspiels	hoch; Leistung ist das entscheidende Kriterium	hoch; absolute Treue, auch bei Abstieg	ambivalente Bedeutung: Fußball als „Spektakel"
Austauschbarkeit im Lebenszusammenhang	Fußball ist beliebig austauschbar, Fußball als Freizeitartikel neben anderen Beschäftigungen	Fußball ist nicht austauschbar („Fußball ist mein Leben")	Fußball wird/ist austauschbar („Wichtig ist der Kontakt zu anderen Jugendlichen."; Situationen müssen spannend sein)
Soziale Anerkennungsrelevanz	niedrig; Bestätigung und Akzeptanz in anderen sozialen Bereichen vorrangig und ausreichend	hoch; wichtiges Präsentationsfeld („Hier sind wir eine Macht.")	hoch; wichtiges Präsentationfeld („Hier sind wir eine Macht.")
Gruppenorientierung	schwach; allein oder in wechselnden Kleingruppen; Fanclubs werden unter Servicegesichtspunkten genutzt	stark; Mitgliedschaft in Fanclubs oder Cliquen; Identifikation über Stile	schwankend zwischen Fan-Cliquen und Club-Zugehörigkeit; niedrige Identifikation mit Fan-Club-Zuge-hörigkeit
Sozialräumlich Platzierung	weniger im Fan-Block; eher Gegengerade bis hin zum Sitzplatz	Fan-Block „gelebter Raum"; eigenes Territorium, „Kurve"	wechselnde Standorte; „wo was los ist"

(aus Heitmeyer/Peter 1992, S. 32)

Die Fußballfans hatten natürlich ihre eigenen Begriffe für diese drei Fan-Typen. So werden konsumorientierte Fans als „Neckermänner" oder „Normalos" bezeichnet, fußballzentrierte Fans als „Kutten" und „Hools" bilden einen Teil der erlebnisorientierten Fans.

Auch die Polizei hatte ihre eigenen Begrifflichkeiten, für die Einteilung der Fans, bei der sie sich an gewalttätigen Gesichtspunkten orientiert. So gibt es in Polizeistatistiken Fans der Kategorien A, B und C. Fans der Kategorie A stellen die 90 bis 98% der friedlichen Fans im Stadion dar. Fans der Kategorie B sind konfliktbereit, aber diese aggressiven Situationen entstehen meistens im Zusammenhang mit den sportlichen Ereignissen (z.B. bei Fehlentscheidungen des Schiedsrichters). Die „Kutten" bilden einen Großteil dieser Personengruppe. Kategorie-C-Fans sind die Gewalttäter oder Hooligans, die das Fußballspiel zum Anlass nehmen, um Randale zu machen. Wie bei den Kategorie-B-Fans sind dies meist männliche Jugendliche und junge Männer im Alter von 14 bis 30 Jahren.

Nun will ich aber noch einmal kurz auf die drei Gruppen „Neckermänner", „Kutten" und „Hools" eingehen.

2.2.2.1 „Neckermänner"

Die „Neckermänner" oder konsumorientierten Fans wollen ein gutes Spiel sehen, und gehen deshalb oft nur dann ins Stadion, wenn die Mannschaft gegen einen interessanten Gegner spielt. Sie stehen nicht fanatisch hinter dem Verein, sie wollen, dass der Bessere gewinnt. Seltener sind Besuche von Auswärtsspielen oder bei Regen. Von anderen Fans werden sie oft als Spießer angesehen.[49] „Normalos" lehnen „Kutten" und „Hools" ab, oft sind diese auch Anlass, dass der konsumorientierte Fan nicht ins Stadion kommt, sondern sich lieber das Spiel zu hause vor dem Fernseher anschaut. Trotzdem findet man bei den „Normalos" auch eine *„hohe emotionale Anteilnahme am Fußballspiel"*[50]. Heitmeyer schreibt es folgendermaßen: *„Für die konsumorientierten Fans steht das Erleben von Spannungssituationen, die von anderen dargeboten werden, im engen Zusammenhang mit Leistungsgesichtspunkten, während die soziale Relevanz weitgehend unbedeutend ist."*[51] D.h. die Leistung der Spieler steht im Mittelpunkt und Fußball ist für diesen Fan-Typ eine mögliche Freizeitbeschäftigung, nicht **die** Freizeitbeschäftigung. Deshalb kommt ein „Neckermann" auch oft allein oder mit wechselnden Personen ins Stadion, steht selten im Fan-Block (eher in der Gegengerade oder hat einen Sitzplatz) und ist auch nicht in Fan-Clubs aktiv.

2.2.2.2 „Kutten"

„Kutten" sind die traditionellen Fußballfans. Sie stehen hundertprozentig hinter ihrem Verein. Heitmeyer schreibt, dass für fußballzentrierte Fans *„das Erleben von Spannungssituationen auch in engem Zusammenhang mit den sportlichen Darbietungen* [steht, Anm. d. Verf.], *ist aber nicht ausschließlich leistungsfixiert, sondern die (fast) absolute Treue, selbst bei sportlichen Misserfolg, zählt."*[52] Nach Heitmeyer suchen die meist jugendlichen Fußballfans Anerkennung. Im Fan-Block – das eigene Territorium - wird die Gemeinschaft zelebriert und Gruppenorientierung ist stark ausgeprägt.[53] Der Begriff „Kutte" kommt von den Westen und Jacken (meistens aus Jeansstoff), die mit Aufnähern des bevorzugten Vereins selbst verziert wurden. Auch Autogramme auf den Kutten gehören mit dazu. Darüber hinaus befinden sich auf den Kutten *„Anti-Vereins-Signets"*[54], bei denen die Hassgegner diffamiert werden (zum Beispiel durch „Tod dem..."). Seit den späten 80er Jahren trugen die „Kutten" immer mehr die durch das Merchandising der Vereine vertriebenen Fanutensilien wie Schals, Trikots etc. Auch gibt es bei den „Kutten" eine Hierarchisierung: Oben stehen die, die schon seit Jahren zum Fußball gehen, alle kennen und das größte Wissen über den Verein haben. Die Jüngeren schauen zu den Alten auf. „Kutten" sind im Gegensatz zu den „Normalos" meist in Fan-Clubs organisiert. Sie gehen zu jedem Spiel und fahren auch zu den meisten Auswärtsspielen, indem sie Busse mieten, mit dem Zug oder im eigenen PKW fahren. Im Stadion findet man die „Kutten" zumeist in den Fan-Kurven auf den Stehplätzen. „Kutten" sind aus verschiedenen Gründen (zum Beispiel wegen der folgenden Preissteigerungen, aber auch wegen des „feelings" etc.) überwiegend Gegner der immer mehr zum Trend werdenden Sitzplätze. Dieser Fußballfan-Typ ist auch der, der Stimmung im Stadion macht. Selbstinszenierung wird groß geschrieben. Gesänge, Fahnen, Tänze, Konfetti und Rauchbomben gehören dazu. Die Stimmung wird immer vom Spielergebnis beeinflusst, von Freudentänzen bis hin zu Tränen und Wut ist alles möglich. Da die „Kutten" äußerlich am auffälligsten sind und auch die größte Stimmung machen, fallen sie im Stadion zuerst auf. Und oft erscheinen sie den restlichen Zuschauern als gewalttätige Masse, als Bedrohung, weil sie emotional so beteiligt sind. Früher mag das auch so gewesen sein. Seit es Zuschauer bei Fußballspielen gab, gab es auch Ausschreitungen von Fans. Jedoch erst in den späten 60er Jahren in England (und ca. zehn Jahre später dann auch in anderen Ländern) wurde dies zu einem neuen gesellschaftlichen Problem, als man Profi-Fußball zu einem Medienereignis machen wollte. *„Das öffentliche Interesse am Fanverhalten, das in diesen Jahren verstärkt einsetzte, hatte unter anderem Rechtfertigungsäußerungen bzw. Leugnung der Eigeninszenierung körperlicher Auseinandersetzungen zur Folge."*[55] schreibt Matthesius über die Jahre 1980 bis 1983. Die Folge war, dass sich die Fan-Szene spaltete. Ein Teil löste sich von gewalttätigen Ausbrüchen und blieb als treuer Anhänger in den Fan-Clubs organisiert, man passte sich den gewünschten Verhaltensnormen an. Der andere Teil der unangepassten Jugendlichen brach aus dem organisierten Fanleben aus und schloss sich anderen Straßenbewegungen an (z.B. den Skinheads oder den Punks). Die Gewalttätigkeit wurde beibehalten, aber man löste sich von den „Kutten" und ging lieber unauffällig ins Stadion. Die Hooligans waren geboren.

2.2.2.3 „Hools"

Nach Heitmeyer geht es dem erlebnisorientierten Fan darum, spannende Situationen zu erleben. Fußball soll ein Spektakel sein, notfalls auch durch eigenes Einwirken[56], in dem Sinne *„es ist immer was los, und wenn nichts los ist, dann machen wir was los"*[57]. Bei den erlebnisorientierten Fans gibt es starke Ablösungsprozesse vom Fußball. Wenn es andere Möglichkeiten der Anerkennung (zum Beispiel durch gewalttätige Ausschreitungen) gibt, löst man sich schnell vom Spielverlauf. Dieser Fan-Typ hat keinen festen Standort im Stadion und auch die Gruppen, an denen sie sich orientieren, wechseln.[58] „Hools" oder Hooligans sind ein Teil dieses Fan-Typs. Sie „entstanden" durch die oben erwähnte Spaltung der Fans und sie lehnen die „Kutten" mittlerweile ab, wobei es den älteren Hools sicherlich schwerer fällt, als den jüngeren, da sie selber einmal „Kutten" gewesen sind. Ihre Abgrenzung verdeutlichen sie dadurch, dass sie die typische Fan-Kleidung abgelegt haben und mittlerweile unauffällig oder gar fein gekleidet ins Stadion kommen.[59]

„Hools" üben im Stadion (oder auch davor oder auf dem Weg dahin) ihren eigenen Sport aus. Der Kampf zwischen gegnerischen Hool-Gruppen soll dabei ritterlich, fair und hart sein. Gekämpft wird Mann gegen Mann und ohne Waffen, nach einem ungeschriebenen Gesetz, einem Ehrenkodex. Oft wird sich daran nicht gehalten, Waffen werden sehr wohl eingesetzt, das geht von herumliegenden Wurfgeschossen bis hin zu wirklich gefährlichen Messern und Schusswaffen. Die Hooligan-Aktivitäten geschehen unabhängig vom Spielverlauf, sie sind schon Wochen zuvor akribisch geplant. Das Fußballspiel dient nur noch als Ort und Termin für die Wettkämpfe, die sog. „Städteturniere". Man kann jedoch nicht sagen, dass die Hooligans jegliches Interesse am Fußball und dem Verein verloren haben, waren die meisten doch früher einmal „Kutten". Aber sie halten nicht mehr bedingungslos zu ihrem Verein, sondern nur, so lange etwas da los ist.[60] Das sollte zunächst eine kleine Einstimmung auf die Subkultur der Hooligans sein, auf weitere wichtige Merkmale und Verhaltensweisen werde ich dann im Kapitel 2.4 eingehen.

2.2.3 Entwicklung des Hooliganismus in der DDR und in den neuen Bundesländern[61]

„50 Meter im Quadrat, Rundherum nur Stacheldraht. Weißt Du wo ich wohne? Ich wohne in der Zone! Doch einmal wird es anders sein, Dann sperren wir die Bullen ein Und Chemie Leipzig wird dann Deutscher Meister sein..."[62]

Um zu erklären, wie der Hooliganismus in der Deutschen Demokratischen Republik entstanden ist, muss man zunächst erst einmal ein bisschen etwas über den Profi-Fußball und seine Instrumentalisierung in der DDR sagen. Die oberste Liga im DDR-Fußball war die Oberliga, in der Spitzenclubs der DDR-Bezirke und Betriebssportgemeinschaften (BSG) spielten. Der Leistungssport hatte ganz im Dienste des politischen Kurses zu funktionieren. Er war Propagandamittel, das der Bevölkerung zeigen sollte, wie effizient die realsozialistische Maschinerie arbeitet und wie überlegen das sozialistische System gegenüber dem „Klassenfeind" war. Systematisch wurden die Fußball-

Talente eines Bezirkes in Elitesportzentren aufgebaut und dann durch Delegierungen – oder besser gesagt Zwangsbeförderungen – in künstlich erzeugten Mannschaften zusammengesetzt. Der ganze Spitzensport wurde von oberster Stelle manipuliert und vereinnahmt. Die Spitzenclubs der DDR kamen meistens von der Polizei oder der Armee, weil sportliche Karrieren immer mit Unterwerfung, d.h. durch Zusammenarbeit mit den politischen Organen verbunden waren. Solche Vereine waren vor allem der BFC Dynamo Berlin, die SG Dynamo Dresden und der 1. FC Lokomotive Leipzig. Eine andere Möglichkeit, sich sportlich zu organisieren, waren die BSG. Aber nur wenige BSG – nämlich nur die von Großbetrieben, wie z.B. die von WISMUT (Aue), der Autoindustrie und der Chemiekomplexe im Süden der Republik (Leipzig, Zwickau etc.) – schafften den Sprung in die Oberliga und meistens tummelten sie sich – wegen der Übermacht der „zusammengestellten" Mannschaften – auch nur in der unteren Hälfte der Tabelle. Typische BSG-Clubs waren z.B. die BSG Chemie Leipzig, die BSG Sachsenring Zwickau oder auch die BSG Chemie Böhlen. In der Bevölkerung waren die BSG (meist Arbeiter- und Traditionsvereine) beliebter als die Spitzenclubs, weil sie Antipoden der SED-gesteuerten Fußballclubs waren. So bekam Fußball schon früh eine politische Komponente, er wurde zum symbolischen Machtkampf zwischen „unten" und „oben". Unter dem Deckmantel des Sports und aus der sicheren Masse heraus konnten politische Meinungen geäußert werden. Dementsprechend viele Anhänger hatten die BSG-Clubs. So versammelte sich um solche Vereine auch ein spezielles Protestpotential, bei dem das Interesse weit über den sportlichen Aspekt hinausging. Fans begleiteten ihre Vereine auch bei den Auswärtsspielen, was zwangsweise und auch gewollt zur Konfrontation mit den staatlichen Organen führte.

Gleichzeitig entwickelten sich Mitte, Ende der 70er Jahre eine Jugendszene, die sich von der staatlichen Jugendpolitik nichts mehr vormachen ließ und der Konfrontation mit der Staatsgewalt nicht auswich. Die Jugend lehnte sich gegen die vielen Verbote, Willkür, Polizeigewalt, gegen das Eingesperrtsein und gegen die beschnittenen Freiheiten auf. Erste Subkulturen wie die Skinheads und Punks entstanden Anfang der 80er Jahre. Vor allem die Skinheads provozierten die Staatmacht, indem sie durch rassistische und nationalistische Sprüche auffielen. Vieler dieser Jugendlichen schlossen sich den entstehenden Fan-Clubs der BSG an, da sie merkten, dass sie im Schutz der Masse ihren Protest äußern konnten. Und es blieb nicht nur beim verbalen Protest. Immer öfter kam es zu Ausschreitungen in den Stadien. Es entstanden gewalttätige Flügel der Fan-Clubs, die sich miteinander prügelten. Der Staat reagierte darauf mit steigenden Sicherheitsvorkehrungen, Zäune trennten nun die Zuschauer vom Spielfeld und eingesetzte Sicherheitsbeamte sorgten dafür, dass es nicht zu Exzessen im Stadion kam. Das hatte zur Folge, dass sich die Prügeleien immer mehr um oder auf dem Weg zum Stadion stattfanden. Wenn es einmal keine gegnerischen Fans zum Prügeln gab, richtete sich die Aggression gegen die Polizei, die mit den Fans meist hilflos überfordert war. Gummiknüppel und Polizeimützen waren begehrte Trophäen der Fans. Ende der 70er Jahre kam es immer häufiger zu Todesfällen im Zuge der Prügeleien. In der Öffentlichkeit wurden diese Todesfälle verschwiegen.

Die Stasi schaltete sich ein, und erste Spitzel [sog. IM's (Inoffizielle Mitarbeiter)] wurden unter die Fans geschleust, um gegen die „feindlich negativen Kräfte" vorzugehen und Rädelsführer zu entlarven. Die Zersetzung der Fan-Clubs gelang natürlich nicht und man versuchte es mit Repression. Besonders aktive Personen wurden kriminalisiert, deren Ruf und Karriere wurde zerstört, sie wurden zur Armee einberufen oder gar in den Westen abgeschoben. Personen-, Post- und Telefonüberwachung wurde eingeführt, Privatbereiche wurden verwanzt, Ein- und Ausreiseverbote wurden ausgesprochen. Als dies nicht die gewünschten Ziele erreichte, wurde der polizeiliche Druck noch einmal erhöht und die Schikanierungen wurden auf die Schule und den Arbeitsbereich ausgedehnt. Die Reaktion waren Ausreiseanträge und eine völlige Abkehr vom DDR-Regime.

(Fußballfans in Riesa 1988, aus Farin, Klaus/Hauswald, Harald: Die dritte Halbzeit, 2002, S. 18)

Ab Mitte der 80er Jahre setzte der Deeskalationskurs der Polizei ein. Man griff bei Schlägereien nicht mehr ein, ignorierte Provokationen etc. Man kümmerte sich nur noch um den schnellen An- und Abtransport, sowie die zügige Abarbeitung der Strafverfahren. Dadurch entstand für die Fußballfans ein neuer Freiraum, der Neueinsteiger anzog und dazu motivierte, die Toleranzgrenze der Behörden weiter auszureizen. Das führte dazu, dass man sich in der Masse mittlerweile alles erlauben konnte (bis auf den tätlichen Angriff der Ordnungskräfte). Dass die DDR am wirksamsten beim Begriff Faschismus zu treffen war, den sie durch den DDR-Sozialismus für ausgerottet erklärte, wussten auch die Fußballfans. In dieser Zeit entstanden die ersten rassistischen Äußerungen und Angriffe auf Sowjetsoldaten und ausländische Gastarbeiter. Die Stasi ermittelte, aber sie kam der neuen Aufgabe nicht mehr nach. Die Politik ignorierte den aufkommenden Rassismus, da es diesen in der sozialistischen DDR nicht geben durfte. Die Zuspitzung der Gewalt durch den Hooliganismus der 80er Jahre versuchte die Führung dann in eigene Bahnen wie Militär oder den Leistungssport zu lenken. Das Gewaltpotential wurde damit zwar umgeleitet, war aber auf der Straße weiterhin präsent.

Hier nun noch ein weiterer Unterschied zu den SED-Vereinen. Hatten die BSG-Fans immer mit Repressionen zu rechnen, so waren die ebenfalls bei den Stasi-Clubs entstehenden gewaltbereiten, meist auch neonazistischen Fan-Gruppen immer verharmlost worden. Sie waren in den Augen der Staatsmacht die

Stimmungsmacher. So wurde über ihre Gewalttaten meist hinweggesehen, was dazu führte, dass sich in den Stasi-Clubs in aller Ruhe rechtsextremistische und militaristische Züge entfalten konnten, die sich bald vor allem beim BFC Dynamo – von dem weit nach der Wende noch die Rede sein wird – zu einer gut organisierten Elite unter den Hooligans entwickelte.

Mit dem Boom der Skinkultur Ende der 80er Jahre, die durch die politische Position fast ausschließlich Neonazis produzierte, gerieten den Behörden die militanten Subkulturen völlig aus der Kontrolle. Man verstand die Entwicklungen überhaupt nicht, konnte die verschiedenen Subkulturen weder identifizieren noch deren Kultur und Ideologie verstehen und einordnen. In staatlichen Jugend- und Kultureinrichtungen setzte teilweise eine Unterwanderung durch rechte Skins und Hooligans ein. Kam es zu Konfrontationen, wurde mit Gewalt geantwortet. Politische, rassistische und neofaschistische Straftaten verurteilte man unter Rowdytum. Ende der 80er Jahre und vor allem nach der Maueröffnung wurde das Skinoutfit im Osten zur Jugendmode. Bei den meisten Fans wurden die Symboliken und die Gedanken der Nazis beibehalten und verfestigt.

Dass die Liebe zu den westdeutschen Brüdern und Schwestern nicht so groß gewesen sein kann, wie sie zur Wende auf den Straßen beschworen wurden, beweist, mit welcher Verzückung die ostdeutschen Fußballfans und Hooligans nach der Maueröffnung über die Westvereine herfielen. Zum ersten Spiel von BSG Chemie Leipzig im Westen reisten im Mai 1990 über 1000 Chemiefans nach Hannover und disziplinierten gewalttätig und arrogant sofort die völlig verdutzten Westler im Stadion. Bei Länderspielen der BRD traten ab 1990 auch randalesüchtige Ostberliner (vor allem die Hools des BFC Dynamo) und Lok-Leipzig-Hools auf.

Da die Oberliga-Vereine der ehemaligen DDR – allen voran der BFC Dynamo – nach der Wende (aufgrund von Spielerabwanderungen in den Westen) sich in der Bundesliga nicht halten konnten und in die 3. und 4. Ligen abrutschten, wanderten viele am Fußball interessierten Fans ab, was blieb war der harte Kern der Hooligans. Deshalb sind die alten Ost-Vereine heute oft besonders berüchtigt, weil sie häufig wenig „normale" Fans haben, oft nur gewaltbereite Fans. So gibt es Schätzungen, dass der BFC Dynamo insgesamt über eine feste Fangemeinde von ca. 600 Fans verfügt, von denen ca. 500 als Kategorie-C-Fans eingestuft werden. Auch die alten Feindschaften wurden bis heute beibehalten. So kommt es auch heute immer wieder zu schweren Ausschreitungen zwischen Hooligans im Osten.

2.2.4 Ost-West-Vergleich der heutigen Hooligan-Szene

> *„Die Ossis, die sind wie die Engländer. Für die geht's bei der Randale um mehr als bloß Spaß..." „Die Ossis sind völlig durchgeknallte. Die hörn nicht auf, wenn man am Boden liegt. Die filmen sogar, wie sie dir die Fresse eintreten." „Die ham vor nix Angst, die rennen auch voll in die Bullen rein."*[63]

Kurz nach der Wende wurden die Ost-Hools noch belächelt, weil sie sich dem Kleidungsstil der West-Hools noch nicht angeglichen hatten und auch noch keine Waffen benutzten. Auch Drogen waren zu dieser Zeit noch kein Thema in der ostdeutschen Hooliganszene.

Aber schnell wurde den Westdeutschen klar, wie viel Hasspotential in den Ostdeutschen lag. Jahrelang hatten die Jugendlichen versucht, gegen das System zu opponieren und waren ständigen Repressionen unterlegen. Drakonische Strafen, gesellschaftliche Bloßstellung durch die Polizei und Observationen, Drangsalierungen, Denunziationen und Ausweisungen durch die Stasi waren zu DDR-Zeiten an der Tagesordnung. Besonders die Führer waren Gefängnis, Stasi-Operationen und Verhöre gewöhnt. Viele verließen die DDR oder wurden dazu gezwungen. Nach der Wende machten sich die Abgehauenen wieder auf den Weg zurück, um den *„Know-how-Transfer"*[64] zu leisten. Es entstanden erste Freundschaften mit westdeutschen Fans, so zu Beispiel zwischen Ostberliner und Bochumer Hools.[65]

Heute ist das Bild der Ost-Hools ganz anders, als noch kurz nach der Wende. Schneider beschreibt es so: „In nicht einmal einer Dekade hat sich das Bild, was sich der westdeutsche vom ostdeutschen Hooligan macht, dramatisch verändert: Aus dem milde belächelten Außenseiter ist der dämonisierte Schlagetot geworden. Dabei schwingt nicht nur Achtung, sondern auch Angst mit."[66] Viele Mythen ranken sich um die ostdeutsche Szene. Fakt ist jedoch, dass die Szenen mittlerweile fast identisch sind, so sind sie äußerlich nicht mehr zu unterscheiden und auch der Drogen- und Waffenbesitz ist keine Seltenheit mehr. Die wenigen Unterschiede, die es gibt, will ich jetzt noch kurz ansprechen:

- Zunächst ist festzustellen, dass der Zusammenhalt der ostdeutschen Hooligangruppen stärker ist als im Westen. Das sind noch Reliquien aus DDR-Zeiten, denn damals achtete man sehr auf die Zuverlässigkeit der Mitglieder, war man doch ständigen Bespitzelungen und Infiltrationen durch die Stasi ausgesetzt.[67]

- Da die Jugendlichen in der DDR schon früh mit Kampftechniken vertraut gemacht wurden – so gab es in den Schulen wehrkundlichen Unterricht und in den Betrieben später Betriebskampfgruppen zur Steigerung der Wehrfähigkeit – entwickelte sich bei den Ost-Hools schnell eine paramilitärische Intelligenz, die sich vortrefflich bei den Fußballauseinandersetzungen nutzen ließ.[68]

- Auch ist die Disziplinierung höher als im Westen. Seltener kommt es vor, dass bei Ausschreitungen zunächst ein großer Mob loszieht und später, wenn es ernst wird, nur noch die wenigsten da sind. Das liegt auch daran, dass viele schon seit mehreren Jahren dabei sind, und schon zu DDR-Zeiten mitgezogen sind.[69]

- Ein viel stärkeres Aggressionsverhältnis herrscht gegenüber der Polizei. War man doch früher den ständigen Repressionen durch die Polizei ausgesetzt, die den Hass auf die Beamten immer mehr verstärkte, so konnte man nun diesen Hass ein wenig ausleben. Sehr kritisch geht man im Osten auch mit szenekundigen Polizeibeamten in Zivil um, die die Fans in die Fanblöcke begleiten, da diese Beamten bei den Jugendlichen Erinnerungen an ehemaligen Stasispitzel hervorrufen.[70]

2.2.5 Neure Entwicklungen

> *"So wie früher Dorfjugend gegen Dorfjugend, Straße gegen Straße stand, wird heute eine neuartige Form des Territoriums verteidigt und umkämpft, das Stadion und die Ehre des Vereins und seiner Spieler."*[71]

Laut Jahresbericht Fußball der Zentralen Informationsstelle Sport (ZIS), einem Dezernat des Landeskriminalamtes Nordrhein-Westfalen, entwickelten sich die Fanausschreitungen (gemessen wurden die Straftaten von Kategorie-B-Fans und Kategorie-C-Fans) in den letzten Jahren rückläufig. Waren es in der Saison 1998/1999 noch 8000 gewaltbereite Jugendliche, so reduzierten sich in den beiden Folgejahren die Zahl auf 6800 (Saison 1999/2000) bzw. 6700 (Saison 2000/2001).[72] Wie sind diese Zahlen zu interpretieren? Um diese Frage zu beantworten, will ich noch eine Entwicklung mit hinzufügen, die in diesen Zusammenhang gehört. In den letzten Jahren ist ebenfalls die Zahl der Hooligan-Ausschreitungen zurückgegangen. Diese Informationen lassen zunächst vermuten, dass die Hooligan-Aktivität zurückgeht. Das mag so stimmen, da haben die Polizei und auch die Fan-Projekte gute Arbeit geleistet.

Aber – so wohlwollend die Zahlen auch sind – wollen wir nun die andere Seite der Medaille betrachten. So haben Wissenschaftler festgestellt, dass sich zwar die Quantität der Ausschreitungen verringert, auf der anderen steigt jedoch die Qualität der Gewalt, vor allem bei Länderspielen.[73] Die Ausschreitungen werden also seltener, dafür umso heftiger. Um diese Entwicklung zu verstehen, muss man andere Entwicklungen der letzten Jahre mit einbeziehen. So beschreibt Pilz schon 1994 den *"Trend des Zerfalls der traditionellen Fankultur"*[74]. D.h. die älteren Hooligans („Alt-Hools" genannt) waren zumeist bevor sie Hooligans wurden in der „Kutten"-Szene aktiv. Neuere Hooligans („Jung-Hools") überspringen das fußballzentrierte Fandasein und gliedern sich direkt bei den Hooligans ein. Dementsprechend entwickelte sich eine zunehmend jüngere Hooligan-Szene, die auch weniger Beziehungen zum Fußball hat, als die ältere.[75] Die jüngeren Hooligans gehen auch eher zu einem Spiel, wo sie wissen, dass es „Action" gibt, auch wenn es nicht der Heimverein ist. Experten schätzen die „Jung-Hools" am gefährlichsten und unberechenbarsten ein, da sie sich nicht mehr an die früheren Regeln halten (den sog. „Ehrenkodex"), so benutzen sie auch Waffen und schlagen auch auf schon am Boden liegende ein. Die Folge ist, dass es immer mehr zum Verfall des Ehrenkodexes kommt, was wiederum die Gefahr von wirklich schweren Verletzungen steigert (so ist auch die Steigerung der Todesfälle zu erklären). Besonders gefährlich sind die Jungen auch, weil sie sich in der Gruppe vor den Älteren noch profilieren müssen und Anerkennung suchen, deshalb sind sie besonders gewalttätig und stehen bei Auseinandersetzungen häufig in der ersten Reihe.[76]

Ernstzunehmen ist auch die Entwicklung der immer häufiger werdenden Nutzung von elektronischen Kommunikationsmitteln. So spielt bei Hooliganverabredungen immer öfter das Handy oder auch das Internet oder das Fax eine wichtige Rolle. Mit der Möglichkeit genaue Verabredungen im Vorfeld zu vereinbaren, hängt auch das Phänomen zusammen, dass – im Gegensatz zu den Anfängen der Hooligan-Ausschreitungen in den 70er und 80er Jahren – immer mehr Fights verabredet werden und es immer seltener zu spontanen Kämpfen kommt. Das spricht dafür, dass die Szene gut vernetzt ist und sie ihre Kämpfe eher als Wettkampf verstehen, denn als Krieg oder Konkurrenz.[77]

Da in den letzten Jahren die Sicherheitsbestimmungen in den Stadien immer höher getrieben wurden und weil die Repressionen gegen die Randalierer von Seiten der Polizei immer mehr verstärkt wurden, gibt es weiterhin Tendenzen, sich diesen Einschränkungen zu entziehen. So werden immer häufiger Fights verabredet, die weit außerhalb vom Stadion stattfinden sollen oder gar in ganz anderen Städten (die zum Beispiel bei der Anreise auf dem Weg liegen), sog. Drittorten. Das geht hin bis zu Fights, die völlig spielunabhängig veranschlagt werden. Das führt auch zu einem immer stärker werdenden ‚Gewalttourismus'. Außerdem entwickeln sich die Ausschreitungen auch mehr zu den weniger gesicherten Stadien der 3. und 4. Liga hin.[78]

33 Bausenwein, Christoph: Geheimnis Fußball, 1995, S. 252f.
34 vgl. Pilz, Gunter A: Fußballfans – Ein soziales Problem?, in: Klein, Michael (Hrsg.): Sport und soziale Probleme, 1989, S. 161f.
35 Pilz, in: Klein (Hg.), 1989, S. 161, a.a.O.
36 vgl. Pilz, in: Klein (Hg.), 1989, S. 161f., a.a.O.
37 Middendorf, zit. aus Kirsch, Andreas: Gewalt bei sportlichen Großveranstaltungen, 2000, S. 82
38 Benannt nach dem englischen Ort Derby, in dem lokal verbundene Vereine zu Beginn des 19. Jahrhunderts ihre „Kämpfe" austrugen.
39 Bausenwein, 1995, S. 273, a.a.O.
40 vgl. Bausenwein, 1995, S. 318, a.a.O.
41 vgl. Bausenwein, 1995, S. 315, a.a.O.
42 „Der Standard" vom 15.04.1999
43 vgl. Lösel, Friedrich/Bliesener, Thomas/Fischer, Thomas/Pabst, Markus A.: Hooliganismus in Deutschland, 2001, S. 7f.
44 Buford, 1992, 283f., a.a.O.
45 So soll schon der chinesische Kaiser Huang-Ti 2967 v. Chr. das sog. „T'su-Küh" erfunden haben („T'su" bedeutet ‚mit dem Fuß schießen' und „Küh" heißt soviel wie ‚ausgestopfter Ball aus Leder').
46 Matthesius, 1992, S. 81, a.a.O.
47 Matthesius, 1992, S. 81, a.a.O.
48 Heitmeyer, Wilhelm/Peter, Jörg-Ingo: Jugendliche Fußballfans, 1992, S. 31
49 vgl. Engelin, Bruno: Ein Fan ist ein Fan ist ein Fan, in: Schulze-Marmeling, Dietrich (Hrsg.): „Holt Euch das Spiel zurück!", 1995, S.102
50 Krauss, Martin: Fußball und Gewalt, in: Schulze-Marmeling, Dietrich: Der gezähmte Fußball, 1992, S. 244
51 Heitmeyer/Peter, 1992, S. 33, a.a.O.
52 Heitmeyer/Peter, 1992, S. 33, a.a.O.
53 vgl. Heitmeyer/Peter, 1992, S. 33, a.a.O.
54 nach Engelin, in: Schulze-Marmeling (Hrsg.), 1995, S. 101, a.a.O.
55 Matthesius, 1992, S. 81, a.a.O.
56 vgl. Heitmeyer/Peter, 1992, S. 33, a.a.O.
57 Zitat eines Jugendlichen in Heitmeyer/Peter, 1992, S. 34, a.a.O.
58 vgl. Heitmeyer/Peter, 1992, S. 33, a.a.O.

59	Das hat auch noch einen zweiten Grund, denn durch die unauffällige Kleidung ist es leichter, durch die Polizeikontrollen zu kommen.
60	vgl. Krauss, in: Schulze-Marmeling, 1992, S. 246ff., a.a.O.
61	Alle Informationen dieses Kapitels, habe ich aus einem Aufsatz von Ray Schneider: „Die Leipziger Fußballszene aus Sicht eines Chemie-Fans: ...über Leutzsch lacht die Sonne – über Lok die ganze Welt...", nachzulesen unter www.kuboni.de/cd2/index.htm oder im Anhang (Anlage 1).
62	Fan-Gesänge von Chemie Leipzig Fans zu DDR-Zeiten.
63	Einschätzungen westdeutscher Hooligans 1998 der ostdeutschen Szene: zitiert von Schneider, Thomas: Der Ost-Hooligan – das unbekannte Wesen?, in: Gehrmann/Schneider 1998, S. 251, a.a.O.
64	Schneider, in: Gehrmann/Schneider 1998, S. 253, a.a.O.
65	vgl. Schneider, in: Gehrmann/Schneider 1998, S. 251ff., a.a.O.
66	Schneider, in: Gehrmann/Schneider 1998, S. 251, a.a.O.
67	vgl. Schneider, in: Gehrmann/Schneider 1998, S. 253, a.a.O.
68	vgl. Schneider, in: Gehrmann/Schneider 1998, S. 254, a.a.O.
69	vgl. Schneider, in: Gehrmann/Schneider 1998, S. 254, a.a.O.
70	vgl. Schneider, in: Gehrmann/Schneider 1998, S. 256, a.a.O.
71	Zinnecker, Jürgen, zit. aus: Becker, Peter/Pilz, Gunter A.: Die Welt der Fans, 1988, S. 92
72	Nachzulesen sind diese Daten in dem oben erwähnten Jahresbericht der ZIS, die man sich im Internet herunterladen kann, unter www.lka.nrw.de.
73	Nachzulesen bei Lösel/Bliesener/Fischer/Pabst 2001, S. 147, a.a.O.
74	Pilz, Gunter A.: Aufsuchende, „akzeptierende" Jugend(sozial)arbeit mit gewaltfaszinierten, gewaltbereiten und „rechten" Jugendlichen, 1994, auf: www.hooligans.de/info_ueber/Uber_Hooligans/Wissenschaftliche_Texte/Praktische_Arbeit/praktische_arbeit.html
75	vgl. Pilz 1994, auf: www.hooligans.de/info_ueber/Uber_Hooligans/Wissenschaftliche_Texte/Praktische_Arbeit/praktische_arbeit.html
76	vgl. Lösel/Bliesener/Fischer/Pabst 2001, S. 147, a.a.O.
77	vgl. Lösel/Bliesener/Fischer/Pabst 2001, S. 149, a.a.O.
78	vgl. Hooliganismus, auf: www.provif.de/data_d/hool_d.html

2.3 Ursachen von Zuschauerausschreitungen und Hooliganismus

Was bringt (fußballbegeisterte) Jugendliche dazu, an den Wochenenden im Zuge von Fußballspielen Gewalt auszuüben? Was macht sie so aggressiv, dass sie die Möglichkeit des eigenen Verletzt-Werdens in Kauf nehmen? Diesen Fragen will ich mich nun widmen.

Hooligans vermitteln zwar nach außen hin, dass sie aus ganz „normal" entwickelten Familien kommen, ihnen in Beruf und Privatleben nichts mangelt und dass sie sozial eingebunden sind, jedoch wurde im Forschungsbericht des Bundesministerium des Inneren über Hooliganismus in Deutschland nachgewiesen, dass sich diese These nicht halten lässt.[79] Die Autoren des Abschlussberichtes haben nachweisen können, dass die Hooligans die geradezu typischen sozialen und psychischen Merkmale delinquenter junger Männer aufweisen. So heißt es: *„Es finden sich deutlich gehäuft Probleme in der Herkunftsfamilie wie Brokenhome-Situationen, ungünstige Erziehungsstile sowie Alkoholmißbrauch und Arbeitslosigkeit der faktischen Väter. In der Schulzeit kommt es oft zu Leistungsproblemen, Schulschwänzen und allgemein dissozialem Verhalten. Obwohl die meisten Hooligans einen Schulabschluß erreichen und eine Lehre beginnen, setzt dann nicht selten eine absteigende soziale Entwicklung ein. Abgebrochene Lehren, längere Arbeitslosigkeit und Entwicklungen zum Gelegenheitsarbeiter sind hierfür Anzeichen, wobei allerdings auch ungünstige Arbeitsmarktbedingungen zu bedenken sind (insbesondere in den Neuen Bundesländern). Häufiger Alkohol- und Drogenmißbrauch, Eigentums- und Raubdelikte sowie häufige Verurteilungen auch ohne Bezug zu typischen Hooligan-Aktivitäten sind weitere Belege dafür, dass unsere Hooligans keine Doppel-Existenz zeigen, sondern einen Lebensstil, wie er dem schwer delinquenter junger Männer entspricht. Abgesehen vom Fußballbezug ihrer Gewaltaktivitäten weisen sie ziemlich genau jene Entwicklungsrisiken und Probleme auf, die in der neueren Längsschnittforschung über schwere und gewalttätige Jugendkriminalität gut belegt sind..."*[80]

Die Forschungen haben aber auch ergeben, dass es bei allen psychischen und sozialen Merkmalen (wie z. B. bei der Intelligenz) große Variationsbreiten bei den Hooligans gibt.[81] Dass es doch zu delinquenten Verhalten kommt, obwohl vielleicht die Persönlichkeitsmerkmale relativ unauffällig sind, liegt daran, dass dafür dann andere soziale Komponenten relativ stark die Gewaltanwendung fördern. So könnten das - in unserem Beispiel - starke Probleme in der Herkunftsfamilie (wie Armut) sein.

So kann man sagen, dass eine Vielzahl von Ursachen in der Person (psychische Ursachen), in der Gesellschaft oder der Umwelt (soziologische Ursachen) zu suchen ist. Es gibt also nicht **die** Ursache, sondern es ist immer ein Zusammenspiel von mehreren Ursachen. Schulz und Weber haben schon früh festgestellt, dass es verschiedene Bedingungen für Zuschauerausschreitungen gibt, die sich gegenseitig beeinflussen, voneinander abhängig sind und gemeinsam wirken.[82] So haben sie ein Schema aufgestellt, das die verschiedenen möglichen Bedingungen darstellt:

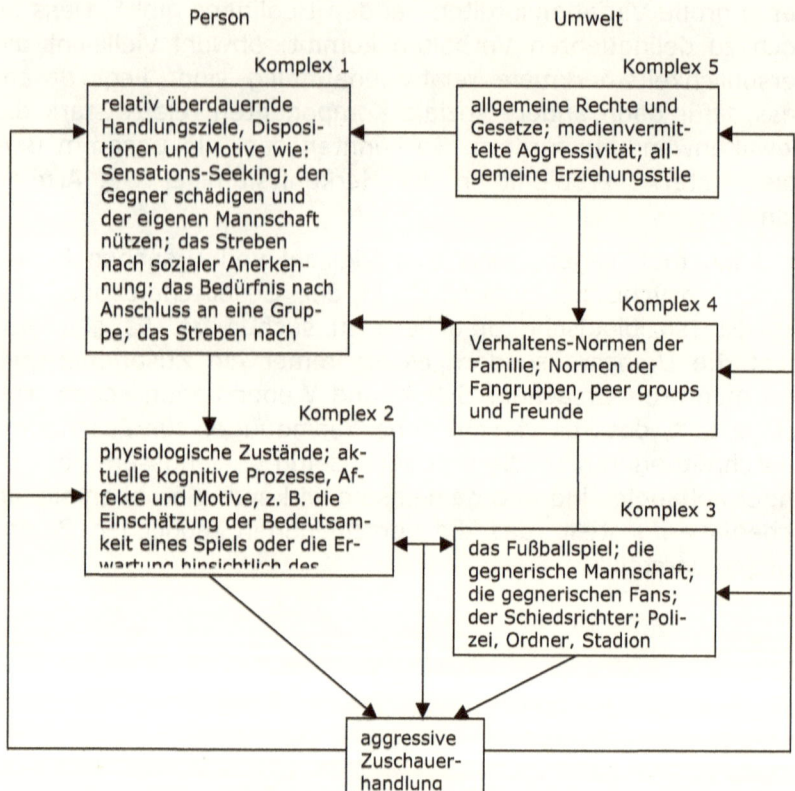

(Schulz, Hans-Joachim/Weber, Robert: Zuschauerausschreitungen – Das Problem der Fans, in: Pilz, Gunter A. (Hrsg.): Sport und körperliche Gewalt, 1982,

Im Folgenden will ich auf ein paar der wissenschaftlich diskutierten Ursachen von Hooliganismus eingehen, dabei habe ich natürlich nur eine Auswahl getroffen. Ganz bewusst habe ich die Medien nicht zu den Ursachen, sondern zu den Problemen zugeordnet. Meiner Meinung nach sind die Medien nicht die Ursache von Gewalt in Stadien, sie sind vielleicht ein Verstärker, weil sie die Jugendlichen in ihren Aktionen bestätigen, aber sie sind keinesfalls der Grund, warum Gewalt in Stadien entsteht. Medien vermarkten „nur" die entstandene Gewalt, wenn auch verzerrt, was wiederum Schaden anrichtet, aber dazu mehr im Kapitel 3.2.

2.3.1 Die Entwertungsthese (nach Heitmeyer) – Individualisierung und ihre Folgen

> *„Diese gelangweilte, hohle, dekadente Generation ist nur noch, was sie zu sein scheint: eine männliche Jugendkultur ohne Geheimnis, so abgestumpft, daß sie Gewalt benutzt, um sich wachzurütteln. Sie sticht sich ins Fleisch, um etwas zu spüren; sie versengt sich die Haut, um etwas zu riechen."*[83]

Heitmeyer und Peter orientieren sich bei ihren Erklärungsansätzen an der Individualisierungsthese von Ulrich Beck. Demnach befindet sich die Gesellschaft in einem Veränderungsprozess. *„Wir sind Augenzeugen eines Gesellschaftswandels innerhalb der Moderne, in dessen Verlauf die Menschen aus den Sozialformen der industriellen Gesellschaft – Klasse, Schicht, Familie, Geschlechtslage von Männern und Frauen – freigesetzt werden [...]"*[84] Diese Individualisierungstendenzen, mit der die Freisetzungstendenzen einhergehen, sind gekennzeichnet durch:

- eine Ausweitung der sozialen und geographischen Mobilität,
- verbesserte Bildungschancen,
- eine Vermehrung der Zeitreserven und
- einen Anstieg des materiellen Lebensstandards.[85]

Für Heitmeyer und Peter bedeutet die Individualisierung, die auch Schatten wirft, ein Entwertung, die sie folgendermaßen beschreiben: *„Einerseits werden den Individuen neue Möglichkeitshorizonte für ihr Handeln offeriert; andererseits aber werden sie auch aus traditionellen Bindungen und Milieus herausgelöst, und die Integrationswege in die Gesellschaft werden undeutlicher."*[86] Mit dieser Erkenntnis formulieren sie die Entwertungsthese, bei der sie davon ausgehen, dass *„sich auf dem Hintergrund der ‚Schattenseiten' der Individualisierungsschübe ein Auflösungsprozeß vollzieht, der sowohl durch die Erosion überdauernder, alltäglicher sozialer Lebenszusammenhänge als durch die spezifische Entwicklung er Durchkapitalisierung des Profifußballs ausgelöst und mittels Disziplinierung bzw. Zerschlagung durch Ordnungskräfte forciert wird."*[87] Durch dieses Auflösen der traditionellen Bindungen – zum Beispiel zur Familie – steigt die Unsicherheit bei den Jugendlichen und sie suchen nach Ersatz, denn sie meist in peer groups (Gleichaltrigengruppen) finden. Die peer group mit ihren festen Verhaltensmustern gibt den Jugendlichen ihre Sicherheit zurück. Die Verhaltensmuster unterliegen jedoch einer ständigen Kontrolle, d.h. die Gesellschaft versucht ihre Normen und Werte auch in den peer groups durchzusetzen. So besteht bei den Jugendlichen eine Erweiterung der Möglichkeiten, sprich eine gewisse Freiheit, der eine Kontrolle durch die Gesellschaft gegenübersteht.[88]

Besonders die fußballzentrierten und erlebnisorientierten Fans, die einen starken Bezug zum Fußball haben, werden durch die Kommerzialisierung des Profi-Fußballs entwertet. Meier spricht in Anlehnung an Heitmeyer/Peter vom einem *„Auflösungs- und Zerstörungsprozess, der im wesentlichen an zwei Stellen ansetzt: Durchkapitalisierung des Fußballs und standardisierender Einfluss der Disziplinierungs- und Kontrollinstanzen."*[89] Gewalttätige Fans sehen ihre Handlungen als einen Teil, der der Mannschaft zum Erfolg verhilft, als Unterstützung, von außen wird diese jedoch als abweichend (von der breiten Gesellschaft) oder als provozierend (von den gegnerischen Hooligans) wahrgenommen.[90]

Zusammenfassend will ich abschließend Blinkert zitieren, der dem Prozess der Individualisierung und Rationalisierung folgende Bedeutung für illegitimes Verhalten beimisst:

1. „Die Herauslösung aus Traditionen, sozialmoralischen Milieus und institutionellen Bindungen ist mit einem Abbau der Bedeutung von fixierten und vorentworfenen Handlungen verbunden. Das Individuum kann und muß zwischen Alternativen entscheiden. Dabei spielt dann das Abwägen dieser Alternativen nach Kosten- und Belohnungen, nach Erfolgs- und Mißerfolgswahrscheinlichkeiten eine große Rolle. Konformität oder Abweichung wird in zunehmendem Maße von dem Ergebnis eines Risiko-Nutzen-Kalküls abhängig.

2. Die Bedürfnisse des Individuums werden zum einzig maßgeblichen Bezugsrahmen für das Handeln. Es entsteht eine ‚hedonistische Orientierung', die Befriedigung individueller Bedürfnisse wird vorrangig.

3. Die geringe Verankerung des Individuums in Institutionen und sozialen Bezügen hat zur Konsequenz, daß bei der Entstehung zwischen Alternativen die externen Kosten eigenen Handelns [...] kaum noch eine Rolle spielen."[91]

2.3.2 „Gewalt macht Spaß" – Die Frage nach dem Warum

> „Warum machen junge Männer jeden Samstag Randale? Sie machen das aus demselben Grund, aus dem frühere Generationen sich betranken, Hasch rauchten, Drogen nahmen, sich wüst oder rebellisch aufführten. Gewalttätigkeit bereitet ihnen einen antisozialen Kitzel, sie ist für sie ein bewusstseinsveränderndes Erlebnis, eine von Adrenalin bewirkte Euphorie, die vielleicht um so stärker ist, weil der Körper selbst sie hervorbringt, mit vielen meiner Überzeugung nach suchtbildenden Eigenschaften, wie sie auch für synthetisch hergestellte Drogen charakteristisch sind."[92]

Lässt man die Hooligans einmal selbst die Frage beantworten, warum sie gewalttätig werden, warum sie sich prügeln, kommen meist sehr ähnliche Antworten:

„Es macht Spaß!"[93]

„Auf Samstag [...] freuen wir uns die ganze Woche lang. Das ist das, was in unserem Leben am meisten Sinn hat. Im Grunde eine Religion. So wichtig ist das für uns. Samstag ist unser Feiertag."[94]

„Wenn man im Dunkeln durch den Wald rennt, über Zäune und durch Gärten, und die anderen jagt, und die Polizei ist hinter einem her – das ist fantastisch, da vergißt man sich."[95]

„Wenn du natürlich jetzt mit so `nem Übermob antobst und dann eben alles niedermachst, also das schönste Gefühl ist das eigentlich. Dann fliegen vielleicht 'n paar Flaschen oder Steine. Und dann rennt der andere Mob und dann jagst du die anderen durch die Gegend. Also siebenter Himmel. Das würdest du mit keiner Frau schaffen oder mit keiner Droge. Dieses Gefühl, das ist schön."[96]

„Gewalt ist das geilste, was es gibt. Es ist ein irres Gefühl."[97]

Was die Hooligans beschreiben, wird in der Psychologie „Flow-Erlebnis" (nach Csikszentmihalyi) genannt.[98] Beim „Flow-Erlebnis" spüren die Hooligans freudvoll, – an der „Grenze zwischen Langeweile und Unsicherheit" – dass sich ihre Herausforderungen mit ihren Fähigkeiten „die Waage halten."[99] Dabei leben die Hooligans bei ihren Gewalttätigkeiten ihre Emotionen aus und spüren damit ihre Existenz, ihre Realität. Andreas Kirsch schreibt zusammenfassend: „Folglich geht es diesen Zuschauern [...] um Realitätserfahrungen, also Erfahrungen der eigenen Grenze, die zur Selbstbestimmung führen sollen."[100]

Schaut man sich in anderen Subkulturen, vor allem den Jugendkulturen, um, fällt auf, dass es in vielen von diesen um Realitäts- und Grenzerfahrungen geht. So gibt es zum Beispiel den Hang zu immer gefährlicheren Extremsportarten (wie Bungeejumping, Surfen bei extremen Wetterbedingungen, Snowboarding abseits der Pisten etc.). Viele Jugendliche suchen heutzutage nach dem sog. „Kick". Für Hooligans äußert sich der Kick in „Momenten, in denen es ums Überleben geht, Momente von animalischer Intensität, der Gewalttätigkeit, Momente, wenn keine Vielzahl, keine Möglichkeit verschiedener Denkebenen besteht, sondern nur eine einzige – die Gegenwart in ihrer absoluten Form."[101] Und die Droge „Gewalt" macht süchtig: Wenn Hooligans sich in „ihr Vergnügen" stürzen, hat das rauschartigen Charakter. Und danach – ganz so wie es für Süchtige üblich ist – beginnen die Hooligans mit der Suche nach ihrem nächsten Kick.

Was treibt die Jugendlichen zu solchen Grenzerfahrungen? Dies versuchte Norbert Elias mit seiner Zivilisationstheorie zu erklären. Nach Elias vollzieht sich die Zivilisierung bis ins heutige Zeitalter und ist noch nicht abgeschlossen. Im Vergleich zu früheren (Krie-ger-)Gesellschaften, ist das Verhalten heutiger Gesellschaften durch eine *„Dämpfung der spontanen Wallungen, Zurückhaltung der Affekte, Weitung des Gedankenraums über den Augenblick hinaus in die vergangenen Ursach-, die zukünftigen Folgeketten"*[102] geprägt. Das heutige Leben hat an Emotionen, Schwankungen und spontanen Gefühlsentscheidungen verloren; es ist weniger leidenschaftlicher, jedoch auch konstanter und vorbestimmbarer.[103] Gewalt ist in diesem Zivilisationsprozess zunehmend aus dem Alltag verschwunden, das Leben wurde friedlicher und zivilisierter. Helmut Kuzmics sieht dabei eine Problematik: *"Da bei funktionaler Demokratie alle aufeinander Rücksicht nehmen müssen, müssen sie auch ihren Affekthaushalt stärker kontrollieren. Demokratisierung muß also nicht Herrlichkeit für alle darstellen, sondern sie kann auch Sklaverei für alle bedeuten."*[104] Die Sklaverei besteht vor allem darin, dass man sich zivilisiert verhalten **muss**. Man will im Allgemeinen durch unpassendes Verhalten in der Gesellschaft nicht negativ auffallen, das zwingt uns in bestimmte Verhaltensmuster. Hooligans wollen aus diesen Zwängen ausbrechen, sie wollen ihre animalischen Instinkte wieder ausleben. Sie haben sich einen Freiraum (nämlich das Fußballumfeld) geschaffen. Emotionen und absichtliches Fehlverhalten bei Fußballspielen sind reizvoll, weil sie die Möglichkeit bieten, sich den Fremdzwängen – wenigstens für kurze Zeit – zu entziehen.

2.3.3 Massenbewegungen und Gruppenverhalten

"Im Mittelpunkt aller Erörterungen über Massen steht der Moment, wenn die vielen verschiedenen Menschen aufhören, viele verschiedene Menschen zu sein und zu einem einzigen Wesen verschmelzen – der Menge oder Masse."[105]

Weit über 90% der Gewalttaten von Hooligans sind Gruppentaten.[106] Dabei – so konstatiert Pilz – folgen die Gruppenprozesse einer gewissen Eigendynamik, die durch folgende Faktoren noch verstärkt wird:

- „Enthemmung durch Alkohol
- Stimulierung durch Musik mit rechtradikalen bzw. ausländerfeindlichen Inhalten
- Thematisierung von Medienereignissen und Nachahmungseffekte
- Gerüchte und eigene konflikthafte Erfahrungen"[107]

Was ist aber nun der Grund, warum diese Gruppenaktionen so gefährlich sind? Was geschieht in der Masse? Damit hat sich vor allem Bill Buford beschäftigt. Er zeigt auf, was mit dem einzelnen in der Masse geschieht: *„In einer Masse zeigt sich unser darwinsches Selbst: die Urhorde wird plötzlich befreit unter dem Einfluß des Rudel-Instinkts. In einer Masse zeigt sich unser freudsches Selbst: durch Regression in einen Zustand urtümlicher, primitiver Triebhaftigkeit."*[108] Die Masse bietet einem die Möglichkeit, Dinge zu tun, die man sich „draußen" nicht trauen würde oder die gar sanktioniert würden. Farin schreibt dazu: *„In einem Mob [so bezeichnet sich die Gruppe der Hooligans selbst – Anm. d. Verf.] werden Kinderträume wahr. Für wenige Stunden sind scheinbar alle Normen bürgerlichen Anstandes und Gesetzbuches außer Kraft gesetzt."*[109]

Zunächst – so Buford – hält man sich dabei noch an gewissen Grenzen, es gibt eine Schwelle, die nicht überschritten wird. Doch irgendwann wird die Masse diese Schwelle übertreten. *„Dort in den Straßen von Tottenham habe ich die Gesichter beobachtet, wie sie sich konzentrieren, wie jeder von Moment zu Moment die Zuversicht, die Erregung oder einfach die emotionale Stärke in sich aufzubauen versuchte, die es ihnen allen erlauben würde, über die hohe Schwelle hinwegzusetzen, die sie von dem trennte, wo sie sein wollten. Die Absicht war, im übertragenen, buchstäblichen, historischen Sinne, eine ‚Transgression', eine Überschreitung von etwas, was zu überschreiten verboten war. Alles sprach gegen diese Überschreitung. Alles, was man Tag für Tag tat, alle Gesetze, die man gelernt, anerkannt und befolgt hatte, die einem wieder und wieder eingeschärft worden waren, alle eingeschliffenen Gepflogenheiten des Verhaltens hinderten sie daran, den Schritt über die Schwelle zu tun."*[110] Und wenn sie dann doch die Schwelle übertritt, wird die Masse mörderisch. Die Personen in der Masse werden zu *„Menschen ohne Verstand, Urteils- und Unterscheidungsvermögen, die, weil zu eigenem Denken nicht fähig, anfällig sind für Agitatoren, äußere Beeinflussung, Infiltration, für Kommunisten, Faschisten, Rassisten, Nationalisten, Phalangisten und Spione. Menschen, die es nach Gehorsam dürstet (Le Bon), mit Lust an der Unterwerfung (Freud)."*[111] Die Einzelpersonen in der Masse handeln also nicht mehr aus ihren eigenen Antrieben heraus, sondern agitieren als Teil einer Masse. Sie tun, was alle tun. Die Masse zwingt sie förmlich zu einem gewissen Verhalten.

Zusammenfassend lässt sich sagen, dass Massen einen gewissen Reiz ausüben, weil man sich dem – durch den Zivilisierungsprozess (vgl. auch Kapitel 2.3.2) entstandenen – „An-sich-halten" zumindest für eine kurze Zeit entziehen kann. Die Gefahr besteht aber darin, dass die Masse einen mitreißt. *„Die Masse ist wie ein Feuer, das außer Kontrolle gerät und alles vernichtet, was sich ihm in den Weg stellt, zuletzt sich selbst."*[112] Die Einzelperson hat keine Kontrolle darüber, was in der Masse geschieht, manchmal auch nicht darüber, was sie selber im Mob tut. Um nicht missverstanden zu werden: Es soll hier nicht die Last von den Schultern der Hooligans genommen werden, sich für ihre Taten zu verantworten. Trotzdem machen die Ausführungen ein bisschen mehr verständlich, wie es passieren kann, dass Jugendliche von einem zum anderen Moment zu solch extremen Regelverletzungen fähig sind.

2.3.4 Gewalt bei den Fußballspielern

"Das Fairplay wird viel zu hoch gehängt. Ich werde bezahlt, um erfolgreich zu sein und da kann ich keine Rücksichten auf Fairplay-Bemühungen nehmen. Wenn ein Mittelstürmer durchgeht, dann erwarte ich von meinem Libero oder Vorstopper, wenn der andere zu schnell ist, dann erwarte ich nicht, daß er ihn ummäht, um das einmal so zu sagen, aber es wird auch viel geredet von einem humanen Foul. Zum Beispiel, daß er sich davorstellt, ihn blockt, d.h. sperrt ohne Ball. Das ist aber immer noch eine vernünftige Sache, d.h. ja nicht, daß er ihn gesundheitlich schädigen soll. Aber das erwarte ich von einem Spieler und da zeigt sich sicherlich einerseits eine gewisse Unsportlichkeit, die durch die Regeln auch geahndet wird, aber auf der anderen Seite auch eine gewisse Cleverness. Und wenn das nicht mehr der Fall ist, dann werden wir im Fußball sicherlich viele Einbußen haben."[113]

Dass Gewalt von Zuschauern nicht nur durch gesellschaftliche Ursachen oder durch Persönlichkeitsmerkmale der Hooligans entsteht, will ich in diesem Kapitel verdeutlichen. Denn auch die konkreten Aktionen auf dem Rasen während des Spiels tragen dazu bei, dass der Gewalt auf den Rängen der Weg geebnet wird. Pilz spricht von einer „*Wechselbeziehung von Sportler- und Zuschauergewalt*".

Die Formen körperlicher Gewalt im Sport werden zunächst in zwei Formen unterteilt: in expressive, affektive Gewalt und in instrumentelle, rationale Gewalt. „***Expressive** Gewalt meint gewalttätige Handlungen, die ohne Belastungen des sozialen Verhaltensstandards der jeweiligen Gesellschaft, Schicht oder Sportart bewegen, die lustbetont ausgeführt und lustvoll erlebt werden.*"[114] Auf der anderen Seite versteht man **instrumentelle** Gewalt als *„genau kalkulierte, geplante, rational eingesetzte, die gesellschaftlichen und sportartspezifischen Gewaltstandards überschreitende Handlungen im Interesse eines übergeordneten Ziels (z.B. sportlicher Erfolg, finanzielle Gratifikationen)."*[115] Im Fußballsport wurde der Versuch unternommen, durch Reglementierungen die expressive Gewalt, also die Angriffslust, aus dem Fußballsport zu verdrängen. So kam es zu einer Verschiebung von immer weniger expressiver zu mehr instrumenteller Gewalt (z. B. „fairen" Fouls). Erkennen lässt sich das auch an den Regelentwicklungen im Fußballsport:

1845	Erste geschriebene Regeln. Der Einsatz von Tritten gegen das Schienbein wird eingeschränkt; eisenbeschlagene Stiefel („navvies'), die besonders schwere Verletzungen hervorrufen, werden verboten.
1874	Das Treten, Schlagen und Beinstellen wird verboten.
1884	Der Schiedsrichter wird als externe Gewaltkontrolle (Monopolisierung der Gewalt) eingeführt.
1909	Der Platzverweis nach einem schweren Foul wird eingeführt.
1970	Gelbe und rote Karten werden als zusätzliche Sanktionsmittel eingeführt.
1974	Die gelbe Karte wird aufgewertet, indem nach einer oder mehreren gelben Karten automatisch eine Sperre für das nächste Spiel erfolgt.
1984	Überschwänglicher Jubel des Torschützen in Richtung der Fans wird mit einer gelben Karte bestraft.

(aus Pilz, Gunter A./Schippert, Dieter/Silberstein, Werner (Hrsg.): Das Fußballfanprojekt Hannover, 1990, S. 15)

So haben sich die Gewalthandlungen der Sportler zwar im Vergleich beispielsweise zu den Kampfspielen (wie Faust- und Ringkämpfe) während der antiken Olympischen Spiele im Sinne des Zivilisierungsprozesses (vgl. Elias) zunehmend humanisiert, trotzdem werden Regelverletzungen und offensive Gewaltanwendungen weniger stark sanktioniert als Gewalt in der Realität, vor allem dann, wenn sie im Sinne des Spielgeschehens fördernd sind oder als gerechtfertigt eingestuft werden (sprich wenn es sich um instrumentelle Gewalt handelt). Pilz geht sogar soweit, zu sagen: *„Während auf der einen Seite der Kampf auf dem Spielfeld glorifiziert, die Gewalt auf dem Rasen legitimiert werden, werden die Gewalt, der Kampf auf den Rängen dramatisiert."*[116] D.h. was von den Trainern und Spielern als „manchmal notwendig" dargestellt wird, wird bei den Fans als kriminell oder gar als fußballfremd bezeichnet. *„Merke: Fußballstars dürfen und müssen sich wehren, aggressiv zur Sache gehen, Fans sollen und müssen sich ducken, friedlich sein."*[117]

Eine besondere Brisanz bekommen diese Erkenntnisse, wenn man die Ergebnisse von verschiedenen Untersuchungen über Zuschauerverhalten[118] betrachtet. So wurde von Gabler/Schulze/Weber nachgewiesen, dass die Bereitschaft zu aggressiven Handlungen nach den konsumierten Fußballspielen anstieg. Besonders bei Spielen, in denen es sehr hektisch zuging (viele Fouls, gelbe und rote Karten), stieg die Gewaltbereitschaft signifikant.[119] *„Die Gewalt auf dem Rasen verstärkt also die Emotionalität und Aggressivität, die Gewaltbereitschaft auf den Rängen"*[120], konstatiert Pilz. So schafft einerseits das Verhalten auf dem Rasen die Gewalt auf den Rängen, andererseits wird die selbst geschaffene Zuschauergewalt kriminalisiert.

Wie nun genau diese Wechselbeziehung zwischen Spieler- und Zuschauergewalt entsteht, beschreibt Pilz wie folgt: „Die Spieler begehen im Interesse des Erfolges absichtliche Fouls, die Zuschauer wiederum erwarten von den Sportlern, daß sie im Interesse des sportlichen Erfolges auch die Regeln übertreten. Verhalten diese sich entsprechend, verstärken sie wiederum die gewaltförmige Erwartungshaltung der Zuschauer [...]. Die dabei oft starke Identifikation der Fans mit der eigenen Mannschaft führt zu einer äußerst subjektiven und einseitigen Bewertung gewaltförmiger Verhaltensweisen: Fouls der eigenen Mannschaft werden bejubelt, verharmlost und damit verstärkt, Fouls der gegnerischen Mannschaft umgekehrt dramatisiert."[121]

So befinden sich die Gewalthandlungen in einem ständigen Kreislauf, der nur schwer zu durchbrechen ist. Wobei der Schiedsrichter wohl die entscheidende Rolle spielt. Ihm obliegt es, ob während des Spiels die oben erwähnte Dramaturgie im Mittelpunkt steht, oder ob nach den Regeln des deeskalierenden Fair Play[122] gespielt wird.

2.3.5 Die Rolle des DFB, der Vereine und die zunehmende Kommerzialisierung und Professionalisierung des Profi-Fußballs

> „ ‚Wir wollen, daß Sie wissen, wie wir denken. Wir sitzen hier, um den Verein zu unterstützen. ...Darum geht es, daß Sie wissen, wie wir denken' (so ein Hooligan zu Präsident Hunke). – ‚Was Sie da denken, interessiert uns nicht, mich interessiert nur verkaufen, daß der Verein Geld kriegt. ...Ich bin nicht hier wegen Ihnen. Interessiert mich nicht Euer Ding. Es interessiert mich Null. Ich sitze hier, weil Ihr ein Wirtschaftsfaktor seid... Es geht um Kohle im Fußball' (Antwort vom HSV-Präsident Hunke [...])"[123]

Um es noch einmal zu wiederholen, Gewalt durch Zuschauer ist eben nicht nur gesellschaftlich bedingt, sondern zu einem nicht geringen Teil auch hausgemacht. Die Entwicklung des Fußballs zum Profisport und die dadurch ständige Steigerung der Professionalisierung und Kommerzialisierung des Sportes tragen nicht unwesentlich zu den Ereignissen auf den Rängen bei.

Hatte der Deutsche Fußballbund (DFB) 1900 bei seiner Gründung den Amateurparagraphen[124] noch ins Statut übernommen, so wurden die letzten Überbleibsel dieses Ideals endgültig nach einem Bestechungsskandal der Saison 1970/71 abgeschafft, indem der DFB alle Geldbeschränkungen aufhob. Ablösesummen, Spielergehälter und Prämien konnten nun frei ausgehandelt werden und schnellten demzufolge in astronomische Höhen.[125] So trug und trägt der Übergang zum Profi-Sport Fußball wesentlich dazu bei, dass es zu einer immer größeren Distanz zwischen Spielern und Vereinen auf der einen Seite und den Fans auf der anderen Seite kommt.

Die **Spieler** sehen Fußball immer mehr als Beruf, bei dem Zukunftschancen und finanzielle Aspekte eine größere Rolle spielen, als die Bindung zum Verein. So sagte der ehemalige Profi und Nationalspieler Stefan Effenberg in einem Interview 1991: *„Ich spiele wie alle auch in erster Linie Fußball, um Geld zu verdienen. Was zählt, ist die Kohle. (...) Ich gehe immer gern. Das ist normal, denn woanders kann ich mehr Geld verdienen."*[126] Auch die extrem hohen Spielergehälter (und andere Einnahmen der Spieler, z. B. durch Werbeverträge) haben den Spieler immer mehr von – auch ihren – proletarischen Wurzeln gelöst.

Für die **Vereine** tritt durch die Durchkapitalisierung des Fußballs das Erfolgsprinzip in den Mittelpunkt, weil – so Heitmeyer – *„für Spieler z.B. die Karrieremöglichkeiten, die materielle Existenzsicherung und das soziale Ansehen zeitlich eng komprimiert sind. Die Vereine begeben sich aufgrund ihrer kapitalorientierten Vermarktung in die Abhängigkeit dieses Prinzips."*[127] Fußballvereine sind zu Fußballunternehmen geworden, für die Erfolg Geld bedeutet, und Geld wiederum bedeutet die Existenz. Wie die Fans darauf antworten, hat das Erstgutachten der Unterkommission Psychologie der Gewaltkommission der Bundesregierung wie folgt zusammengefasst: *„Das Fanverhalten spiegelt die Erfolgs(Leistungs)betonungen unserer Gesellschaft wider. Der Erfolg wird recht einseitig am Spielergebnis (Spielstand) gemessen. Dagegen treten andere Werte zurück. Der Spielerfolg setzt sich auch direkt in Geld um. Es entsteht die Gleichung ‚Erfolg= Geld'. Dies impliziert: Im Leistungssport sind Leistungsträger käuflich. Auf dem Spielermarkt ist offensichtlich die Mitsprache der Sportler so weit eingeengt, daß ernsthaft darüber diskutiert werden müßte, wie weit hier die Menschenwürde verletzt wird. Die Heranwachsenden nehmen diese Art von Degradierung ihrer Idole wohl diffus wahr, ohne sich im allgemeinen davon kritisch distanzieren zu können. Der aggressive Konkurrenzkampf um einen Stammplatz in der Mannschaft nimmt Einfluß auf die aggressiven Tendenzen der Fans. Dies wird kaum durchschaut, denn es ist eingebettet in eine Vielzahl von Normen, die vom jungen Mann aggressives Durchsetzungsverhalten verlangen"*[128]

Auf der anderen Seite werden die **Fans** immer mehr vom Status des „Spielmitbestimmers" und des Unterstützers der Mannschaft verdrängt. Sie sollen vielmehr die passive, ruhige, am besten sitzende Masse der Konsumenten sein. Diese Degradierung ist besonders für die „Kutten" und Hooligans schmerzlich, ist für sie Fußball doch mehr als ein Spiel. Der Fußball, seine Vereine und Spieler bilden wichtige Möglichkeiten der Identifikation und Identitätsbildung für die Fans. Diese Möglichkeiten werden zerstört, was bei den Fans Ohnmachtsgefühle auslöst, die sie in Form von Gewalt äußern. Die Hooligans reagieren, indem sie die Handlungen der Profispieler übernehmen. So schreibt Bott über den Fußball-Star, dessen „aktuelle und fortgeschrittene Variante der ausgekochte Profi ist, der flexibel und cool wie ein elitärer Hooligan die regionale Vereinsgebundenheit ebenso abstreift, wie sein Trikot und dort auftritt, wo das meiste Geld bezahlt wird, respektive beim Hooligan, wo die ‚beste action' abgeht"[129]. Ob die Hooligans so strikt ihre intensive Bindung zum Verein gelöst haben, ist fraglich (vgl. Kapitel 2.4.1). Fakt ist aber: Sie wissen genau, bei welchen Spielen mit Randalen zu rechnen ist. Und da es bei den Hooligans ein bundesweites Netz von Freund- und Feindschaften (siehe dazu Kapitel 2.4.10) gibt, kann es durchaus sein, dass Hooligans – abhängig von den jeweiligen Vereinen – auch Spiele von anderen Mannschaften „unterstützen".

Pilz stellte weiterhin fest, dass durch die steigende Distanz zwischen Spieler und Fan die Zuschauer eine immer größere Sensibilität für ihre eigene Anwesenheit entwickeln.[130] Wenn schon die Spieler sie nicht mehr brauchen, wollen sie sich im Stadion wenigstens selbst inszenieren und feiern. Dieses „Mit-sich-befassen" kann aber eben auch, so Pilz, in gewalttätigen Aktionen von Hooligans münden.[131]

2.3.6 Aggressor in Grün – Die Polizei als „3. Mob"

> „Ich hatte noch nie einen Krawall so schnell eskalieren sehen. Die Pistolenschüsse erschienen nun lächerlich; sie hatten den Streit nur entflammt. Die Menge, die jetzt zurückgerannt kam, war eine andere als die, die in Panik vor dem Tränengas geflüchtet war. Sie war anders geworden von dem Moment an, als sie mit den Sachbeschädigungen anfing – wie üblich die Überschreitung der Grenze. Sie war nun befreit, sie war gefährlich, und sie hatte sich in einen Rauschzustand hineingesteigert, in dem sie ohne weiteres bereit war, mit völliger Bedenkenlosigkeit und unter hemmungsloser Missachtung der Gesetze Amok zu laufen. Die Leute rannten, so schnell sie konnten, waren wütend und außer sich. Sie schrien etwas. Ich konnte nicht verstehen, was es war – eine Art aggressives Gebrüll -, aber gegen wen es gerichtet war, daran war kein Zweifel: gegen die Polizei."[132]

Die Aufgaben der Polizei sind klar definiert: Strafverfolgung und Gefahrenabwehr.[133] Das sind ihr gesellschaftlicher Auftrag und ihre Pflicht, da es in Gesetzen festgeschrieben steht. Auch in den Fußballstadien kommt die Polizei diesen Pflichten nach. Nach den Ereignissen in Brüssel (1985) – und auch in Anlehnung an Erkenntnisse von den Studentenausschreitungen in den 70er Jahren – verstand die Polizei darunter vor allem:

- „deutliche Polizeipräsenz an Fan-Treffpunkten
- Klettenprinzip (Begleitung der Fangruppen vom und zum Stadion)
- Bereitstellung von Beweissicherungstrupps
- Durchsuchung der Fanbusse
- Leibesvisitationen auf dem Bahnsteig, vor dem Stadion und vor dem Fanblock
- Begleitung der Fans zu Auswärtsfahrten durch uniformierte und vor allem zivile Polizeibeamte (sog. Fan-Polizisten)
- Videoüberwachung im Fanblock
- Aussprechen von Stadionverboten
- Einsatz von ‚Turnschuhkomandos' zur Verbesserung der Beweglichkeit der Beamten

- Einsatz von Zivil- und sog. Kontaktbeamten als ‚Aufklärer' [sog. szenekundige Beamte (SKB), Anm. d. Verf.]
- Inverwahrnahmung (Arrestierung der Fans vor dem Spiel bis lange nach dem Spiel, zur Verhinderung möglicher Straftaten oder zu deren ‚eigenem Schutz')
- Bereitstellen von Wasserwerfern
- Einsatz von Gummiknüppeln und Reizgas
- Festhalten von Fans in den Blöcken, bis das Stadion geleert ist (eine fußballfanspezifische Variante des Hamburger Kessels)
- Verkleinerung und Einzäunung der Fanblöcke (Affenkäfige)
- Anlegen sogenannter Fan-Dateien und dem verniedlichenden Begriff des ‚Fan-Meldedienstes', mit dem Name und Herkunft der anreisenden Fan-Gruppen, deren Anführer mit Personenbeschreibung, Hinweisen auf Neigung zu Gewalttätigkeit und Anreiseweg elektronisch gespeichert werden"[134]

Diese übermäßig stark repressiven Maßnahmen standen sehr schnell in der Kritik, aus folgenden Gründen:

„1. Durch den vermehrten Einsatz von Polizei, durch das Eingreifen der Polizei bei Auseinandersetzungen zwischen Fans verlieren die Fans mehr und mehr ihre Selbstregulierungsmechanismen; die strikte polizeiliche Trennung der Fans führt zur Brutalisierung der Auseinandersetzung sowohl im Kampf Mann gegen Mann als auch im Einsatz von Distanzwaffen."[135]

So kam es gerade durch den ungleichen Kampf mit der Polizei und durch die Notwendigkeit, dem Gegner so schnell wie möglich, so viel wie möglich Schaden zuzufügen (weil man ja in jeder Minute mit der Polizei rechnen muss), erst zur Nutzung von Schuss- und Stichwaffen, die dem Ehrenkodex (vgl. Kapitel 2.4.4) widersprechen und die die Gefahr der lebensbedrohlichen Verletzungen bei den Beteiligten erhöhte.

„2. Die verstärkte Kontrolle der Fans im Stadionbereich führt nicht zu einer Befriedung, sondern nur zu einer Verlagerung der Gewalt in andere, weniger stark überwachte und kontrollierte Räume."[136]

Mittlerweile ist es unter Hooligans üblich, dass sie schon 15 bis 20 Minuten vor Ende des Spiels das Stadion verlassen, um außerhalb des Stadions Aktionen zu machen. Dabei haben sich die Ausschreitungen auf den Innenstadtbereich, den Bahnhofsbereich oder auch auf Bereiche am Rande und außerhalb der Stadt oder gar auf Drittorte verlagert. Auch die Veränderung des Äußerlichen zum unauffälligen hin (vgl. Kapitel 2.4.2) gehört mit zu diesen Strategien.

„3. Die verstärkte Überwachung der Fans, die starke Kontrolle führt vor allem bei den sogenannten unorganisierten harten Fans zu einer Solidarisierung und Verfestigung der bislang eher lockeren Bindungen, verbunden mit einer Erhöhung der Mitglieder- und Sympathisantenzahlen dieser Gruppierungen, damit verbunden zu einer zusätzlichen Gefahr der Eskalation der Gewalt und Kriminalisierung dieser Fans."[137]

Vor allem „Kutten", die oft auch von den Repressionsmaßnahmen betroffen sind (z.B. vom Festhalten in den Blöcken, bis das Stadion leer ist), haben sich – aus Unmut gegenüber den Polizeimaßnahmen – mit den Hooligans solidarisiert. Die Solidarisierung innerhalb der Hooliganszene ist besonders bei Länderspielen erkennbar. Die Polizei wird da als Gegner mit einkalkuliert, oft heißt es dann: „Gegen die Bullen!".

„4. Die Anwesenheit in einem sozialen Raum, der von aggressiven Reizen gekennzeichnet ist, erhöht die Neigung zu gewalttätigen Handlungen."[138]

Gerade die Anwesenheit der Polizei in ihren „Kampfanzügen" löst bei den Hooligans eine gewisse Aggressivität aus. Diese aggressive Stimmung braucht dann nur noch einen Auslöser, der die Anwesenheit der Polizei rechtfertigt. In dem Sinne: ‚Wenn die schon mal da sind, sollen sie ihren Kampf haben'. In diesen Zusammenhang gehört auch die Erkenntnis, dass je mehr Polizeibeamten im Stadion anwesend sind, desto mehr Festnahmen sind zu verzeichnen.[139] Das hängt wohl auch mit dem Legalitätsprinzip zusammen, was den Polizisten verpflichtet, jedes beobachtete – auch noch so kleine – Vergehen zu ahnden. So werden typische zum Fußball gehörige Rituale (die übrigens von den Beteiligten anerkannt sind) kriminalisiert, wie z.B. das Entwenden von Fanutensilien, wie Schals, Mützen, Fahnen etc.).

So kann man erkennen, dass das Einwirken der Polizei die Gewalt in den Stadien zwar verändert, nicht jedoch verhindert, eher sogar erhöht. Die Polizei ist also auch ein Verursacher der Gewalt.

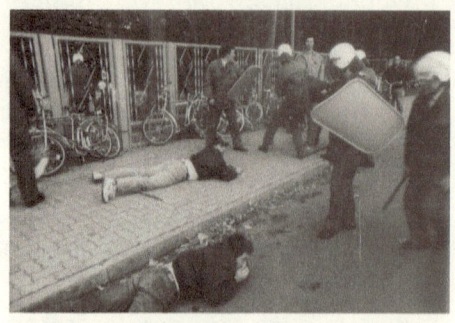

(in Greifswald 1991, aus: Farin/Hauswald 2001, S. 94-96, a.a.O.)

Durch diese Kritik – auch zum Teil aus den Reihen der Polizei selbst – kam es in den 90er Jahren zu einer Veränderung der Polizeitaktik. Man orientierte sich dabei an den Erfahrungen aus England. Im Mai 1991 wurde von den Innenministern und -senatoren der Länder ein Maßnahmenkatalog zur Bekämpfung des Fußballrowdytums verabschiedet. Darin wurde die Errichtung einer zentralen Informationsstelle und die Einsetzung einer Arbeitsgruppe, die die Aufgabe hatte, den Informationsaustausch zwischen den Polizeibehörden bei größeren Sportveranstaltungen zu standardisieren und zu intensivieren, mit dem Ziel Gewalttätigkeiten insbesondere bei Fußballspielen zu verhindern, gefordert. Die „Zentrale Informationsstelle Sporteinsätze" (ZIS), die ab 3. Februar 1992 ihre Arbeit beim Landeskriminalamt Düsseldorf, Dezernat 43, aufnam, verfügt über ein vollständiges und zutreffendes Bild der regionalen Szenen, das ihr durch Kommunikation und Austausch von Informationen mit der Arbeitsgruppe und der örtlichen szenekundigen Beamten (SKB) vermittelt wurde. Davon relevante Informationen werden den regionalen Polizisten im Vorfeld von Fußballspielen zur Verfügung gestellt. Die regionalen Polizeistellen sind wiederum aufgefordert, nach den Spielen die Vorkommnisse der ZIS mitzuteilen, damit diese ihre Informationen vervollständigen kann.

Ab der Saison 1994/1995 wurden des Weiteren die von der Arbeitsgruppe „Nationales Konzept Sport und Sicherheit" (NKSS) geforderten bundesweiten Stadionverbote und die Datei „Gewalttäter-Sport" eingerichtet und angewandt. In dieser Datei sind Angaben zur Person und zum Ereignis, das der Speicherung zugrunde liegt, festgehalten. Mittlerweile sind in dieser Datei ca. 3.800 Personen gespeichert (Stand: Dezember 2002).

So sieht man, dass heutige Polizeimaßnahmen vor allem darauf gerichtet sind, denn „gläsernen" Fan zu realisieren, um mögliche Ausschreitungen durch Stadionverbote, Ausreiseverbote etc. schon im Vorfeld zu verhindern. Kritisch zu betrachten ist dabei, dass Datenschutzbestimmungen gänzlich ausgeblendet werden und dass Fans, bevor sie sich strafbar gemacht haben, durch Übermittlung der Daten wie Schuldige behandelt werden. Darüber hinaus sind die neuen informellen Maßnahmen nicht als Ersatz der alten Maßnahmen zu verstehen, vielmehr als Erweiterung. D.h. die alten Maßnahmen werden immer noch durchgeführt, mit den gleichen oben schon erwähnten Konsequenzen. So ist auch heute noch davon auszugehen, dass die Polizei nicht zur Deeskalierung beiträgt, sondern vielmehr ein zusätzlicher Reizfaktor für Hooligans darstellt.

---

79 vgl. Lösel/Bliesener/Fischer/Pabst 2001, S.149, a.a.O.
80 Lösel/Bliesener/Fischer/Pabst 2001, S.149f., a.a.O.
81 vgl. Lösel/Bliesener/Fischer/Pabst 2001, S.150, a.a.O.
82 vgl. Schulz, Hans-Joachim /Weber, Robert: Gewalt von Zuschauern, in: Pilz, Gunter A. (Hg.): Sport und körperliche Gewalt, 1986, S.59
83 Buford 1992, S. 299, a.a.O.
84 Beck, zit. aus: Matthesius 1992, S. 12, a.a.O.
85 vgl. Beck, zusammengefasst von Matthesius 1992, S. 12, a.a.O.
86 Heitmeyer/Peter 1992, S. 9, a.a.O.
87 Heitmeyer/Peter, zit. aus: Meier 2001, S. 17, a.a.O.
88 vgl. Meier 2001, S. 17, a.a.O.
89 Meier 2001, S. 18, a.a.O.
90 vgl. Meier 2001, S. 18, a.a.O.
91 Blinkert (1988), zit. aus: Pilz, Gunter A.: Gewalt im Umfeld von Fußballspielen: Ursachen und Möglichkeiten der Prävention, unter: www.hooligans.de/info_ueber/Uber_Hooligans/Wissenschaftliche_Texte/Gewalt_im_Umfeld/gewalt_im_umfeld.html
92 Buford 1992, S. 246, a.a.O.
93 Hooligan bei einem Fankongress 1988 auf die Frage „Warum prügelt ihr euch?", zit. aus: Gehrmann/ Schneider 1998, S. 11, a.a.O.
94 Hooligan, zit. aus: Buford 1992, S. 128, a.a.O.
95 Hooligan, zit. von Pilz, Gunter A.: „Emotionen beleben das Geschäft" – Vom widersprüchlichen Umgang mit der Gewalt: eine sozialkritische Analyse, in: Nitsch, Jürgen R.: Emotionen im Sport. Zwischen Körperkult und Gewalt 1995, S. 30-51
96 Hooligan, zit. von Pilz, in: Nitsch 1995, a.a.O.
97 Hooligan, zit. von Pilz, in: Nitsch 1995, a.a.O.
98 vgl. auch Pilz, in: Nitsch 1995, a.a.O.
99 Csikszentmihalyi (1992), zit. von Pilz, in: Nitsch 1995, a.a.O.

100 Kirsch, Andreas: Gewalt bei sportlichen Großveranstaltungen, 2000, S. 134
101 Buford 1992, S. 234, a.a.O.
102 Elias (1976), zit. aus: Meier 2001, S. 24, a.a.O.
103 vgl. Meier 2001, S. 24f. , a.a.O.
104 Kuzmics, zit. aus: Meier 2001, S. 25, a.a.O.
105 Buford 1992, S. 187, a.a.O.
106 Diese Zahl ist aus dem Bericht der wissenschaftlichen Begleitung des Fan-Projektes Hannover in: Pilz, Gunter A.: Aufsuchende, „akzeptierende" Jugend(sozial)arbeit mit gewaltfaszinierten, gewaltbereiten und „rechten" Jugendlichen, 1994, auf: www.hooligans.de/info_ueber/Uber_Hooligans/Wissenschaftliche_Texte/Praktische_Arbeit/praktische_arbeit.html
107 Pilz 1994, a.a.O.
108 Buford 1992, S. 207, a.a.O.
109 Farin 2001, S. 192, a.a.O.
110 Buford 1992, S. 218, a.a.O.
111 vgl. Gustave Le Bon und Siegmund Freud, zit. von Buford 1992, S. 208, a.a.O.
112 Thomas Carlyle, zit. von Buford 1992, S. 207, a.a.O.
113 C-Jugend-Auswahltrainer Niedersachsens, Stockhausen, zit. von Pilz, in: Nitsch 1995, S. 30-51, a.a.O.
114 Pilz, Gunter A.: Körperliche Gewalt von Sportlern – Zum aktuellen Stand sportwissenschaftlicher Forschung, zit. aus: Pilz (Hrsg.) 1986, S. 37, a.a.O.
115 Pilz, zit. aus: Pilz (Hrsg.) 1986, S. 37, a.a.O.
116 Pilz, zit. aus: Nitsch 1995, a.a.O.
117 Pilz, zit. aus: Becker, Peter/Pilz, Gunter A.: Die Welt der Fans, 1988, S. 95
118 So zum Beispiel Untersuchungen von Gabler/Schulz/Weber (1982) oder Smith (1983)
119 vgl. Pilz, Gunter A.: Gewalt im Umfeld von Fußballspielen: Ursachen und Möglichkeiten der Prävention, auf: www.hooligans.de/info_ueber/Uber_Hooligans/Wissenschaftliche_Texte/Gewalt_im_Umfeld/gewalt_im_umfeld.html
120 Pilz, zit. aus Pilz, Gunter A.: Gewalt im Umfeld von Fußballspielen: Ursachen und Möglichkeiten der Prävention, a.a.O., auf:

www.hooligans.de/info_ueber/Uber_Hooligans/Wissenschaftliche_Te xte/Gewalt_im_Umfeld/gewalt_im_umfeld.html

121 Pilz, zit. aus Pilz, Gunter A.: Gewalt im Umfeld von Fußballspielen: Ursachen und Möglichkeiten der Prävention, a.a.O., auf: www.hooligans.de/info_ueber/Uber_Hooligans/Wissenschaftliche_Te xte/Gewalt_im_Umfeld/gewalt_im_umfeld.html

122 Fair Play nach Bausenwein, 1995, S. 293, *„ist eine Regulierung des Verhaltens im Streben nach dem Sieg: Es findet seinen Ausdruck im Spielverständnis von Sportlern, die die Regeln konsequent einhalten und im Interesse der Chancengleichheit ungerechte Vorteile weder ausnutzen noch herbeiführen; es läßt sich in der Spielweise derer erkennen, die hart zur Sache gehen, es aber ohne Murren akzeptieren, wenn sie selbst mal etwa abkriegen; und schließlich zeigt es sich in dem Bemühen, im Verlauf des Spiels immer die Fassung zu bewahren und nach dem Spiel – sowohl aus Verlierer wie als Sieger – dem Gegner mit Respekt zu begegnen."*

123 Dialog eines Hooligans und dem Präsidenten des HSV anlässlich eines vom Hamburger Fan-Projekt organisierten Gesprächsabends; Löffelholz (1993), zit. von Pilz, in: Nitsch 1995, S. 30-51, a.a.O.

124 So hieß es im §3 der ersten DFB-Satzung: *„Ordentliches Mitglied kann jeder Verband oder jeder Verein werden, sofern er keine Berufsspieler zu seinen Mitgliedern zählt."*, zit. aus: Schulze-Marmeling, Dietrich: Der gezähmte Fußball. Zur Geschichte eines subversiven Sports, 1992, S. 54

125 vgl. Schulze-Marmeling 1992, S. 54ff., a.a.O.

126 Interview mit Stefan Effenberg im „Spiegel" 32/1991, zit. aus: Schulze-Marmeling 1992, S. 163, a.a.O.

127 Heitmeyer, zit. aus: Heitmeyer/Peter, S. 40, a.a.O.

128 Lösel u.a. (1990), zit. aus: Pilz, Gunter A.: Gewalt im Umfeld von Fußballspielen, a.a.O., auf: www.hooligans.de/info_ueber/Uber_Hooligans/Wissenschaftliche_Te xte/Gewalt_im_Umfeld/gewalt_im_umfeld.html

129 Bott (1988), zit. aus: Pilz, Gunter A.: Gewalt im Umfeld von Fußballspielen, a.a.O., auf: www.hooligans.de/info_ueber/Uber_Hooligans/Wissenschaftliche_Te xte/Gewalt_im_Umfeld/gewalt_im_umfeld.html

130 vgl. Pilz, Gunter A.: Gewalt im Umfeld von Fußballspielen, a.a.O., auf: www.hooligans.de/info_ueber/Uber_Hooligans/Wissenschaftliche_Te xte/Gewalt_im_Umfeld/gewalt_im_umfeld.html

131 vgl. Pilz, Gunter A.: Gewalt im Umfeld von Fußballspielen, a.a.O., auf: www.hooligans.de/info_ueber/Uber_Hooligans/Wissenschaftliche_Texte/Gewalt_im_Umfeld/gewalt_im_umfeld.html

132 Buford 1992, S. 335, a.a.O.

133 vgl. Martens, Thomas: Zum Verhältnis zwischen Sozialarbeit und Polizei, in: KOS (Hrsg.): Verordnete Defensive. Ausgewählte Dokumente der 6. und 7. Bundeskonferenz der Fan-Projekte in Karlsruhe und Berlin sowie der 3. Fan-Projekte-Werkstatt in Nürnberg, KOS-Schriften 7, 2000, S.134

134 Pilz, in Klein (Hrsg.) 1989, S. 158, a.a.O.

135 Pilz, in Klein (Hrsg.) 1989, S. 159, a.a.O.

136 Pilz, in Klein (Hrsg.) 1989, S. 162, a.a.O.

137 Pilz, in Klein (Hrsg.) 1989, S. 162, a.a.O.

138 Pilz, in Klein (Hrsg.) 1989, S. 163, a.a.O.

139 vgl. Pilz, in Klein (Hrsg.) 1989, S. 163f. , a.a.O.

2.4 Spezifische Merkmale und Verhaltensweisen der Hooligansubkultur

In den folgenden Kapiteln will ich mich mit typischen Verhaltensweisen und Merkmalen der Hooligans auseinandersetzen. Es war im Allgemeinen sehr schwierig zu sagen: ‚Das macht einen Hooligan aus! So sind richtige Hooligans!', trotzdem habe ich versucht, das Typische an den Hooligans herauszuarbeiten. Da es auch regional starke Unterschiede zwischen den einzelnen Hooligangruppen gibt, versuchte ich den größten gemeinsamen Nenner zu finden. Außerdem habe ich versucht, bestehende Diskussionen in der Wissenschaft mit aufzugreifen, um nahe zu legen, welche Streitpunkte es gibt.

2.4.1 Identifikation mit dem Verein

> *„Die Menschenmenge selbst war sehenswert. Das Fleisch, das entblößt wurde, war das normale: englische Nieselwetterhaut wie vom Fließband, daher hellrosa und sonnenempfindlich. Nur eines war nicht normal: alle waren tätowiert. Und nicht an einer Stelle, sondern an vielen. [...] Bei manchen war der Rücken tätowiert, in voller Länge von oben bis unten. Dies waren dann keine gewöhnlichen Tätowierungen; es waren Wandgemälde auf Fleisch. Ein Bursch war eine einzige Werbefläche für den Fußballclub Manchester United. [...] Man konnte auch nicht umhin, sich zu fragen, was das für ein Mensch sein musste, der bereit war, seinem Körper dies anzutun. Tätowiert werden ist eine schmerzhafte Angelegenheit: eine heiße Nadel wird durch die Hautoberfläche gebohrt und füllt die Zellen darunter mit Farbe. Der Schmerz – das Blut quillt hervor, die behandelten Stellen sind wund – vergeht; das Ergebnis bleibt, bis es im fortgeschrittenen mittleren Alter verblasst oder operativ entfernt wird. Ringsum sah ich meterweise Haut, die mit diesen totemartigen Gelöbnissen der Vereinstreue befleckt waren."*[140]

In den letzten Jahren kam immer wieder die These auf, Hooligans haben keine Bindung zum Verein mehr. Sie gehen nicht mehr zu den Spielen „ihres" Vereins, sondern nur noch dahin, wo sie Randale erwarten. Wie ich in Kapitel 2.3.5 schon erwähnt habe, halte ich diese These für fragwürdig. Viele der (alten) Hooligans sind einmal über ihre Väter (oder andere nahe – meist männliche – Bezugspersonen) zum Fußball gekommen, waren lange Zeit „Kutte" und haben sich irgendwann zum Hooligan entwickelt. Bis zum Hooligandasein gab es also eine lange Zeit der Fußballsozialisation und Vereinsidentifikation. Viele Jahre haben sie ihre Identität über den Fußball und den Verein definiert, und tun dies auch noch heute. So verstehen sich viele Hooligans als die besonderen Fans – die Elite –, die sich eben mit allen Mitteln für ihren Verein einsetzen. All dies zeigt, welch wichtige Rolle der Verein für den Hooligan spielt, er ist die Grundlage dafür, dass sie überhaupt Randale machen.

Wie kam es nun zu der Einschätzung, dass sich die Hools von ihrem Verein distanzieren. Zum einen liegt das in der Geschichte des Hooliganismus. Früher waren die Hooligans ein Teil der „Kutten", es war nicht unüblich, dass „Kutten" prügelten und randalierten. Als sich die Hooligans von den „Kutten" abspalteten und irgendwann auch die typischen Fanutensilien und -kleidungen ablegten, vollzog sich auch ein Wandel der Einstellung gegenüber dem Verein. Man wurde nüchterner und folgte dem Verein nicht mehr blindlings.[141] Hinzu kommt die immer größer werdende Distanz zwischen Verein/Spieler auf der einen Seite und den Fans auf der anderen Seite, die durch die Durchkapitalisierung und Kommerzialisierung des Profi-Fußballs eingesetzt hat. Die Fans fühlen sich oft alleingelassen. Gehrmann schreibt das so: *„Zum einen ist diese gewisse Nüchternheit einfach Ernüchterung. Das Mißverhältnis zwischen dem enormen Aufwand, den Fans treiben, um ‚ihren' Verein zu unterstützen und dem geringen Interesse, das die meisten Vereine für ihre Fans zeigen, ist nirgendwo so scharf wie bei den Gewalttätern. Sie kämpfen für ihren Verein unter Einsatz ihrer Gesundheit, gehen höchste Risiken ein, und dafür werden sie nicht nur von der Polizei bedrängt und verfolgt, sondern auch von ihren eigenen Vereinen beschimpft: ‚Das sind doch gar keine richtigen Fans, das sind doch Kriminelle.' Und wenn dieser Verein dann noch schlecht spielt oder sich mit Skandälchen beschmiert, dann steht die Identifikation schon mal auf dünnem Eis."*[142]

Festzuhalten ist also, dass die Hooligans nicht ihre Bindung zum Verein verloren haben – sonst würden sie sich auch nicht für ihn prügeln - sondern dass es zu einer Veränderung der Einstellung (im Vergleich zu den „Kuttenfans") zum Verein kam. Die Ursachen dafür sind nicht zuletzt bei den Vereinen selbst zu suchen.

Neuere Untersuchungen[143] zeigen auch, dass es durch die nicht mehr lückenlose Identifikation mit Fußball zu neuen Querverbindungen zu anderen Szenen – vor allem zu Gewalt-Szenen – bei den Hooligans gekommen ist. Verdeutlichen soll dies folgende Tabelle:

Querverbindungen der Hooligans und Problemfans zu anderen Szenen (in %)

Verbindungen zu	Hooligans	Problemfans
Drogenhandel	37	6
Zuhälterszene	13	nicht erfragt
Straßengangs	nicht erfragt	34
Türsteherszene	44	nicht erfragt
Professioneller Kampfsport	41	9
Allgemein kriminelles Milieu	52	32
Politisch rechte Szene	39	42
Politisch linke Szene	12	9

(aus Lösel/Bliesner/Fischer/Pabst 2001, S. 76, a.a.O.)

Über die Hälfte (52%) der Hooligans hat demnach Kontakt zum kriminellen Milieu. Weitere kaum weniger intensive Verbindungen gibt es zur Drogen-, Türsteher-, Kampfsport- und rechten Szene. Bei den Problemfans sind diese Verbindungen weit geringer. D. h. es ist davon auszugehen, dass die Hooligans sich durch die Entfernung vom der Szene Fußball, sich kriminelleren Szenen zuwenden. Angesichts dieser Erkenntnisse sollten die Vereine und die Spieler versuchen, auch den gewaltbereiten und gewaltsuchenden Fans wieder mehr Möglichkeiten der Identifikation zu geben, damit diese sich nicht endgültig dem kriminellen Milieu hingeben.

2.4.2 Äußerliche Erscheinung

> *„Die Veränderung begann kurz nach der Wendezeit. Da war plötzlich nicht mehr wichtig, was man kann, sondern bloß noch, wie man aussieht. Das fand ich zum Kotzen. Gute Klamotten zieht sich ja eigentlich jeder gerne an, darum geht's gar nicht. Aber wenn da einer vor dir steht, den hast du vorher noch nie gesehen, und der hat'n bißchen mehr Kohle oder Connections zu jemand, der ihm das günstig besorgt, oder er macht das selber, und der steht dann vor mir und hat die teuersten Iceberg-Klamotten an und quatscht dich voll, was du da überhaupt willst, weil du ja nicht die Klamotten anhast..."*[144]

Es ist immer schwierig, Menschen anhand ihrer äußerlichen Erscheinung einzuordnen. Besonders schwierig wird das bei Subkulturen, den jene spielen mit ihren Äußerlichkeiten, sei es aus Provokation oder einfach nur zur Abgrenzung. Immer wieder kommt es vor, dass Angehörige einer Subkultur ihren Kleidungsstil, ihr Aussehen verändern, weil sie der „Entschlüsselung" durch die Mehrheitsgesellschaft entgehen wollen. Sie wollen nicht, dass ihr Stil massentauglich vermarktet wird, weil dann nämlich das Besondere des Aussehens nichts Besonderes mehr ist und die Ideale der Subkultur durch diese Unterschwemmung verloren gehen können[145].

Aus diesen Gründen besteht eine besondere Brisanz, wenn man in der Öffentlichkeit oder in der Wissenschaft über das Aussehen einer bestimmten „Gruppe" spricht. Erschwerend kommt hinzu, dass heutige Subkulturen so szeneninterne Symbole und Formen der äußerlichen Erscheinung nutzen, dass sie von Außenstehenden oft gar nicht erst erkannt oder falsch interpretiert werden.

Trotz dieses Wissens will ich mich jetzt dem Äußerlichen der Hooligans nähern, ohne dabei einen Absolutheitsanspruch zu stellen. Man kann eben nicht sagen: ‚So sieht ein Hooligan aus! Das muss ein Hooligan anhaben!'.

Hooligans sind in ihrem Äußerlichen darauf bedacht, recht unauffällig und nobel auszusehen. Die Zeiten, wo Fußballrowdys mit fantypischem Outfit (d.h. „Kutte", Trikot, Schal etc.) ausgestattet waren und das „Ungepflegte" eines Angehörigen der Unterschicht im wahrsten Sinne des Wortes verkörperten, sind längst vorbei. Heute tragen Hooligans simple Kleidung, wie Jeans, T-Shirts, Turnschuhe und modische Lederjacken. Aber die Mode ist eben nicht bloß simpel, sondern auch sehr teuer, denn die Hooligans sind sehr markenbewusst. So tragen Hooligans Klamotten von Nike, Lacoste, Londsdale, Hugo Boss, Fred Perry, Adidas, New Balance usw. Besonders Marken aus England – wegen dem Bezug zur englischen Hooliganszene – sind gefragt.

Warum haben die Hooligans ein solches Outfit gewählt? Matthesius schreibt: „Ausgehend von dem in der Öffentlichkeit herrschenden Bild, daß der gewalttätige Jugendliche der kuttentragende, biertrinkende Fan ist und die Norm, an die sie sich anzupassen hätten, der ordentlich und konsumorientierte Jugendliche ist, drehten die Hooligans zur eigenen Belustigung dieses Bild einfach um. Nun waren es die teuer gekleideten Jugendlichen, die sich als Randalierer entpuppten."[146] Außerdem hat dieses Outfit noch zwei Vorteile für die Hooligans: Zum einen können die Polizeibeamten die Hooligans nicht mehr so leicht identifizieren in ihrem unauffälligen Outfit. Zum anderen können die Fans in den Fan-Blöcken die Normalfans von den Hooligans genau unterscheiden.[147]

Kritisch wird die Entwicklung zu noblen, teueren Outfits in der Szene vor allem in zwei Punkten betrachtet:

1. Vor allem die Jung-Hools definieren ihr Hooligandasein mehr über ihr Outfit als über ihre Fights. Umso teurer die Klamotten sind, um sehr mehr gehört man dazu. Das schafft Konflikte mit den Alt-Hools.
2. Durch die teuren Klamotten scheuen sich Hools manchmal vor Fights, weil durch die Kampfhandlungen die Sachen entweder zerstört oder gestohlen werden können. Diesen Verlust will man nicht riskieren. Das führt wiederum zu Konflikten mit den Hools in den eigenen Reihen.

2.4.3 Hierarchisierung („Gute", Mitläufer, „Lutscher")

> „Ich bin in der Ersten Reihe, mehr denn je – früher war ich halt das Kind und der Mitläufer. Heute hab' ich meine Erfahrungen. Ich weiß, wie ich die ganze Sache angehen muß. Und man hat sich 'n Namen gemacht, denn will man auch nicht so schnell verlieren, den will man halt verteidigen."[148]

Innerhalb der Hooliganszene gibt es eine gut organisierte Gliederung. Ganz oben stehen die **Anführer**. Sie übernehmen die Planung und Organisation von Auseinandersetzungen im Vorfeld. Sie nehmen den Kontakt zu den Anführern der gegnerischen Hools auf (am Spieltag und auch schon zuvor) und sie führen die z. T. große Menschenmenge am Spieltag an (z.B. kümmern sie sich darum, dass man weitestgehend von der Polizei unbeobachtet bleibt). Anführer wird man, wenn man gute organisatorische Fähigkeiten, ein hohes Maß an Kampfbereitschaft und vor allem viel Kampferfahrung hat.[149]

Die Anführer rekrutieren sich aus der Gruppe des **„Harten Kerns"**, auch die **„Guten"** genannt. Die „Guten" sind zwischen 18 und 35 Jahren. Sie sind oft schon sehr lange in der Hooligan-Szene aktiv und kennen sich untereinander schon Jahre. Sie behalten den Überblick und stehen bei Fights in der ersten Reihe, sind die ersten die zuschlagen. Weil sie überwiegend Alt-Hools sind, orientieren sie sich auch noch mehrheitlich am Ehrenkodex – siehe nächstes Kapitel.[150] Andreas Kirsch schreibt über die „Guten": *„Das Ziel der ‚Guten' ist der Kitzel bei der Eroberung fremden Territoriums und das Ausloten der Grenzen, an die man sonst im Alltag nicht stößt. Sie wollen die Gefahr des Faustkampfes Mann gegen Mann erleben und genießen die Aufmerksamkeit und den Status, den sie sich mit ihrem Auftreten bei anderen und bei Mädchen erwerben. Man inszeniert ein großes Indianerspiel (jagen, fangen, kämpfen, siegen) oder ein Räuber- und Gendarmspiel mit echten Polizisten und ernstzunehmendem Hintergrund."*[151] Wichtige Eigenschaften eines „Guten" sind also: Körperkraft, Zuverlässigkeit, kameradschaftliches Verhalten, Witz, Organisationstalent und langjährige Zugehörigkeit zur Szene.[152]

Um den harten Kern scharrt sich eine große Gruppe von Jugendlichen, die dazugehören wollen. Sie werden **Mitläufer** oder – wenn sie Fights aus Angst meiden – **„Lutscher"** genannt. Die „Guten" brauchen die Mitläufer: *„Ohne Mitläufer wär' nichts los, 'ne gewisse Masse muß erst mal da sein, sonst passiert gar nichts. Bei zwanzig Mann hätten zehn Bullen die Sache im Griff."*[153] Die Mitläufer orientieren sich an den „Guten", sie stehen in der zweiten Reihe. Sie sind gelegentlich besonders brutal, um von den „Guten" Anerkennung zu erlangen. Wichtig ist ihnen, dass sie dabei von den anderen gesehen werden. Meistens schlagen sie dann aber nur auf welche ein, die von einem „Guten" schon niedergestreckt wurden.[154] Dem direkten Zweikampf gehen sie eher aus dem Weg – aus Angst –, was ihnen bei den „Guten" den abfälligen Spitzname „Lutscher" eingebracht hat. Wegen der „Lutscher" ist es bei Fights nicht ungewöhnlich, dass erst ein großer Mob loszieht und dann, wenn es ernst wird, nur noch ein paar wenige zum kämpfen dastehen.

2.4.4 Ehrenkodex

> *„Und da kommen um die Ecke vielleicht sechzig, siebzig Leute rauf, und mit Alkohol war ich langsamer, da hatten sie recht. Ich konnte mich gar nicht so recht umsehen. Da haben sie mir erstmal 'n paar Tritte gegeben, aber die waren fair. Die haben getreten und mich liegenlassen, dann war gut."*[155]

Im Zuge des Ausdifferenzierungsprozesses zur Subkultur der Hooligans bildete sich ein Wertesystem für den Kampf heraus. Der Ehrenkodex oder der „Fair Fight" sollte sicherstellen, dass bei den Auseinandersetzungen keine lebensbedrohlichen Verletzungen zu befürchten sind.[156]

Was alles zu den Werten des „Fairen Fights" gehören, hat Bohnensack in seiner Intensivuntersuchung wie folgt zusammengestellt:

- „eine ‚Wiese', d.h. einen Freiraum, eine Enklave, innerhalb derer der ‚fight' analog zur Wiese des Fußballplatzes unabhängig von äußeren Eingriffen – vor allem solcher seitens der Kontrollinstanzen – stattfinden kann;

- Waffen kommen nicht zum Einsatz. Der Kampf findet ausschließlich mit den Fäusten statt;
- damit ein ‚Feind sich stellen' kann [...] darf man ihm nicht mit zahlenmäßiger Überlegenheit begegnen. Es ist im Rahmen eines respektablen Kampfes in Kauf zu nehmen, daß der Gegner zahlenmäßig überlegen ist [...];
- am Boden liegende oder anderweitig hilflose Gegner werden nicht länger attackiert, d.h. es wird nicht ‚nachgetreten' [...];
- für Verletzte wird (möglicherweise auch vom Gegner) Hilfe geholt (Krankenwagen und auch Polizei);
- wenn diese Regeln nicht eingehalten werden, gehen andere aus derselben Gruppe ‚dazwischen' [...]."[157]

Doch diese Liste ist nicht abschließend. Meier hat zum Ehrenkodex noch ein paar Punkte hinzugefügt:

- gegenseitige Anzeigen werden abgelehnt und auch die Zusammenarbeit mit der Polizei;
- Fotos von Auseinandersetzungen werden nur zur Erinnerung gemacht nicht zur   Identifikation von Hools bei Androhung einer Strafe;
- Unbeteiligte sollten nicht angegriffen werden, es kann aber dazu kommen, dass sie in einen Kampf verwickelt werden, wenn sie sich am Ort des Kampfes aufhalten;
- Waffen werden nur dann eingesetzt, wenn die gegnerische Hooligan-Gruppe ebenfalls mit Waffen antritt.[158]

Mittlerweile ist die Einhaltung dieses Ehrenkodex sehr fraglich geworden. Die jüngeren Hools halten sich nicht mehr an die Regeln. Waffenbesitz ist heute keine Seltenheit mehr. Vor allem dann, wenn sie sich vor den älteren profilieren wollen und besonders brutal vorgehen wollen. Dann wird auch schon mal auf schon am Boden liegende nachgetreten. Farin schreibt über die Jung-Hools: *„Da es ihnen zudem oft noch an Körperkraft und Erfahrung mangelt, gleichen sie das durch Waffen aus, die ihnen ein trügerisches Gefühl von Sicherheit geben, die Angst zurückdrängen sollen. Der über die Jahre ritualisierte Ehrenkodex der Älteren, nach dem alles andere als ein unbewaffneter Kampf Mann gegen Mann im allgemeinen verpönt ist, ist ihnen* *fremd. Mangelndes Selbstbewußtsein vertuschen sie durch Amphetamine und möglichst krasse Sprüche, die fehlenden Körpersäfte durch ‚ein bißchen schmutziges Zwanzig-gegeneinen'.*"[159]

So ist der Waffenbesitz und auch –gebrauch heute in der Hooligan-Szene nicht mehr unüblich. Eine wichtige Rolle in der Entwicklung spielt auch die Polizei. Buford hat einen englischen Hooligan über die Rolle der Polizei gefragt mit der Antwort: *„Die Polizei ist inzwischen so gut, [...] daß wir mehr unter Druck stehen als früher. Wir haben einfach nicht mehr soviel Zeit. Sobald irgendwo eine Schlägerei losgeht, sind wir sofort von Hunden und Pferden umringt. Darum haben alle Leute nun angefangen, Messer zu gebrauchen. Vermutlich klingt es verrückt, aber weil die Polizeibewachung so gut geworden ist, sind wir nun gezwungen, in der kürzestmöglichen Zeit den größtmöglichen Schaden anzurichten, und für Verletzungen auf die Schnelle ist das Messer am wirksamsten."*[160]

So entstand also ein Konflikt: Die Jüngeren halten sich nicht mehr an den Ehrenkodex, trotzdem wird dessen Gültigkeit vor allem von den Älteren aufrechterhalten. Die Älteren kritisieren dass oft brutale und gefährliche Vorgehen der Jüngeren. Die Jüngeren wiederum halten vor allem den Waffenbesitz für notwendig (so auch um eigenen Schutz), und lösen sich mehr und mehr von den Werten der „alten Schule".

2.4.5 Alkohol- und Drogenkonsum

> "Während der vergangenen Stunde hatte ich beobachten könne, daß der Nachmittag nach einem streng geregelten Muster zu verlaufen begann. Das sah ungefähr so aus: Sobald ein Schlachtenbummler ankam, streifte er umher, meist mit einem Freund, brüllte ab und zu etwas, stieß mit irgendwelchen Gegenständen zusammen oder sag ein Lied mit. Dann entdeckte er irgendwo einen Kumpel, und es kam zu einer Begrüßung. Sie bestand in einem Austausch lauter, unverständlicher Geräusche. Etwas später entdeckten sie noch einen Kumpel (neue Geräusche), dann noch einen (wieder neue Geräusche), bis sie endlich zahlreich genug waren – fünf, sechs, manchmal zehn -, um einen Kreis zu bilden. Dann, als sei ein Trinkspruch ausgebracht worden, tranken sie alle aus einer sehr großen Flasche mit sehr billigem Lagerbier oder aus einer sehr großen Flasche mit sehr billigem Rotwein. Dies geschah mit unerhörtem Tempo, und die Flüssigkeit lief ihnen übers Gesicht, den Hals hinunter und auf die Brust, die schon ganz klebrig und von Schweißperlen bedeckt in der Sonne glänzte."[161]

Auch der Alkohol- und Drogenkonsum von Hooligans ist sehr umstritten. So gibt es Wissenschaftler (vgl. Kirsch), die behaupten, die einzige Droge, die Hooligans bräuchten, wäre das körpereigene Adrenalin. Und auch Hooligans beteuern immer wieder, nüchtern zu „Fights" zu gehen, um volle Konzentration und Kampffähigkeit zu behalten[162]. Solche Aussagen gehen an der Wahrheit vorbei. Drogen und Alkohol spielen in der Hooliganszene – nach den Untersuchungen von Lösel/Bliesener/Fischer/Pabst – eine wichtige und vor allem steigende Rolle. So wurde festgestellt, dass 60% der Hooligans regelmäßig Bier trinken, in einer Repräsentativbefragung von Kraus & Bauernfeind (1998) ist die Rate der entsprechenden männlichen Altersgruppe nur ca. 38%. Noch gravierender ist der Unterschied bei den illegalen Drogen. So haben 54% der Hools Erfahrungen mit Drogen, und nur ca. 27% (West) bzw. 4% (Ost) sind die Quoten bei Studenten (vgl. Kreuzer (1994).[163]

Das Forschungsteam um Lösel/Bliesener/Fischer/Pabst hat folgenden Konsum von Tabak, Alkohol und illegalen Drogen festgestellt:

	Prozent	Einstiegsalter	Durchschnittlicher Konsum (M)
Tabak (Zigaretten)	48.4	14.9	24.3/Tag
Alkohol		13.4	
In den letzten 2 Monaten betrunken gewesen	53.1	-	2.9x
Insgesamt schon betrunken gewesen	97.0	-	257.4x
Illegale Drogen		18.5	
Konsum in den vergangenen 2 Monaten	12.1	-	6.8x
Konsum insgesamt	54.5	-	488.3x

(aus: Lösel/Bliesener/Fischer/Pabst 2001, S. 115, a.a.O.)

Besonders beachtenswert ist das niedrige Einstiegsalter von Tabak (mit knapp 15 Jahren) und von Alkohol (mit reichlich 13 Jahren). Der relativ hohe durchschnittliche Konsum von illegalen Drogen ergibt sich aus der recht schwankenden Häufigkeit des Konsums vom einmaligen Probieren bis hin zum häufigen regelmäßigen Konsum (5000 Mal).[164]

Bei den illegalen Drogen unternehmen Lösel/Bliesener/Fischer/Pabst noch einmal eine Differenzierung:

Substanz	Konsum	Einstiegsdroge
Haschisch (Cannabis)	52.3	46.9
Amphetamine	39.0	3.0
LSD, Trips	24.6	0
Ecstasy	21.4	0
Kokain	21.4	3.0
Schnüffelstoffe	6.2	3.0
Beruhigungs- /Schlafmittel	9.1	0
Heroin, Morphium	3.0	0
Pilze	3.0	0
Crack	0	0
Sonstiges	0	3.0

(aus: Lösel/Bliesener/Fischer/Pabst 2001, S. 115, a.a.O.)

Die Hälfte der Hooligans konsumieren Haschisch, knapp 40% Amphetamine. LSD, Ecstasy und Kokain spielt bei einem Viertel bzw. einem Fünftel eine Rolle. Diese Drogen verstärken auf der einen Seite das „Kick"-Erlebnis, aber auf der anderen Seite auch die Aggressionsbereitschaft.[165]

Die Forschungsgruppe kommt abschließend zu folgendem Resümee, dem ich mich anschließen will: *„Insgesamt zeigt sich somit, daß bei den gesellschaftlich ‚normalen' Formen des Substanzenkonsums unsere Hooligans weniger auffällig sind. Der Konsum illegaler Drogen und die Intensität des Alkoholkonsums gehen jedoch bei zahlreichen Hooligans deutlich über jugendtypische Formen hinaus. Beim Alkohol lassen der frühe Einstieg und die hohe Zahl berichteter Trunkenheiten bei einem Teil der Befragten auf eine frühe Alkoholproblematik schließen. [...] Auch bei den illegalen Drogen weisen die Daten auf eine erhebliche Belastung hin, die sich jedoch auf eine kleinere Teilgruppe zu beschränken scheint."*[166]

2.4.6 Visualisierungen (Fanzines, Transparente, Aufkleber, Comics etc.)

> „*Comics* [´kɔmiks; Kurzw. für Comic strips; engl., "kom. Streifen"] Pl.: gezeichnete Bildergeschichten unterhaltender Art, die in Fortsetzungen in der Presse oder besonderen Heften erscheinen; in der kapitalist. Gesellschaft häufig Darstellung von Gewaltverbrechen, Pornographie, Science-Fiction-Abenteuern, Kriegsverherrlichung, oft verbunden mit antisowjet. und antikommunist. Hetze."[167]

In diesem Kapitel will ich weniger Worte sprechen lassen, vielmehr Bilder. Hooligans (und im Übrigen auch Fußballfans) nutzen ganz bewusst Bilder, um sich darzustellen. Aus diesem Grund habe ich eine kleine Sammlung von Bildern aus Fanzines, aus dem Internet, von Aufklebern, von Aufnähern und ein Transparent zusammengestellt.

(aus: Becker/Pilz 1988, S. 144, a.a.O.)

Alle Fans im Stadion nutzen Bilder und Zeichnungen – in welcher Form auch immer – um ihre Zugehörigkeit zu einem bestimmten Verein oder auch zu einer bestimmten (Fan)Gruppe zu signalisieren. Im Stadion ist sehr wenig Zeit und es ist auch sehr wenig Gelegenheit, sich über die jeweilige Zugehörigkeit verbal auszutauschen. Deshalb werden über Äußerlichkeiten etwaigen Missverständnissen vorgebeugt.

Beispiele bei Fußballfans können z.B. Aufnäher und „Transpi's" (Transparente) sein:

(„Keine Freundschaft zwischen Ost und West! Wir hassen die Ossis wie die Pest!!!", Foto aus dem Internet)

Auch die „normalen" Fans nutzen in ihren Visualisierungen schon stark aggressive Symboliken. Dies verdeutlichen folgende Aufnäher:

(Aufnäher aus Becker/Pilz 1988, S. 46, a.a.O.)

Nun zu den Hooligans. Zunächst einmal ein paar Banner aus dem Internet:

Hier ist erkennbar, dass Hooligans vor allem Stärke, Herkunft und Aggressivität ausdrücken wollen. Oft werden Comics verwendet. Bei den „City Boys Mannheim" wird auch die bekannte Chelsea-Dogge verwandt, die in Bezug auf die besonders brutalen Chelsea-Hooligans verwendet wird.[168] Weitere Beispiele für die Verwendung dieses Tieres:

(Deckblatt eines Fanzines; aus Gehrmann/Schneider 1998, S. 113)

(von der Internetseite der BFC Dynamo Hooligans: www.bfc-hools.de)

Eine weitere Figur, die immer wieder in den Bildern verarbeitet wird, ist der Hauptdarsteller aus dem Film – oder auch dem Buch – „Clockwork Orange". Wegen der hohen Brutalität ist dieser Film in der Hooligan- und auch der Skinhead-Szene sehr beliebt:

(„Alex" – die Hauptfigur in „Clockwork Orange" Bild aus dem Internet)

(aus Gehrmann/Schneider 1998, S. 112)

Jetzt noch ein paar Beispiele dafür, dass gern Comics verwendet werden. Entweder werden schon bekannte Comics mit den Utensilien der Hooligans ausgestattet, oder es werden neue fiktive Comic-Figuren erschaffen:

(aus Gehrmann/Schneider 1998, S. 112)

(aus dem Internet)

(CD-Cover der Band „Kategorie C", beide aus dem Internet)

(A.C.A.B.=„All Cops Are Bastards", aus dem Internet)

Zum Schluss noch ein paar Beispiele, wo Schrift – zum Teil in Kombination mit einem Bild – geschickt verwendet werden, um Aggressivität und Kampfbereitschaft auszudrücken:

(„Kategorie C" ist die Bezeichnung für die Hooligans in der Polizeisprache; aus dem Internet)

(„Troublemaker" ist eine Firma, die Hooligan-Klamotten herstellt und vertreibt; Bilder aus dem Internet)

(Deckblatt eines Fanzines, aus Becker/Pilz 1988, S. 89)

2.4.7 Exkurs: Ultras – eine Abgrenzung

> „Minuten lang singen sie Strophen eigens ausgedachter oder aus anderen Ländern übernommener Lieder. Mal dröhnt der alte Schlachtruf der Rodgau Montones ‚Erbarme, zu spät...' über den Rasen, später wiederum tanzt der Block mit dem Rücken zum Spielfeld. Der ganze Block wohlgemerkt und nicht nur die ersten fünf Reihen."[169]

Mitte der 90er Jahre des letzten Jahrhunderts, also kaum 10 Jahre her, hat sich die Szene in den deutschen Fußballstadien verändert. Neben den klassischen Stadiongängern und Fans („Kutten", „Neckermänner" und Hooligans) hat sich eine neue Szene gebildet: die Ultras. Mittlerweile erfreut sich die Ultra-Szene eines regen Zulaufs. Im Folgenden will ich die Herkunft und Ideale der Ultras näher erläutern, und damit eine Abgrenzung zu den Hooligans vollziehen.

Die Ultra-Bewegung ist ein Trend, der mal nicht aus England kommt, sondern aus Italien. Dort gibt es nicht die Differenzierung in „Kutten" und Hooligans, nur verschiedene Ultra-Gruppierungen. In Italien sind die Ultras eine Mischung aus Hooligans und „Kutten"-Fans.[170] Erste Ultra-Gruppen entstanden Ende der 60er und Anfang der 70er Jahre des letzten Jahrhunderts in den Städten Norditaliens (z.B. die „Fossa di Leoni" vom AC Milan oder das „Commando Rossoblu" in Bologna).[171] Damals verstanden sie sich als Forum für das *„Aufbegehren gegen die fortschreitende soziale Ungerechtigkeit in Italien"*[172]. Die meisten Ultra-Gruppen zählten sich zur sozialistischen Bewegung und zum linksradikalen Widerstand, aber es entstanden auch erste Ultras, die eindeutig dem rechten Spektrum zuzuordnen waren (so z.B. die „Boys" aus Rom)[173]. Aufgrund der Rivalität der Fangruppen – sei es wegen innerstädtischer Konkurrenz (AS Roma / Lazio Rom) oder wegen unterschiedlicher politischer Ausrichtung („Brigate Giallo Blu" Verona / „Forever Ultras" Bologna) – steigerte sich in den Jahren die Gewalt in den Stadien enorm. Sogar gefährliche Waffen und Leuchtspurmunition wurden von den Ultras eingesetzt. 1979 gab es den ersten Toten, ein Anhänger von Lazio Rom, der durch Leuchtkugeln tödlich verletzt wurde.[174]

In den 80er Jahren war zu erkennen, dass bei den Gewaltexzessen immer mehr die politischen Ideale auf der Strecke blieben. Jürgen Scheidle stellt folglich fest: *„Ist es im Selbstverständnis der Ultras stets von großer Bedeutung gewesen, sich als Fanszene des jeweiligen Vereins geschlossen zu präsentieren, war das Ende der achtziger Jahre kaum noch zu konstatieren. Die Hegemonie der Kurve geriet immer stärker ins Wanken."*[175] Ende der 80er Jahre hatte die Linke im Stadion nichts mehr zu sagen. Einhergehend mit einem Generationenwechsel (war doch die Ultra-Szene jetzt schon 20 Jahre alt) wurden neofaschistische Gruppierungen meinungsführend in den italienischen Fan-Szenen. Besonders Rom und Verona waren Zentren der neofaschistischen Fanbewegung.[176]

Diese Entwicklungen setzten sich in den 90er Jahren fort. Scheidle geht davon aus, dass die rassistische und antisemitische Fan-Bewegung in Italien (so lauten Spruchbänder u.a.: *„Auschwitz euer Land, die Öfen eure Häuser"*[177]) das gesamtitalienische Klima widerspiegelt. So schreibt er zusammenfassend: *„Im Jahr 2000, 30 Jahre nach den Anfängen der Ultrabewegung von 1970 als jugend- und sozialpolitische Protestbewegung, ist vom linken und linksradikalen Ursprung der meisten Ultragruppen kaum noch etwas übrig geblieben. Ohne jene Gruppen [...] zu vergessen, die sich nach wie vor als antirassistisch und antifaschistisch verstehen, hat sich tendenziell die profaschistische Politik in den Stadien längst durchgesetzt."*[178] Mittlerweile haben die Ultras in Italien wegen ihrer großen Personenzahl und z. T. wegen Verbindungen zur Mafia (v. a. in Süditalien) einen immensen Einfluss auf die Vereine (so bekommen z.B. die „Irriducibili" [die Unbeugsamen] von Lazio Rom die Auswärtsfahrten von ihrem Verein gesponsert). Des Weiteren vernetzen sich die rechten Ultra-Gruppen immer mehr, um beispielsweise gemeinsam gegen die Polizei und andere Gegner vorzugehen. Auch werden Länderspiele immer mehr zu Bühne gemacht, um im Sinne der rechten Ideologie die größtmögliche Wirkung zu erzielen.[179]

Nun zu den Ultras, die seit ein paar Jahren in Deutschland zu finden sind: Äußerlich orientieren sich die deutschen Ultras an ihren italienischen Vorbildern: sie kleiden sich gern schwarz, sie haben schwarze „Transpi's" mit dem Namen ihrer Gruppe, ihre

Anführer heißen „Capos" und ihre Lieblingsmotive sind Totenköpfe, Kämpfer und mystische Figuren[180], ähnlich wie in Italien. Ideologisch sind sie aber in keinem Falle der stark rechtslastigen Szene in Italien gleichzusetzen. Die deutschen Ultras orientieren sich an den Ultra-Gruppen, die bedingungslos hinter dem Verein stehen und andererseits auch die Vereins- und Sportpolitik hinterfragen und sich falls notwendig einmischen.[181] Sie lösen sich von der starken Kommerz-Maschinerie, die sie als Kunden aufweichen will: *„Sie sind es satt mit anzusehen, wie die Fanszene nach und nach ihr Niveau verliert, wie diese Leute jeden Trend gutgläubig mitmachen, den die Merchandising-Fachkräfte ihres Vereins in die Welt setzen und damit die Kreativität der Fanszene nach und nach immer mehr untergraben"*[182], schreibt Daniel Reith (Autor und Gründer/Kopf der Frankfurter Ultras). Dem entgegen setzen die Ultras ihre eigen entworfene Kurvenshow. Megaphone, Banner, Riesenfahnen und Choreographien (natürlich alles selbst hergestellt und entworfen) werden eingesetzt. Mit allen Mitteln sollen die Fans ihren Verein unterstützen. Das ganze Stadion soll seinen Verein feiern. Köster formuliert es – in Anlehnung an Daniel Reith - so: *„Ultra zu sein, das sei eine Lebensauffassung. Die Bereitschaft, für den Verein alles zu geben. Egal in welcher Liga, egal bei welchem Spielstand. Hey, und dabei immer locker bleiben. Spaß haben, eine Tüte rauchen, vier-drei-zwo-eins und die Party kann beginnen."*[183]

(Die Ultras organisieren eine umfangreiche Kurvenshow, die die ganze Kurve mit einbezieht: Hier das Riesen-Transparent der Ultras Frankfurt, auf: www.ultras-frankfurt.de)

Politisch gesehen orientieren sich die deutschen Ultras eigentlich an keinem Extrem, denn die Ultras in Deutschland fordern die Politik nicht mit ins Stadion zu nehmen. Für die Ultras ist nicht die politische Orientierung entscheidend, sondern einfach nur die Liebe zum Verein.[184] So schreiben die Ultras Frankfurt auf ihrer Homepage: *„Die Liebe zur Eintracht verbindet und nicht selten liegen sich im Erfolgsfall Leute in den Armen, die sich beim Thema Politik nicht gerade ungern an die Wäsche gehen würden."*[185]

Scheidle hat ein wichtiges Problem der Ultras gefunden: Weil die Hooligans ihre Aktivitäten immer mehr auf außerhalb des Stadions verlagern, fällt der ganze Repressionsapparat der Polizei, des Vereins und der Ordnerdienste auf die Ultras zurück, weil sie die auffälligsten im Stadion sind. Sie singen, tanzen, schimpfen, spielen mit Pyrotechnik, schwenken riesige Fahnen etc., all das lockt die Aufmerksamkeit auf sie.[186] *„Immer häufiger werden Megaphone, Banner und Choreographien mit Verweis auf die bestehenden Sicherheitsbestimmungen verboten.*

Bei Ignorieren des engen Regelwerks drohen ein bundesweites Stadionverbot und die Speicherung der personenbezogenen Daten in der Datei: Gewalttäter Sport."[187], stellt Scheidle fest. Dies zieht natürlich den Unmut der Ultras auf die Verantwortlichen, weil sie eben keine Gewalttäter sind, sondern ihre eigene kreative Fankultur ausleben wollen. Und anstatt die positiven Aspekte der Fan-Gruppierung zu unterstützen, werden die Ultras ihrer Elemente beraubt, „aus Sicherheitsgründen". Bleibt abzuwarten, was sich in den nächsten Jahren aus diesem Problem ergibt. Es wäre schade, wenn sich die bunte Ultra-Szene, wegen der Repressionsmaßnahmen, ähnlich wie die Hooligans, aus den Bundesliga-Arenen verabschieden würde.

2.4.8 Solidarität und Anerkennung

> *„Weißt du noch, der Augenblick, als wir ins Stadion kamen? Alle haben sie angefangen, Sachen nach uns zu schmeißen – Flaschen, Dosen, Steine und was nicht noch alles. Ich hab eine Schramme an der Stirn, da hat ein Italiener mit einer Fahnenstange zugestoßen. Wir waren bloß zweihundert. Wir gegen die alle, und wir hatten keine Ahnung, was passieren würde. Lauter ganz verschiedene Gefühle. Angst, Wut, Aufregung. So was hab ich noch nie gespürt. Wir haben's alle gespürt, und jeder einzelne von uns weiß jetzt, wir haben etwas Wichtiges durchgemacht – etwas Handfestes. Nach so einem Erlebnis werden wir uns nicht wieder aufsplittern. Wir splittern uns nie mehr auf. Wir bleiben unser Leben lang Kumpels."*[188]

Gunter A. Pilz hat in seinem Bericht der wissenschaftlichen Begleitung des Fan-Projektes Hannover vier Funktionen und Bedeutungen der Gruppenzugehörigkeit herauskristallisiert:

- „Solidaritätsangebote und -leistungen (unbedingter Zusammenhalt; Zueinanderstehen in allen Situationen, Konformitätsdruck)
- Kommunikationsangebote und -leistungen (sozial-integrative Funktion, Kompensation für die unterschiedlichsten Bedürfnisse und Wünsche, die in anderen Bereichen, etwa der Familie, nicht abgedeckt werden)

- Schutzfunktionen (Akzeptanz, Geborgenheit, Loyalität und Sicherheit, Stärke und Kraft der Gruppe als Solidargemeinschaft wird als Garant für eigene Sicherheit angesehen)
- Abgrenzungsfunktion (Abgrenzung dient der Identitätsbildung, durch Abgrenzung nach außen stabilisiert sich die Gruppe in ihrem Inneren)"[189]

Nicht ohne Grund wird hier die Solidarität in der Gruppe an erster Stelle genannt, denn sie scheint bei den Hooligans eine zentrale Rolle zu spielen. Anerkennung ist die Grundlage der Solidarität in der Gruppe. Wie die Gruppenmitglieder zu dieser Anerkennung kommen, hat Bohnensack analysiert: *„Die Solidarität ist aber auch nicht in Gemeinsamkeiten normativer Orientierungen begründet, die auf der Grundlage einer Reziprozität der Perspektiven kommunikativ entfaltet werden. Die normativen Muster – wie Freundschaftsbereitschaft und Kameradschaft – und die wechselseitige Anerkennung, in dem sie fundiert sind, werden nicht auf dem Wege des ‚Miteinander-Quatschens', der Kommunikation und des Meinungsaustauschs erreicht. Kommunikation ist lediglich das Medium, um die auf anderem Wege – auf dem des ‚Sich-Klatschens' und ‚Seinen-Mann-Stehens' – bereits konstituierte Solidarität und Anerkennung zum Ausdruck bringen.*"[190]

Zusammengehörigkeitsgefühl – so Bohnensack – entsteht folglich erst nach gemeinsamen Aktionen, es ist nicht die Voraussetzung für den Aktionismus der Hooligans.[191] Solidarität und Stärke spiegeln sich in der Gruppe durch Kameradschaft und gegenseitigem Helfen in Kampfsituationen wieder (siehe auch Pilz, oben). Der Kampf spielt eine entscheidende Rolle, so schreibt Bohnensack: *„Es ist gerade die verlaufkurvenförmig sich verselbstständigende, nicht antizipierbare Dramaturgie in der Situation des Kampfes und der Randale und das daraus resultierende Aufeinander-Angewiesen-Sein, welche eine elementar ansetzende Kollektivität konstituieren – eine episodale Schicksalsgemeinschaft.*"[192]

Auch Hooligans anderer Vereine können durch ihre Kämpfe Anerkennung erhalten. So ist es nicht ungewöhnlich, dass bei Länderspielen Hooligans gemeinsam „fighten", die sich sonst gegenseitig bekämpfen würden. Und auch in den Fanzines kann man immer wieder gegenseitige Respektserklärungen lesen:

"Grüße an die Schalker Hools für das geile Match, und an den wahnsinnigen Karate-Kämpfer, der drei von uns in ambulante Behandlung schickte. Ein Duisburg-Hool."[193]

2.4.9 Männlichkeit und Körperlichkeit

> *"Daß einer die Normen der Männlichkeit nicht erfüllt, ist in der Ideologie der Fans das vernichtende Urteil. Hier werden die Männer von den Knaben geschieden! Die Felder, auf denen sich der Proband bewähren muß (zumindest mit dem Maul), um in der Gemeinde anerkannt zu werden, sind natürlich die Sexualität, weiter der Kampfesmut und die Arbeitsfähigkeit; diese Kategorien beziehen sich, wie angemessen auch immer, auf die biologische wie die soziale Reproduktionsfähigkeit des einzelnen oder der Gattung: Nachkommen zeugen, eine Familie ernähren. ‚Schwule' und ‚Altersschwache' fallen also in mindestens einem Punkt der Prüfung durch."*[194]

Pilz stellte treffend fest, dass Hooliganismus eine „Männerkultur" sei. Der Frauenanteil beträgt – nach seinen Studien – 10 bis 15%, wobei diese zum großen Teil nicht gewaltbereit sind.[195] Des weiteren haben die Forschungsgruppe um Lösel/Bliesener/Fischer/ Pabst nachgewiesen, dass ein Großteil der Hooligans ein handwerkliche Lehre oder eine Facharbeiter-Ausbildung (nämlich 81.8%) absolvierten, sprich der klassischen „working class" zuzuordnen sind.[196] Peter Becker hat diese beiden Aspekte folgerichtig zusammengebracht: *"Da Mitglieder unterer Soziallagen häufiger körperliche Kraft benötigen, um ihren Lebensunterhalt abzusichern als andere Lagen, führt dies zu Dispositionen, die dazu tendieren, den Körper als Mittel zu deuten. Körperkraft ist Arbeitskraft, die jedoch nicht ‚unendlich' vorhanden ist."*[197] Auch Heitmeyer/Peter sehen das ähnlich. Männlichkeitsnormen und die Bedeutung von Körperlichkeit, Kraft, Stärke – so stellen sie fest – werden aufgrund der überwiegenden Zuordnung zur Arbeiterklasse auch in der Subkultur (oder anders gesagt in der Freizeit) verwirklicht. Grundlage dafür ist die große Bedeutung der körperlichen Kraft im Produktionsprozess. Körperkraft ist identitätsstiftend und wird zum Habitus.[198]

Pilz hat schlussfolgernd erkannt, dass sich die Jugendlichen in Lebenszusammenhängen befinden, in denen „Männlichkeits- und Mannhaftigkeitsnormen und die Legitimierung körperlicher Gewalt als Mittel der eigenen Interessendurchsetzung und zur Erreichung/ Wahrung sozialen Prestiges, besonders auffällige und aggressive Verhaltensmuster produzieren, fördern und (er)fordern."[199]

Diese „nostalgische Sichtweise" ist in zwei Punkten problematisch (so Heitmeyer/Peter):

1. Die technologische Veränderung des Produktionsprozesses hat die Bedeutung der Körperlichkeit und Kraft stark schwinden lassen. Außerdem können diese Eigenschaften mittlerweile künstlich erzeugt werden (z.B. in Fitness-Studios) und sind daher nicht mehr abhängig von der sozialen Herkunft.
2. Außerdem schwindet – vor allem in der Arbeiterklasse – immer mehr das kollektive Bewusstsein (oder Klassenbewusstsein). Der Einzelne gibt sich den Individualisierungs-Schüben hin, und dadurch werden modifizierte Männlichkeitsnormen freigesetzt, die nicht mehr in soziale Milieus und ihre Kontrollmechanismen eingebunden sind.[200]

Männlichkeit im klassischen Sinne scheint in der Normalgesellschaft nicht mehr allzu notwendig und auch wert zu sein. Hinzu kommt, dass aufgrund des vermehrten Fehlens des Vaters (z.B. wegen der langen Arbeitszeiten, oder wegen Scheidung etc.) sich frauenzentrierte Familien und Erziehungen herausbilden, die zu einer *„weiblichen Dominanzkultur"* führen. Die Abnabelung von der Mutter, bedeutet dementsprechend oft, vom Jungen zum Mann zu werden. Mann heißt dann, einfach nur das Negativbild der Mutter zu sein, weil durch die Abwesenheit der Väter kein adäquates Männerbild erworben werden konnte.[201]

Diese idealisierte Maskulinität und die Betonung der Trennung von Geschlechterrollen in den „working class"-Schichten sind Ursachen für die männliche Dominanz in Hooligan-Gruppen und auch in anderen Gewaltszenen (z.B. Skinheads, rechtsextreme Gruppen). Was das zur Folge hat, hat Becker treffend zusammengefasst: *„Um in dieser Situation* [gemeint ist das Umfeld Stadion, Anm. d. Verf.] *angemessen interagieren und am Leben* *der Fans teilnehmen zu können, sind Verhaltensweisen notwendig, die durch demonstrative Männlichkeit und körperliche Kraft geprägt sind. [...] Kommt es z.B. zu körperlichen Auseinandersetzungen, gilt es als feige und unmännlich, aus dem Feld zu gehen. Das Annehmen der Auseinandersetzung und ihr erfolgreicher Abschluß hingegen bedeutet nicht einfach nur, einen Konflikt gelöst zu haben, sondern der Sieg bringt Ehre ein, die sich in hohem Prestige niederschlägt."*[202]

2.4.10 Freund- und Feindschaften

> *„Und so kommen wir nochmal zum Grundsätzlichen. In der parteiischen, intoleranten, engstirnigen, mit einem Wort: sinnstiftenden Subjektive des klassischen Fans geht es nicht um das Goutieren ästhetischer Aktionen, sondern ums Siegen. Und der Gegner ist eben einzig und allein dazu da, als solcher gesehen, benannt, beschimpft und schließlich bezwungen zu werden."*[203]

Fußballfans und auch Hooligans können untereinander Feindschaften – das ist längst bekannt – und auch Freundschaften pflegen. Meistens sind die Beziehungen zu anderen Vereinen bei den (Kutten-)Fans identisch mit denen der Hooligans, oder zumindest ähnlich. Die Begriffe Freund- bzw. Feindschaft in der Fanszene, so Thomas Gehrmann, sind nicht gleichzusetzen mit den üblichen Bedeutungen von ‚Freunden' und ‚Feinden'.[204] Freundschaften wie auch Feindschaften sind bei den Hooligans sehr schnelllebig und oft brüchig. Wie im Einzelnen die Sympathien oder Apathien entstanden, ist sehr diffus, und oft weiß nur ein kleiner Teil der Hools, wie es dazu kam. Auch gibt es Feind- und Freundschaften die nur einseitig sind, d.h. Fans des einen Vereins unterstützen zwar einen anderen Verein, dessen Fans jedoch sind in ihrer Hilfe sehr zurückhaltend oder tun es überhaupt nicht.[205]

Freundschaften entstehen oft dann, wenn Mitglieder der einen Fan-Szene Mitglieder einer anderen Fan-Szene kennen. Dann trifft man sich bei gegenseitigen Spielen, geht sogar – wenn es die Polizei nicht unterbindet – während des Spieles in den gegnerischen Fanblock. Nach dem Spiel wird zusammen

Bier getrunken, gefachsimpelt und es werden alte Erinnerungen aufgewärmt.[206] Freundschaften können sogar soweit gehen, dass man die befreundeten Hools bei wichtigen Spielen unterstützt, d.h. anwesend ist und bei Ausschreitungen kräftig mit austeilt. Doch um diese Unterstützung zu erhalten, muss die Fanfreundschaft schon gut gepflegt werden. Noch komplizierter werden Fanfreundschaften – es ist ja eh schon schwierig in einem Konkurrenzkampf eine Freundschaft unter Konkurrenten herzustellen –, wenn man z.B. Freundschaft zu zwei Mannschaften, die gegenseitig verfeindet sind, hegt.

Fanfeindschaften sind meist Traditionen. Besonders lokale Rivalitäten (so z.B. bei St. Pauli und dem HSV) sind oft die Ursache für Feindschaften. Nicht zuletzt deshalb sind Derbys besonders reizvoll. Ansonsten entstehen Feindschaften auch, wenn irgendeiner irgendwann einmal von einem Hool eines anderen Vereines ohne Grund was auf die Nase bekommen hat. Viele Hools wissen auch gar nicht, warum eine Feindschaft besteht. Sie ist halt einfach da, und wird übernommen und von Herzen gepflegt. Manchmal ist sie auch aus sportlicher Konkurrenz entstanden, und besonders sehr erfolgreiche Clubs – allen voran Bayern München – sind bei allen anderen Fan und Hooligangemeinden verhasst. Auch aus politischen Motiven entstehen Apathien, so ist der 1. FC St. Pauli wegen seiner eher der linken Szene angehörigen Fans vielen rechten Hooligan-Gruppen ein Dorn im Auge.

Abschließend will ich eine kleine Aufstellung von Fan- und Hooliganbeziehungen anfügen. Betonen möchte ich noch einmal, dass derartige Freund- und Feindschaften äußerst unbeständig sind, deshalb kann diese Auflistung nicht unbedingt 100% stimmen, aber sie trifft die Sache – meiner Meinung nach – sehr gut. Zusammengestellt wurde diese Auflistung von einem Hooligan oder Fußballfan, der sie ins Internet gestellt hatte. Vornan steh-en immer die Bundesliga-Vereine, danach sind in Klammern die Hooligan-Gruppen des Vereins. Anschließend sind jeweils die Freund- und Feindschaften zunächst der „normalen" Fans und dann der Hooligans aufgelistet. Dabei kann man die Ähnlichkeit der Beziehungen noch einmal erkennen:

Freund- und Feindschaften im Fußball:

Bayer 04 Leverkusen (Mad Boyz - Tottenham Lev Power) - Freundschaft der Fans: Offenbach, Bielefeld; Feindschaften der Fans: Köln and Uerdingen; Freundschaft der Hools: Offenbach, VfB Stuttgart, Standart Lüttich (Belgien); Feindschaften der Hools: Bremen, 1.FC Köln.
 1. FC Kaiserslautern - Freundschaft der Fans: 1860 München, Metz; Feindschaften der Fans: Frankfurt, Mannheim; Freundschaft der Hools: Düsseldorf; Feindschaften der Hools: Frankfurt, Mannheim.
 Bayer Uerdingen 05 - Freundschaft der Fans: VfB Stuttgart; Feindschaften der Fans: Leverkusen, Köln; Freundschaft der Hools: Duisburg, (manchmal) Gladbach; Feindschaften der Hools: Leverkusen.
 VFB Stuttgart (Neckarfils) - Freundschaft der Fans: Frankfurt, Hamburger SV; Feindschaften der Fans: Karlsruhe, Bayern München; Freundschaft der Hools: Leverkusen, Offenbach, Hammarby IF aus Schweden; Feindschaften der Hools: Kaiserslautern, Schalke 04.
 VFL Bochum (Bo-City) - Freundschaft der Fans: Bayern München; Freundschaft der Hools: BFC Dynamo Berlin; Feindschaften der Fans: Schalke 04, Dortmund; Feindschaften der Hools: Borussia Dortmund.
 Eintracht Frankfurt (Brigade Nassau - Adlerfront Frankfurt – Presswerk Rüsselsheim) - Freundschaft der Fans: Duisburg, Mannheim; Feindschaften der Fans: Offenbach, Kaiserslautern, Köln; Freundschaft der Hools: Schalke 04, Nürnberg, MSV Duisburg; Feindschaften der Hools: Kaiserslautern, Offenbach, Karlsruhe, Darmstadt, Köln.
 Fortuna Düsseldorf (First Class Fighters - Fortuna-Terror - Kategorie D, Bushwackers D) - Freundschaft der Fans: Trier; Feindschaften der Fans: Schalke 04, Essen, Köln, Dortmund; Freundschaft der Hools: Offenbach, Solingen, Duisburg; Feindschaften der Hools: Essen, Schalke, Köln.
 SV Werder Bremen (Standarte, City Warrios, Hansesturm) - Freundschaft der Fans: Kaiserslautern, Essen; Feindschaften der Fans: Hamburg, FC Bayern, Hannover; Freundschaft der Hools: Essen, Berlin, Bochum, Barcelona; Feindschaften der Hools: Schalke, Hamburg, Leverkusen, Hannover, Bremer Punks.
 BVB 09 Dortmund (Borussen Front)- Freundschaft der Fans: Hamburger SV, Rot-Weiss-Essen; Feindschaften der Fans: Schalke 04 (Total verhasst!); Freundschaft der Hools: Saarbrücken, FC Zürich (Schweiz), Herta BSC; Feindschaften der Hools: Schalke 04.
 1. FC Nürnberg (Red Devils) - Freundschaft der Fans: FC Schalke 04; Feindschaften der Fans: FC Bayern München; Freundschaft der Hools: FC Schalke 04, früher Südallianz; Feindschaften der Hools: 1. FC Köln.
 Borussia Mönchengladbach (VFL Sturmtruppen 83, Alte Borussen) - Freundschaft der Fans: Jena; Feindschaften der Fans: Köln, Bayern München; Freundschaft der Hools: MSV Duisburg, Mannheim; Feindschaften der Hools: Köln, Bayern München.
 FC Homburg - Freundschaft der Fans: Kassel; Feindschaften der Fans: Kaiserslautern, FC Saarbrücken; Freundschaft der Hools: VfB Stuttgart (?); Feindschaften der Hools: Kaiserslautern, Fortuna Düsseldorf.

Karlsruher SC (Baden Korps - Destroyers) - Freundschaft der Fans: Offenbach, Freiburg, Strasbourg; Feindschaften der Fans: Frankfurt, Mönchengladbach, Stuttgart; Freundschaft der Hools: Offenbach, Herta BSC; Feindschaften der Hools: RW-Essen, Frankfurt, Hamburg Hafenstr. (Punks).

1. FC Köln (Streetfighters - Ultras CCCA - North Side Boys) - Freundschaft der Fans: FC St. Pauli, Darmstadt; Feindschaften der Fans: Leverkusen, Schalke 04, Frankfurt; Freundschaft der Hools: Darmstadt; Feindschaften der Hools: Schalke 04, Leverkusen.

Waldhof Mannheim (City Boys - Kurpaflzfront) - Freundschaft der Fans: Frankfurt, Braunschweig; Feindschaften der Fans: VfB Stuttgart, Kaiserslautern, Offenbach; Freundschaft der Hools: Mönchengladbach, Braunschweig; Feindschaften der Hools: VfB Stuttgart, Offenbach, Kaiserslautern.

Hamburger SV (HH Ultras) - Freundschaft der Fans: Hannover, Bielefeld, Vejle BK; Feindschaften der Fans: Bremen, St. Pauli, Bayern; Freundschaft der Hools: Hannover, Bielefeld; Feindschaften der Hools: Bremen, Köln.

FC St. Pauli - Freundschaft der Fans: 1. FC Köln; Feindschaften der Fans: Hamburger SV, Bremen, Rostock; Freundschaft der Hools: ... ; Feindschaften der Hools: Hamburger SV, Rostock.

FC Bayern München (Service Crew München - Südkurve' 73) - Freundschaft der Fans: Bochum; Feindschaften der Fans: Nürnberg, 1860 München; Freundschaft der Hools: Bochum, Mainz, Stuttgart; Feindschaften der Hools: Nürnberg, Hamburger SV.

Hertha BSC Berlin (Endsieg - Hertha-Frösche) - Freundschaft der Fans: Borussia Dortmund, Karlsruhe; Feindschaften der Fans: BW 90 Berlin, Braunschweig; Freundschaft der Hools: Bremen, Karlruhe, Dortmund; Feindschaften der Hools: Braunschweig, Hamburger SV, Cottbus.

FC Saarbrücken - Freundschaft der Fans: (?) ; Feindschaften der Fans: Kaiserslautern, Düsseldorf, Schalke 04; Freundschaft der Hools: Dortmund; Feindschaften der Hools: Kaiserslautern, Düsseldorf, Schalke 04.

Allemania Aachen (Nasty Boys) - Freundschaft der Fans: Meppen; Feindschaften der Fans: Solingen, Gladbach, MSV Duisburg, Mönchengladbach; Freundschaft der Hools: Austria Wien, Kerkrade; Feindschaften der Hools: Solingen, Duisburg, Mönchengladbach, Düsseldorf.

Eintracht Braunschweig (Alten Kameraden) - Freundschaft der Fans: Mannheim; Feindschaften der Fans: Hannover, Berlin; Freundschaft der Hools: Hamburger SV, Mannheim; Feindschaften der Hools: Hannover, Berlin, Kiel.

Rot-Weiss-Essen (Essener Löwen) - Freundschaft der Fans: SV Werder Bremen, Borussia Dortmund; Feindschaften der Fans: Schalke 04, Düsseldorf; Freundschaft der Hools: SV Werder Bremen; Feindschaften der Hools: Schalke 04, Düsseldorf.

FC Schalke 04 (Gelsenszene) - Freundschaft der Fans: Nürnberg; Feindschaften der Fans: Dortmund, Essen; Freundschaft der Hools: Nürnberg; Feindschaften der Hools: Dortmund, Essen, Düsseldorf.

SV Darmstadt 98 - Freundschaft der Fans: 1.FC Köln; Feindschaften der Fans: Offenbach, Frankfurt, Düsseldorf; Freundschaft der Hools: 1.FC Köln; Feindschaften der Hools: Offenbach, Frankfurt, Düsseldorf.

Hannover 96 (H-Rulez) - Freundschaft der Fans: Mannheim, Young Boys Bern (Schweiz), Bielefeld, Hamburg; Feindschaften der Fans: Braunschweig; Freundschaft der Hools: Mannheim, Bern; Feindschaften der Hools: Braunschweig.
Kickers Offenbach (Anti-Sozial-Front) - Freundschaft der Fans: Leverkusen, Karlsruhe, Stuttgarter Kickers; Feindschaften der Fans: Frankfurt, Darmstadt, Mannheim; Freundschaft der Hools: Leverkusen, Düsseldorf, Karlsruhe; Feindschaften der Hools: Frankfurt, Darmstadt, Mannheim.

(nachzulesen auf: www.geocities.com/terror_of/feind.html)

2.4.11 Provokation als wichtigstes „Instrument" der Hooligans

> „`England.´`England.´[...] Vieles ergab jetzt zusammen ein Bild. Dieser Sprechchor: der einzige, den ich an diesem Tag gehört hatte, der ansonsten durch ein erzwungenes trotziges Schweigen gekennzeichnet war. Und nun plötzlich diese Solidaritätserklärung mit England. Der Gedanke war simpel und doch ungeheuerlich: Diese Idioten, die zu Hause verachtet und in der Presse verhöhnt wurden, die sich durch keinen spontanen Akt der Gesetzgebung, den ihre Regierung sich ausgedacht hatte, in Schranken halten ließen – die wollten unbedingt England verteidigen. Mit Europa hatten sie nichts am Hut; Europa verstanden sie nicht und wollten sie nicht verstehen. Sie wollten einen Krieg. Sie wollten ein Volk, dem sie sich zugehörig fühlen und für das sie kämpfen konnten, auch wenn Kämpfen nichts weiter bedeutete als dieses absurde Straßentheater mit italienischen Ortspolizisten."[207]

Provokation ist für Hooligans ein wesentlicher Bestandteil bei ihrer Inszenierung und ihrem „Spiel"-Ablauf. Ralf Bohnsack hat festgestellt, dass sie, aufgrund von Erfahrungen einer *„nichtoffenen Kommunikation"*, sich Provokation zueigen gemacht haben. So kommt Bohnensack zu folgender Definition: *„Provokation ist darauf gerichtet, auszuloten, welche (moralischen) Prinzipien und Grenzen dem Handeln der anderen ‚eigentlich' oder ‚wirklich' zugrundeliegen."*[208] Durch Aktionen werden die Stellungnahmen der anderen erzwungen. Hier orientiert sich Bohnsack an Goffman, der Provokation als einen *„character contest"* sieht, bei dem der *„wahre Charakter"* hervorgelockt wird, wenn *„ein Spieler* [gemeint ist hier der Provokateur, Anm.

d. Verf.] *gegen eine moralische Regel verstößt, deren besondere Einhaltung zu sichern der andere Spieler moralisch verpflichtet ist*"[209].

(beim Spiel Karlruhe SC – Greuther Fürth am 10.06.2003)

Festzuhalten ist, dass Hooligans diese Art der Provokation nutzen, um „Fights" heraufzubeschwören. Die Provozierenden äußern in diesem Moment nicht ihre moralischen oder politischen Überzeugungen, sondern sie wollen den Gegenspieler testen. Der Weg dabei ist eben nicht ein (meta-)kommunikativer, sondern eher aktionistisch und meist sprachlos. Beispiele dafür gibt es genug, eines habe ich herausgesucht, so beschreibt ein Hooligan: *„Wobei is ja auch t-t g-gaudimäßig. Wir sind jefahren nach Dresden jegen Bremen, da war dit mit der [...] Ausländerfeindlichkeit jewesen, da sind wa mit-mit-mit ner Israel-Fahne ins Stadion rin und haben ‚Nazis raus' jesungen [...] ick meine, die haben alle (bloß) n Auge jekriegt, die [...] Berliner singen ‚Nazis raus', also dit sind allet so ne Sachen"*.[210]

Eine besondere Rolle spielt die Provokation im Osten der Republik. Das ist ein Relikt aus DDR-Zeiten. Dazu schreibt Farin: „Um ein Provozieren der Staatsmacht ging es den Hooligans des Ostens von Anfang an. Stärker als ihre Vorbilder in Großbritannien und ihre Brüder im Westen definierten sich die jugendlichen DDR-Rabauken in deutlicher Opposition zu ‚ihrem'

Staat. Viele von ihnen waren früher Punks, wurden später Skinheads und erst dann Hooligans, verstanden sich von Anfang an als Bestandteil jener Subkultur-Landschaft, die sich Ende der 70er Jahre im Schatten der miefigen DDR-Realität herausbildete."[211] Hooliganismus war zu DDR-Zeiten eine Möglichkeit, um gegen das Regime zu protestieren oder es zumindest zu schocken. So begannen in den 80er Jahren erste Hooligans Skinhead-Outfits zu tragen und rüpelhaftes Verhalten anzunehmen. Politisiert wurde dieses Verhalten jedoch erst von der Staatsmacht. Bohnsack schreibt dazu: „Ihr Verhalten wird in einer für sie selbst zunächst kaum durchschaubaren Weise in einen politischen Rahmen gestellt, so daß sie in einen verschärften Prozeß der Fremdbestimmung und Verlaufskurvenentwicklung hineingeraten."[212] Bohnsack nennt diesen Prozess eine doppelte Stigmatisierung (Fremdbestimmung und Verlaufskurvenentwicklung), in der die Fremdetikettierung als ‚Nazi' auch im Zuge weiterer Auseinandersetzungen mit den Kontrollinstanzen irgendwann als provokative politische Selbststilisierung übernommen wird.[213]

Anzuerkennen ist also, dass Hooligans sich des „Instruments" Provokation bedienen, um ihr Ziel – nämlich Randale – zu erreichen. Dabei sollten Außenstehende die benutzten Provokationsmittel nicht als die Ansichten der Provokateure verstehen, sondern eben vielmehr als „Reizstoff" für die Gegner. Dass bei ihren Provokationsmitteln rechtsradikale, rassistische und faschistische Symbole, Sprüche und Lieder besonders gern genutzt werden, liegt wohl an der eher maskulinen, körperbetonten, traditionellen, eigentlich niemals links gewesenen Szene der Fußballbesucher. Die Fußball-Hooligans sind Teil dieser Fußballkultur, so kann man nicht ausschließen, dass es rechte Tendenzen in der Hooligan-Szene gibt. Was es damit aber genau auf sich hat, werde ich in Kapitel 3.1 näher erläutern.

2.4.12 Der Ablauf eines Hooligan-„Spieltags"

> „Gegen halb zwei, als die wichtigsten Figuren alle da sind, bricht die Gruppe auf. Die Art, das Lokal zu verlassen, ist inzwischen ein sogar mir schon geläufiges Ritual. Im Handumdrehen ist das Lokal leer, Biergläser splittern, weil sie im Hinausgehen einfach fallen gelassen werden, und augenblicklich füllt ein Gewühl die kleine Straße draußen, eine unglaubliche Menge, die es unglaublich eilig hat – niemand will zurückbleiben –, biegt ab in die große Euston Road, bereitet sich über die ganze Fahrbahn aus und blockiert den Verkehr in beiden Richtungen. Alle sind eingereiht und vereint und verspüren die geballte Energie und triumphierende Machtvollkommenheit derer, die plötzlich eine Masse sind."[214]

Immer seltener sind die Fights der Hooligans spontan, viel häufiger werden sie ausgiebig von den Anführern geplant und verabredet. Meist beginnt diese Planung schon weit vor dem angesetzten Termin des Spieltages. Ort und Zeit – weil ja nicht im Stadion und nicht während der Spielzeit – werden im Vorfeld oder während des Spieltages abgesprochen. Die Logistik dabei übernehmen die Anführer, sie setzen sich mit den Anführern gegnerischer Fans in Verbindung (vor allem per Mobiltelefon). Auch im Stadion während des Fußballspieles kommt ihnen eine entscheidende Rolle zu. Da übernehmen sie de facto die Führung, sie sind dafür verantwortlich die Polizei so weit wie möglich fern zu halten und sie führen die eigenen Hooligans zum Treffpunkt (so unauffällig wie möglich).[215] Buford schreibt über die Anführer in der englischen Szene: *„Sammy hatte das Kommando übernommen, gab von Moment zu Moment genaue Anweisungen und ließ seine folgsamen kleinen Bengel dafür sorgen, daß sie ausgeführt wurden. Ich erinnere mich, daß Mick mir an jenem ersten Abend gesagt hatte, daß die Anführer ihre kleinen Unteroffiziere und Feldwebel hätten."*[216]

Das Fußballwochenende verläuft für die Hooligans nach einem recht gleichmäßigen Muster. Am Spieltag – manchmal auch schon ein bis zwei Tage vorher – reisen die Hools überwiegend per PKW oder gemieteter Busse an. Früher war es einmal Sitte, bei Auswärtsspielen per Zug anzureisen. Das hat man sich mittlerweile abgewöhnt, um dem Empfangskomitee – der Polizei – am Zielbahnhof zu entgehen. Im PKW und auch schon Tage vor dem Spiel werden immer wieder die Chancen und Risiken des Gegners ausgelotet, alte offene Rechnungen in Erinnerung gerufen und die augenblickliche Stärke des Gegners und der eigenen Gruppe kalkuliert. Damit beginnt der Mob sich aufzuheizen.[217]

Auf dem Weg zum Stadion und im Stadion setzt sich das weiter fort. Nun ist man von bewaffneter Polizei und Ordnern umgeben, die nur wegen ihnen da sind. Auch die Riten im Stadion – von der La-Ola-Welle bis hin zu derben Hassgesängen in Richtung der gegnerischen Fans – steigern die Adrenalin-Ausschüttung stetig weiter. Im Stadion versammeln sich Hooligans in der Nähe vom Ausgang und von Bierständen. Um nicht nach Ende des Spieles im Stadion festgehalten zu werden, begeben sich die Hools meist schon ein paar Minuten vor Ende des Spieles in Richtung Ausgang. Wie man sich durch die nun anzutreffende Polizeikette stielt, hat Buford beschrieben: *„Ich erkenne den Mann, der neben mir geht: auch ein Manchester-Fan. Ich nehme an, er muß es genauso gemacht haben wie ich; auch er ist auf eigene Faust durch die Polizeikette geschlüpft. Er wirkt sehr ernst und nachdenklich – der letzte, dem man eine Ordnungswidrigkeit zutrauen würde. Ich gehe weiter. Ich sehe Robert. Wie hat es ausgerechnet Robert geschafft, an den Polizisten vorbeizukommen? Hinter Robert ist noch einer von den Jungs. Auch er geht für sich, auch er ist furchtbar ernst, in Gedanken, zerstreut. Das ist verdächtig. Dann sehe ich noch einen, bis mir schließlich klar wird, daß sie alle auf die gleiche Weise aus dem Stadion kommen. Sie haben sich getrennt, damit sie sich einzeln durch die Polizeikette stehlen können. Einen Moment herrscht Unschlüssigkeit, dann macht man sich auf den Weg über die Fulham Road, denn man will nicht herumstehen. Man geht nicht zu schnell, und jeder gibt sich weiter den Anschein, als gehe er allein so vor sich hin und führe nichts Böses im Schilde."*[218]

Einmal aus dem Stadion begibt man sich in Richtung des Treffpunktes, wobei die Anführer und Guten dabei in der ersten Reihe laufen. Der Mob ähnelt jetzt Demonstrationszügen, man versucht die Polizei abzuhängen, versucht sich unauffällig zu verhalten. Nun beginnt das Räuber- und Gendarmspiel. Vor der Polizei versteckt man sich und nebenbei hält man Ausschau nach dem Gegner. Ist man dann auf den Gegner gestoßen (das ist nicht immer der Fall, manchmal wird das auch erfolgreich von der Polizei verhindert), wird von den Guten ausgelotet, die Gruppen ausgeglichen sind. Falls dies der Fall ist und es wirklich zum Match kommen sollte, rennen die Guten vornweg und die Mitläufer hinterher. Der Kampf ist größtenteils nicht sehr lang, da die grünen Helfer schnell zur Stelle sind. In dieser kurzen Zeit kommen nur die ersten Reihen wirklich zum Zweikampf. Viele stehen nur dabei, und kommen entweder nicht zum Zuge oder halten sich – aus welchen Gründen auch immer – zurück. Nachdem die Polizei eingetroffen ist, versucht sich die Gruppe wieder zu zerstreuen. Wenn ihr das nicht gelingt, wird sie von der Polizei eingekesselt – wenn nötig mit Gewalt – und zum Bahnhof oder zur Polizeistadion eskortiert. Damit endet ein Hooligan-Spieltag.

Natürlich werden im Nachhinein die Aktionen ausgewertet, wobei der Gegner entweder – bei einem guten Fight – gelobt wird oder – bei Unfairheiten – als zukünftiges Hassobjekt betrachtet wird. Fotos werden angeschaut und ausgetauscht. Mögliche Zeitungsartikel werden gesammelt. Rezensionen vom Kampf werden in Fanzines geschrieben. So viel wie möglich „Insider" und „Outsider" sollen von dem Kampf erfahren. Nun ist die Szene um ein neues Randale-Wochenende reicher.

---

140 Buford 1992, S. 52f., a.a.O.
141 vgl. Gehrmann/Schneider 1998, S.100, a.a.O.
142 Gehrmann/Schneider 1998, S.100f., a.a.O.
143 Gemeint ist das Forschungsprojekt „Hooliganismus in Deutschland: Ursachen, Entwicklungen Prävention und Intervention" vom Bundesministerium des Inneren
144 Ostberliner Hooligan, zit. von: Farin/Hauswald, 2001, S. 29, a.a.O.
145 So geschehen – als Beispiel – bei der Skinhead-Bewegung. Ihr Outfit war, vor allem in den Neuen Bundesländern, nach der Wende eine Art Mode-Trend, den viele Jugendliche aufgenommen haben, ohne über die Intentionen und Ideale der Skinhead-Bewegung etwas zu wissen oder wissen zu wollen.

146 Matthesius 1992, S. 219, a.a.O.
147 vgl. Matthesius 1992, S. 219f., a.a.O.
148 Hooligan, zit. von: Farin/Hauswald 2001, S. 109, a.a.O.
149 vgl. Lösel/Bliesener/Fischer/Pabst 2001, S. 122, a.a.O.
150 vgl. Farin/Hauswald 2001, S. 13, a.a.O.
151 Kirsch, Andreas: Gewalt bei sportlichen Großveranstaltungen, 2000, S. 92
152 vgl. Farin/Hauswald 2001, S. 14, a.a.O.
153 Hooligan, zit. aus: Farin/Hauswald 2001, S. 13, a.a.O.
154 vgl. Kirsch 2000, S. 92, a.a.O.
155 Hooligan „Spion", zit. aus: Farin/Hauswald 2001, S. 118, a.a.O.
156 vgl. Meier 2001, S. 63, a.a.O.
157 Bohnensack, Ralf u.a.: Die Suche nach Gemeinsamkeit und die Gewalt der Gruppe, 1995, S. 79
158 vgl. Meier 2001, S. 63f., a.a.O.
159 Farin 2001, S. 188, a.a.O.
160 Buford 1992, S. 135, a.a.O.
161 Buford 1992, S. 57, a.a.O.
162 vgl. Meier 2001, S. 62
163 vgl. Lösel/Bliesener/Fischer/Pabst 2001, S. 116f., a.a.O.
164 vgl. Lösel/Bliesener/Fischer/Pabst 2001, S. 114f., a.a.O.
165 vgl. Lösel/Bliesener/Fischer/Pabst 2001, S. 115f., a.a.O.
166 Lösel/Bliesener/Fischer/Pabst 2001, S. 117, a.a.O.
167 Ironischerweise in diesem Zusammenhang passende Beschreibung des Begriffs „Comics" in einem DDR-Lexikon, aus: BI-Universallexikon des VEB Bibliographisches Institut Leipzig, 5 Bde., 1985, Bd. 1, S. 383.
168 vgl. Gehrmann/Schneider 1998, S. 111, a.a.O.
169 Köster, Philipp: Ultras on Speed, in: *11 Freunde*, Nr. 9, S. 13
170 vgl. Reith, Daniel: Ultras – eine neue Bewegung in der deutschen Fanszene, in: Gehrmann/Schneider 1998, S. 181, a.a.O.
171 vgl. Scheidle, Jürgen: Ultra(recht)s in Italien, in: Dembowski, Gerd/Scheidle, Jürgen (Hrsg.): Tatort Stadion, 2002, S. 93
172 Scheidle 2002, S. 93, a.a.O.
173 vgl. Scheidle 2002, S. 93f., a.a.O.

174 vgl. Scheidle 2002, S. 94, a.a.O.
175 Scheidle 2002, S. 95, a.a.O.
176 vgl. Scheidle 2002, S. 95f., a.a.O.
177 *Der Spiegel*, 12.03.2001, zit. aus: Scheidle 2002, S.99f.
178 Scheidle 2002, S. 100, a.a.O.
179 vgl. Scheidle 2002, S. 102ff., a.a.O.
180 vgl. Reith 1998, S. 183, a.a.O.
181 vgl. Scheidle 2002, S. 97, a.a.O.
182 Reith 1998, S. 182, a.a.O.
183 Köster, Philipp: Ultras on Speed, in: *11 Freunde*, Nr. 9, S. 14
184 vgl. Köster, S. 14, a.a.O.
185 zit. aus: Köster, S. 14, a.a.O.
186 vgl. Scheidle 2002, S. 97, a.a.O.
187 Scheidle 2002, S. 97, a.a.O.
188 Buford 1992, S. 132, a.a.O.
189 Pilz, Gunter A.: Aufsuchende, „akzeptierende" Jugend(sozial)arbeit mit gewaltfaszinierten, gewaltbereiten und „rechten" Jugendliche, 1994, auf: www.hooligans.de/info_ueber/Uber_Hooligans/ Wissenschaftliche_Texte/Praktische_Arbeit/praktische_arbeit.html
190 Bohnsack u.a. 1995, S. 88, a.a.O.
191 vgl. Bohnsack u.a. 1995, S. 88, a.a.O.
192 Bohnensack 1995, S. 26, a.a.O.
193 zit. aus: Stark, Jürgen/Farin, Klaus: Das Fussball Lesebuch, 1990, S. 225
194 Gehrmann/Schneider 1998, S. 135, a.a.O.
195 vgl. Pilz 1994, a.a.O.
196 vgl. Lösel/Bliesener/Fischer/Pabst 2001, S. 102, a.a.O.
197 Becker, Peter: Haut'se, haut'se in `ne Schnauze – Das Fußballstadion als Ort der Reproduktion sozialer Strukturen, in: Pilz, Gunter A. (Hrsg.): Sport und körperliche Gewalt, 1986, S. 81
198 vgl. Heitmeyer/Peter 1992, S. 47, a.a.O.
199 Pilz: Gewalt im Umfeld von Fußballspielen, auf: www.hooligans.de/ info_ueber/Uber_Hooligans/Wissenschaftliche_Texte/ Gewalt_im_Umfeld/gewalt_im_umfeld.html
200 vgl. Heitmeyer/Peter 1992, S. 47f., a.a.O.

201 Pilz bezieht sich bei diesen Ausführungen auf Eckert (1992). Nachzulesen in: Pilz, Gunter A.: Jugend, Gewalt und Rechtsextremismus, 1994, S. 66
202 Becker, zit. aus: Pilz (Hrsg.) 1986, S. 82, a.a.O.
203 Weber-Klüver, Katrin: Fanfreundschaften, in: Schulze-Marmeling, Dietrich (Hrsg.): „Holt euch das Spiel zurück!". Fans und Fußball, 1995, S. 203
204 vgl. Gehrmann/Schneider 1998, S. 62, a.a.O.
205 vgl. Gehrmann/Schneider 1998, S. 64, a.a.O.
206 vgl. Gehrmann/Schneider 1998, S. 62f., a.a.O.
207 Buford 1992, S. 344f., a.a.O.
208 Bohnsack u.a. 1995, S. 33f., a.a.O.
209 Goffman (1971), zit. aus: Bohnsack u.a. 1995, S. 34, a.a.O.
210 Hooligan, zit. aus: Bohnsack u.a. 1995, S. 248, a.a.O.
211 Farin 2001, S. 180, a.a.O.
212 Bohnsack 1995, S. 35, a.a.O.
213 vgl. Bohnsack u.a. 1995, S. 35, a.a.O.
214 Buford 1992, S. 221, a.a.O.
215 vgl. Lösel/Bliesener/Fischer/Pabst 2001, S. 124, a.a.O.
216 Buford 1992, S. 92, a.a.O.
217 vgl. Farin/Hauswald 2001, S. 12, a.a.O.
218 Buford 1992, S. 225f., a.a.O.

3 Ausgewählte Probleme

Im folgenden Kapitel werde ich mich speziellen Problemen der Hooligan-Szene beschäftigen. Teilweise wurden einige Probleme schon im vorangegangenen Kapitel angerissen oder bearbeitet. Was nun noch fehlt, oder was eines eigenen Absatzes bedarf, dem werde ich mich im Folgenden widmen.

3.1 Politisierung der Hooligan-Szene – „rechte" und „linke" Gewalt

> *„Meine Pädagogik ist hart. Das Schwache muß weggehämmert werden. Eine gewalttätige, herrische, unerschrockene, grausame Jugend will ich. Es darf nichts Schwaches und Zärtliches an ihr sein. Das freie, herrliche Raubtier muß wieder aus ihren Augen blitzen..."*[1]

Politik hat mit Fußball eigentlich nichts zu tun. Auch Fußballfans beteuern immer wieder, man sollte die Politik aus dem Stadion lassen. Trotzdem wird der Fußballfan- und besonders der Hooligan-Szene immer ein bestimmter politischer Hintergrund nachgesagt. War vor der Weimarer Zeit Fußball eher der Sport der gehobenen Mittelschicht, so wurde er danach zum Massen- und Proletariersport. So rechnet man die Fußballfans dem heute eher traditionellen Arbeitermilieu zu, mit einer dementsprechend traditionellen, konservativen Haltung. Der Schritt zu rechten und rassistischen Vermutungen ist dann nicht mehr weit. Und de facto, so wird immer wieder beteuert, *„Fußball war immer rechts. Oder besser ausgedrückt, er war nie links und wird auch nie links sein."*[2] Wie tief eine rechte Weltanschauung bei den Hooligans verankert ist, darauf werde ich nun näher eingehen. Anschließend sollen aber die linken Gruppierungen (gewaltbereiter) Fans – die es zu einem weit geringerem Anteil gibt – beschäftigen, die aus dem proletarischen Milieu erwachsen sind. Welche Rolle sie spielen, darauf werde ich dann eingehen.

Wie Butterwegge (1998) und auch Achilles/Pilz schon festgestellt haben, kam es in den letzten Jahren nicht zu einem Rückgang, sondern vielmehr zu einem Anstieg von nationalistischem, ethnozentristischem und antisemitischem Denken bei Jugendlichen und auch in der Fußballfan- und Hooliganszene. Die rechtsextreme Szene hat weiterhin – wenn auch weniger medial dokumentiert – großen Zulauf bei den jungen Menschen. In den Fußballfanprojekten, so Pilz, beobachten die Sozialarbeiter einen gravierenden Anstieg von offen geäußertem Rassismus, Antisemitismus und steigender Fremdenfeindlichkeit.[3] Eindeutige Parolen, Symbole, Accessoires etc. werden in der anonymen Masse zur Schau gestellt.[4] Unzählige Fan-Clubs und Hooligan-Gruppierungen sind dem rechten Spektrum zuzuordnen (z.B. die Adlerfront in Frankfurt, die Borussenfront in Dortmund und der BMD in Hannover). Achilles und Pilz begründen diese Entwicklungen im Fußballumfeld plausibel: *„Der latente Rassismus eines Teils der Gesellschaft manifestiert sich im Fußballumfeld. Stammtischparolen werden von den Fans in Taten umgesetzt. Mit ein Grund für diese Entwicklung ist die Erkenntnis, dass fremdenfeindliche Gewalt oft einer gefährlichen Mischung aus Ideologie und Erlebnishunger entspringt."*[5]

Begonnen hat der Rechtsruck in der Fußballfanszene Ende der 70er Jahre, als die ANS/NA (Aktionsfront Nationale Sozialisten/Nationale Aktivisten) um Michael Kühnen die Szene für ihre Zwecke mobilisieren und unterwandern wollte. Diese Unterwanderungsversuche sind weitestgehend gescheitert, die Fußballfans ließen sich nicht für politische Zwecke missbrauchen. Man konnte und kann Hooligans nicht als „Schlägertrupp" der Neonazis bezeichnen. Geblieben sind dennoch die Vorliebe für fremdenfeindliche, rassistische, antisemitische Parolen und Symbole, um in diesem provokanten Verhalten Protest gegenüber der bürgerlichen Ordnung, ihrer Normen und ihrer Hüter zu artikulieren. Waren in den 70er Jahren die Provokationswörter noch austauschbar[6], so wollte man in den 80er Jahren mit Hitler- und Auschwitz-Parolen noch mehr provozieren, lösten doch die RAF-Anspielungen nicht mehr so viel Protest aus. Trotzdem waren die Fans weiterhin politisch freiherzig, so „schwärmte" man nicht nur für Hitler, sondern zum Teil auch für Mao oder Che Guevara. Dieses Phänomen der Provokation besteht auch heute noch, auch wenn mittlerweile die Provokationsthemen überwiegend aus dem rechten Gedankengut geschöpft werden.[7] Trotzdem – so haben Lösel/Bliesener/Fischer/ Pabst in ihrer Untersuchung herausgefunden – beteiligt sich nur eine Minderheit der Hooligans an eindeutig rechtsradikal-faschistischen Aktivitäten.[8]

Ist also alles nur Provokation? Sind Fußballfans und vor allem Hooligans eigentlich „liberal" oder „unpolitisch"? So einfach ist es wohl auch nicht. Dass die Provokation der Hools mit Vorliebe Begriffe und Symbole des rechten Spektrums trifft, ist kein Zufall. Und auch Lösel u.a. stellen fest, dass bei ca. 40% der Hooligans rechte Tendenzen und Fremdenfeindlichkeit nachgewiesen werden können.[9] Erklärungsversuche unternimmt u.a. Pilz: *„Die wachsende Perspektivlosigkeit* [entstanden z.B. aus Arbeitslosigkeit und Armut, Anm. d. Verf.] *junger Menschen, die in der Fußballszene schon seit jeher zumindest vorhandene rechte Gesinnung, die Verherrlichung und Faszination der Gewalt, sowie die bei Nationalmannschafts- und Europacupspielen sich anbietende nationalistische Bühne haben die Fans, Hooligans und den organisierten Rechtsextremismus näher zusammengebracht und in nicht wenigen Fällen zu einer gefährlichen Symbiose geführt."*[10] Der latente Rassismus, aggressive Männlichkeitsnormen und schichtspezifische Probleme (Armut, Arbeitslosigkeit, Erlebnishunger, Gewalt in der Familie etc.) haben dazu geführt, dass rechtsextremistische Äußerungen und Symbole nicht mehr nur Mittel der Provokation sind, um auf sich aufmerksam zu machen, sondern mehr und mehr eine politische Dimension bekommen. Hinzu kommt der gesellschaftliche Rechtsruck[11], der es den Fußballfans immer mehr erleichtert, ihre Fremdenfeindlichkeit zu manifestieren und ihre Parolen in die Tat umzusetzen.[12] Pilz stellt weiterhin fest, dass bei der rechtsextremistischen Entwicklung in der Hooliganszene eine Differenzierung zwischen Ost- und Westdeutschland notwendig ist: Während in den Alten Bundesländern eine *„Verkopfung"* und *„Intellektualisierung"* der rechten Szene erkennbar ist (so befinden sich immer mehr Realschüler, Gymnasiasten und junge Menschen in angesehenen Berufen, die man weniger als Modernisierungsverlierer bezeichnen kann, unter den rechten Hools), so kam es in den Neuen Bundesländern eher zu einer Brutalisierung des fremdenfeindlichen Verhaltens und der rechtsextremen, rassistischen Einstellung bei den Jugendlichen (wohl aus dem Grund, dass die Jugendlichen des Ostens eher als typische Modernisierungsverlierer angesehen werden können).[13]

Fest steht also, dass die Rechten auch immer noch – mittlerweile durch subtilere Formen – versuchen Einfluss auf die Hooligan-Szene zu nehmen, sie für sich zu vereinnahmen. Und anscheinend gelingt es ihr auch zunehmend, denn offensichtlich wird die rechte Gesinnung unter den meisten Hooligans befürwortet oder zumindest toleriert und übersehen.

Ausnahmen von dieser Regel gibt es nicht viele. Die berühmteste in Deutschland ist wohl der Fan-Anhang vom 1. FC St. Pauli. So soll der gewaltbereite Mob aus Hamburg der militanten linken und autonomen Szene angehörig sein. Es ist nicht unüblich, dass die Hools der Gastmannschaft nach dem Spiel gegen St. Pauli zur Hafenstraße ziehen, einem bekannten Treffpunkt der Hamburger Autonomen-Szene, um ihrem „Sport" nachzugehen. Kirsch hat festgestellt, dass für „Linke" der Reiz zu Fußballrandale vor allem darin liegt, dass man gegen die verhasste Polizei und politische Gegner (so z.B. gegen die Nazis der Adlerfront Frankfurt) vorgehen kann. Bei den Linken und Autonomen hat Fußball also durchaus eine politische Dimension.[14]

Zusammenfassend lässt sich sagen, dass es sich bei den Aktionen der Kategorie-C-Fans nicht in erster Linie um politische motivierte Aktionen handelt. Das Gewalt-Motiv ist an anderer Stelle zu suchen (siehe Kapitel 2.3). Trotz alledem ist unter den Hooligans rechtes Gedankengut und Fremdenfeindlichkeit nicht nur keine Seltenheit, sondern vielmehr ist sie nicht unüblich. Stellt sich die Frage, ob diese politischen Überzeugungen in irgendeiner Weise die Taten der Hooligans beeinflussen oder gar verstärken und inwiefern (Fußball-)Randalisten sich – wenn dies der Fall sein sollte – von den rechten Gruppierungen missbrauchen lassen.

1   Adolf Hitler (1940), zit. aus: Farin 2001, S. 195, a.a.O.
2   Hooligan Rupert, in: Gehrmann/Schneider 1998, S. 129, a.a.O.
3   Bestes Beispiel hierfür sind wohl die Parolen und Gesänge im Stadion, wie z.B. das U-Bahn-Lied: „Wir bauen eine U-Bahn von St. Pauli bis nach Auschwitz." (zit. von Pilz, auf: www.hooligans.de/info_ueber/Uber_Hooligans/Wissenschaftliche_Texte/Rechtsradikalismus/rechtsradikalismus.html).
4   vgl. Achilles, Sven/Pilz, Gunter A.: Zum Umgang mit rechten Tendenzen im Fußball-Fan-Umfeld von Hannover 96, in: Dembowski/Scheidle (Hrsg.) 2002, S. 195f., a.a.O.
5   Achilles/Pilz, in: Dembowski/Scheidle (Hrsg.) 2002, S. 196, a.a.O.
6   So gab es auch „Es lebe die RAF"-Rufe.
7   vgl. Pilz, Gunter A.: „Deutschland den Deutschen" – Gedanken und Fakten zu Fremdenfeindlichkeit und Rassismus in der Fußballfan- und Hooliganszene, auf: www.hooligans.de/info_ueber/Uber_Hooligans/Wissenschaftliche_Texte/Rechtsradikalismus/rechtsradikalismus.html
8   vgl. Lösel/Bliesener/Fischer/Pabst 2001, S. 120, a.a.O.
9   vgl. Lösel/Bliesener/Fischer/Pabst 2001, S. 120, a.a.O.
10 Pilz, auf: www.hooligans.de/info_ueber/Uber_Hooligans/Wissenschaftliche_Texte/Rechtsradikalismus/rechtsradikalismus.html
11 Man möge sich nicht von den Anti-Kriegs-Kampagnen der letzten Monate täuschen lassen, allein schon die Wahlergebnisse der letzten Jahre sprechen eine andere Sprache. So hatten in Deutschland rechte Parteien wachsende Erfolge zu verzeichnen (z.B. Schill-Partei in Hamburg, DVU in Brandenburg) und auch europaweit rücken die Bürger nach rechts (erkennbar an den Erfolgen von Le Pen, der Kopf der Nationalen Front in Frankreich, und seine Erfolge bei den letzten Präsidentschaftswahlen oder auch des rechtskonservativen italienischen Staats- und Regierungschefs Silvio Berlusconi).
12 vgl. Pilz, auf: www.hooligans.de/info_ueber/Uber_Hooligans/Wissenschaftliche_Texte/Rechtsradikalismus/rechtsradikalismus.html
13 vgl. Pilz, auf: www.hooligans.de/info_ueber/Uber_Hooligans/Wissenschaftliche_Texte/Rechtsradikalismus/rechtsradikalismus.html
14 vgl. Kirsch 2000, S. 95, a.a.O.

3.2 Die Rolle der Medien bei der Gewaltentstehung

> „Und dann rückte das Unvorstellbare in den Bereich der Möglichkeiten: die englische Mannschaft erreichte das Viertelfinale, in dem sie gegen Kamerun spielen mußte. Wenn die Engländer gewannen, kamen sie ins Halbfinale, aller Wahrscheinlichkeit nach gegen Deutschland, das Land, wo die Fans genauso gewalttätig waren wie in England. Und schlimmer noch: das Spiel würde in Turin ausgetragen. Noch mehr Aufmerksamkeit wurde den ‚Hooligans inglesi' erwiesen. Noch mehr Reporter wurden nach Italien geschickt, noch mehr Fernsehteams, noch mehr Fotografen. War es überhaupt möglich, noch mehr hinzuschicken? Ich sprach mit einem Freund, einem Journalisten, der sich schon in Turin befand. Es sei unmöglich, ein Zimmer zu bekommen, sagte er. Es sei wie bei einem Präsidentschaftswahlkampf, einem Krieg oder einer internationalen Katastrophe: einfach jeder sei da."[15]

Bewusst habe ich das Thema Massenmedien nicht zu meinem Kapitel über Ursachen des Hooliganismus gezählt, weil Medien nicht für die Zuschauerausschreitungen verantwortlich gemacht werden können. Diese These wird auch in der Wissenschaft vertreten, so schreibt Pilz[16]: *„Die Medien sind nicht die Ursache für die Gewalt in unserer Gesellschaft, sie liefern aber sehr wohl das Schmieröl im (Eskalations-)Prozeß der Entwicklung von Gewalt."*[17] Auch F. Hacker kommt zu einem ähnlichen Ergebnis: *„Es wäre allerdings eine unverantwortliche Vereinfachung, die Massenmedien vorwiegend oder allein für moderne Gewalt und Brutalisierung verantwortlich zu machen"*[18].

Welche Rolle spielen nun die Massenmedien[19] – dabei insbesondere die Sportberichterstattung – bei der Gewaltentstehung? Meinhart Volkamer geht bei seinen Erklärungen auf die Effekte der Berichterstattung ein: *„Durch Fernsehübertragungen werden räumliche Distanzen aufgehoben, durch Aufzeichnung, Vorberichte, Kritiken, Ausschnitte, Wiederholungen werden zeitliche Grenzen gesprengt, und vor allem: Das Fernsehen vervielfacht die Zahl der Zuschauer. […] Er [der Sport, Anm. d. Verf.] verliert die Atmosphäre des Privaten; er wird zu einem Stück*

Öffentlichkeit. [...] Erst durch die Massenmedien wird der Sport einerseits zum tauglichen politischen Mittel nationaler Selbstdarstellung, andererseits zum einträglichen Geschäft für die Sportler selbst, für Vereine, Funktionäre und für die Massenmedien."[20] Darüber hinaus stellt Volkamer einen viel wichtigeren Nebeneffekt fest: *„Der Zuschauer erlebt weitgehend aus zweiter Hand. Er erlebt in den Denkschemata des Berichterstatters, der seinerseits dem Zwang zur Sensation, zu immer neuen Sensationen unterliegt."*[21] Wenn also Fußballspiele im Sinne der Dramaturgie zu „Lokalderbys", „Kämpfen für den Klassenerhalt", „Fußballkriegen" und „Spielen von nationaler Bedeutung" hochstilisiert werden, ist es nicht verwunderlich, dass die hochgespielten Emotionen nicht nur ins Positive ausschlagen. Die Massen werden aufgeladen, die Folge ist: sie wollen sich entladen. Die Medien entziehen sich ihrer Verantwortung für dieses Dilemma. Vielmehr ist es so, dass die Berichterstattung die gewalttätigen Handlungen verstärkt. Hahn/Pilz/Stollenwerk/Weis haben festgestellt, dass die Meldungen in den Medien dazu beitragen:

- „das Problem der Gewalt, Rechtsradikalität und des Alkoholkonsums von Fußballfans dramatisiert wird und entsprechende Reaktionen seitens der staatlichen Behörden und der Öffentlichkeit überzogen ausfallen, mit der Konsequenz, daß Gewalthandlungen zu eskalieren drohen, mit der unverhinderbaren Gefahr, die Fans kriminalisiert werden;
- sich die Jugendlichen aufgrund der Stigmatisierung und Etikettierung durch die Medien zu diesen Verhaltensweisen geradezu aufgefordert und verpflichtet fühlen;
- sich die Jugendlichen in ihrem gewalttätigen Handeln bestätigt und bestärkt sehen durch die Aufmerksamkeit und Anerkennung, die sie in der Gesellschaft gesucht, und durch die Medien erfahren haben, mit der Konsequenz, daß die eigentliche Subkultur der Fußballfans, die sehr wichtig für die Identitätsfindung und -bildung der Fans ist, zunehmend zerschlagen, zumindest jedoch brüchig wird."[22]

Somit erhöht die Berichterstattung über Gewalt im Sport und durch die Zuschauer die Bereitschaft der jugendlichen Fans und Hooligans Gewalt auszuüben, weil sie sich bestätigt fühlen, Aufmerksamkeit erregen und Anerkennung bekommen.

Kurt Weis hat in seiner Untersuchung über die Darstellung von Gewalt im Sport in den Printmedien und ihren Auswirkungen folgende Wirkungen der (print-)medial verarbeiteten Gewaltakte für die Zuschauer zusammengestellt:

- „Die Verstärkung der Gewaltakte durch Zerstörung der inneren Kontrolle [...].
- Der Eindruck entsteht, daß die Ausschreitungen ständig zunehmen [...].
- Die Darstellung verschlimmert das Ausmaß der Ausschreitungen [...].
- Eine Kriminalisierung der Fans findet durch stigmatisierende Pauschalverurteilung statt [...].
- Die Spiele werden zu Kampfhandlungen hochstilisiert [...].
- Das in den Massenmedien verbreitete Bild von Terror, Gewalt und Krieg ist oft in einer skandalorientierten Presseberichterstattung überzeichnet [...].
- Die Presse und andere Institutionen beschwören eine neonazistische Gefahr herauf, die eigentlich nicht existiert [...].
- Die Darstellung in den Massenmedien kann als Gradmesser für die Wahrscheinlichkeit von gewalttätigen Handlungen der Fans angesehen werden [...]."[23]

Also auch in den Zeitungsberichten ist es ähnlich wie beim Fernsehen: Durch die Berichte werden die Stimmungen bei den Hooligans weiter angeheizt und in der Bevölkerung wird die Angst vor weiteren Ausschreitungen durch überspitzte Darstellung erhöht.

Neben den Verstärkungseffekt, haben die Medien noch eine Wirkung bei jungen Leuten. Eine Wirkung, die schon seit Jahren die Gemüter bewegt, und die Gesellschaft in die mit und die ohne Fernseher spaltet. Kirsch nennt es eine *„Erosion von Einstellungen gegen körperliche Gewalt, das Eintreten eines Gewöhnungseffektes, der zur Steigerung der Gewalt führen kann, eine Desensibilisierung gegen Gewalt"*[24]. Soll heißen: Durch den intensiven Konsum von Gewalt in den Massenmedien – insbesondere im Fernsehen – werden die Kinder und Jugendliche immer mehr an die Gewalt gewöhnt und nach und nach wird ihre Hemmschwelle für eigene Gewalthandlungen gesenkt. Jedoch ist diese These, meiner Meinung nach, mit Vorsicht zu genießen. Gewaltexzesse von Jugendlichen (wie z.B. die von einem Schüler am Erfurter Gymnasium vor reichlich einem Jahr, oder auch die von Hooligans) können nicht dem Fernsehen, einem Videospiel oder irgendeiner Musik-Gruppe zugeschrieben werden. Damit würde man es sich wohl zu einfach machen.

Auf der anderen Seite scheinen sich die entsprechenden Medien nicht darum zu scheren, welche Effekte sie erzielen. Deren einziges Interesse liegt darin, bedingt durch ihre marktwirtschaftlichen Zwänge, willkommene (und das sind meist gewalttätige, pornographische, katastrophale und exzessive) Ereignisse so verkaufsfördernd wie möglich auszuschlachten. Wie das zu werten ist, sei jedem selbst überlassen. Ich möchte mich an Callies (1983) anschließen, der schrieb: *„In der Regel dürfte die Berichterstattung von dem erklärten Interesse geleitet sein, eingehend zu informieren und darüber hinaus Entsetzen und Abscheu – also eine Parteinahme gegen Gewalt – zu erzeugen. Dabei gewinnen aber doch häufig die detaillierte Schilderung der Gewalt und das Ausmalen von grausamen Einzelheiten ein Eigenleben, das dieses Interesse desavouiert, da es offensichtlich ein verbreitetes und tief aus dem Unterbewußtsein kommendes triebhaftes Bedürfnis, Gewalt zu erleben, an der Ausübung oder am Erleiden von Gewalt zu partizipieren, anspricht oder gar ansprechen soll. Es sollte in unserem Zusammenhange durchaus zu denken geben, daß sich die Unterhaltungsindustrie auf dieses Bedürfnis immer schamloser einstellt und dabei offensichtlich beachtliche Gewinnen machen kann"*[25].

---

15 Buford 1992, S. 357f., a.a.O.
16 in Anlehnung an Silbermann u.a. (1974), Sommergrobe (1974) und Groebel (1986)
17 Pilz 1994, S. 76, a.a.O.
18 Hacker (1974), zit. aus: Hirsch 2000, S. 143, a.a.O.
19 gemeint sind vor allem das Fernsehen, Hörfunk und die Printmedien
20 Volkamer, Meinhart: Der Einfluß der Sportberichterstattung auf Sportler und Zuschauer, in: Pilz (Hrsg.) 1986, S. 93, a.a.O.
21 Volkamer 1996, S. 94, a.a.O.

22 Hahn, Erwin/Pilz, Gunter A./Stollenwerk, Hans J./Weis, Kurt: Gutachten „Darstellung von Gewalt im Sport in den Medien und ihre Auswirkungen", in: Hahn, Erwin/Pilz, Gunter A./Stollenwerk, Hans J./Weis, Kurt: Fanverhalten, Massenmedien und Gewalt im Sport. 1988, S. 77
23 Weis, Kurt/Alt, Christian: Die Darstellung von Gewalt im Sport in den Printmedien und ihre Auswirklungen, in: Hahn u.a. 1988, S. 126, a.a.O.
24 Kirsch 2000, S. 143, a.a.O.
25 Callies (1983), zit. aus: Pilz 1994, S. 78, a.a.O.

3.3 Besonderes Problem: Länderspiele

> „Ich fragte ihn, ob er mir sagen könne, wo wir uns
> befänden. Italien, sagte er. Wir sind in Italien.
> Scheiß-Itaker, fügte er wie zur Klarstellung hinzu.
> Klar, sagte ich, klar, in Italien, das wisse ich auch. Ob
> er mir aber sagen könne, wo in Italien? Juventus,
> sagte er nach einer Pause, da er eine Fangfrage arg-
> wöhnte. Und dann setzte er wieder hinzu, wie um das
> Gewicht seiner Aussage zu verstärken: Scheiß-Itaker!
> In der Stadt Juventus? fragte ich. Scheiße, ja, sagte
> er. Pause. Scheiß-Itaker!"[26]

Mittlerweile ist Hooliganismus kein nationales Problem mehr, sondern ein europäisches oder gar internationales. In Brüssel wurde unlängst eine „Europäische Konvention über Zuschauergewalt und -fehlverhalten bei Sportveranstaltungen, insbesondere bei Fußballspielen" verabschiedet. Darin sind internationale Turniere *„einmalige Großereignisse, bei denen man beträchtliche Zuschauerbewegungen und große Menschenmengen über einen längeren Zeitraum steuern muss. Im Laufe der Jahre hat es eine Reihe von ernsten Zwischenfällen gegeben. Die Stadien bleiben während der Turniere fast frei von Zwischenfällen; sie finden meistens in den Stadtzentren statt, nach den Spielen oder an den Tagen dazwischen."*[27]

Länderspiele haben eine besondere Brisanz, und besonders im Zuge solcher internationalen Begegnungen kommt es zu erheblichen Ausschreitungen (so z.B. bei der WM 1990 in Italien und 1998 in Frankreich; besonders problematisch wird es überdies, wenn – aus welchen Gründen auch immer – verhasste Ländermannschaften gegeneinander spielen, wie z.B. Deutschland gegen Niederlande) und dementsprechend auch zu immensen Sicherheitsvorkehrungen. Gerade im Zuge von (fußball-)sportlichen Großereignissen wurden immer wieder staatliche Vorkehrungen getroffen, um der Gewalt zu begegnen (so z.B. die Einrichtung der „Datei Gewalttäter im Sport", um Ausreiseverbote zu ernennen oder aber das Gesetz zur Änderung des Pass- und Personalausweisrechts im Vorfeld der EM 2000). Auch die Kooperation der Sicherheitsbehörden hat in den letzten Jahren stark zugenommen, so wird die „Datei Gewalttäter im Sport" auch europaweit verwendet und ausgetauscht.

Wie kommt es zu diesen immer brutaler werdenden Gewaltausbrüchen bei Länderspielen? Pilz geht in seiner These davon aus, dass bei den Hooligans immer mehr die Qualität, als die Quantität von Bedeutung ist. D.h. sie gehen am liebsten zu Spielen, wo was los ist. Dazu schreibt er: „Sie gehen nicht unbedingt dorthin, wo ‚ihr' Verein spielt, sondern wo die beste ‚action' abgeht. Vor allem internationale Spiele auf Vereins- aber auch Nationalmannschaftsebene gewinnen an Bedeutung. Darüber hinaus verlagern die Jugendlichen durchaus ihre Aktivitäten auf nichtfußballbezogene Ereignisse unter der Woche. Dabei vermischen sich Hooligans mit Skins und anderen streetgangs, was umgekehrt auch dazu führt, daß bei größeren Fußballereignissen sich vermehrt auch Skins und ‚streetfighter' mit Hooligans vermischen."[28] Das bedeutet also, Hooligans (und wohl auch andere Gewalt-Szene) gehen zu Fußballländerspielen, weil sie dort der Gegner und deshalb der Ausschreitungen gewiss sein können.

Gehrmann greift das Thema Länderspiele ebenfalls auf und kommt zu ähnlichen Gedanken: „Während die Parole von der totalen ‚Volksrandale' aus der Mode gerät, gewinnt die von der ‚Fußballrandale' an Beliebtheit unter jungen Männern. Sie selbst sind dabei, wenn die Nationalmannschaft antritt, um eine andere zu besiegen. Die ‚Auswahl der Besten' vollziehen sie für sich selber nach. An der ominösen höheren Qualität ‚Deutschland' haben sie unmittelbar Teil. Sie ist erlebbar."[29] So wie also die Nationalmannschaft aus den Besten des Landes besteht, trifft sich auch auf den Rängen eine Auswahl von Besten. Hooligans die im Bundesliga-Alltag verhasste Gegner sind, werden bei Nationalmannschaftsspielen zu gemeinsamen Kämpfern, zu „Deutschland-Hooligans". Der Staat „Deutschland", der an allen anderen Tages des Jahres abgelehnt und bekämpft wird, wird hier zum eigenen stolzen Objekt.

Nach Gehrmann gibt es noch einen Grund, warum Länderspiele für Hooligans so interessant sind: „Wer alle Stadien der 1. und 2. Liga gesehen hat, wer die Polizei von München und den Mob von Schalke schon erlebt hat, spricht denn auch vom ‚Bundesliga-Alltag'. Was einen aber in Rotterdam erwartet oder in Rom, das ist immer noch sehr unsicher. Ob der Verhaltenskodex, der unter den militanten Fans in Deutschland (halbwegs) verbindliche Norm ist, auch in Holland gilt, ist nicht gewiß, bevor man es ausprobiert. Reisen bildet, das hat schon immer auch für Kriege gegolten."[30] Hooligans versuchen durch Länderspiele ihren „Randale-Alltag" ein wenig aufzupeppen. Kämpfe mit ausländischen Hools sind spannender, weil man noch weniger berechnen kann, was passieren wird. Außerdem ist es noch schwieriger bei Länderspielen die Polizei zu umgehen, dadurch wird es für die Hools erst richtig reizvoll, diese „Aufgabe" zu bewältigen. Deshalb ist davon auszugehen, dass in Zukunft bei internationalen Fußballspielen die Hooligan-Ausschreitungen vielleicht seltener, wenn es jedoch dazu kommt, umso heftiger ausfallen werden.[31]

---

26 Buford 1992, S. 58, a.a.O.

27 Europäische Konvention über Zuschauergewalt und –fehlverhalten bei Sportveranstaltungen, insbesondere bei Fußballspielen: Entwurf eines Handbuches zur Gewaltprävention im Sport, auf: http://www.kos-fanprojekte.de/service/download.htm (siehe auch Anlage 6)

28 Pilz 1994, a.a.O., auf: www.hooligans.de/info_ueber/Uber_Hooligans/Wissenschaftliche_Texte/Praktische_Arbeit/praktische_arbeit.html

29 Gehrmann/Schneider 1998, S. 58, a.a.O.

30 Gehrmann/Schneider 1998, S. 58, a.a.O.

31 vgl. Lösel/Bliesener, zit. auf: www.provif.de/data_d/hool_d.html

3.4 Auf gute Feindschaft: Das deutsch-holländische (Fußball-)Verhältnis

> *„Eine besondere Schwierigkeit im vorliegenden Fall* [gemeint ist das Freundschaftsspiel der Nationalmannschaften von Deutschland und Holland am 24.4.1996 in Rotterdam und die im Zuge dieses Spieles stattgefundenen schweren Ausschreitungen der Hooligans, Anm. d. Verf.] *ist, daß es in Deutschland mindestens zwei verschiedene Reaktionsweisen gab: Erstens die, die sich bestätigt sahen, daß der Schoß, aus dem das faschistische Unheil kroch, immer noch fruchtbar ist; und zweitens die, die sich bestätigt fühlten, daß die Käsköpp die miesesten Gegner sind, die einem im Fußball gegenüberstehen können. Beiden Gruppen, im Gegensatz traulich vereint, lassen sich auch als ‚die guten und die bösen Deutschen' unterscheiden."*[32]

Unter den Fan-Projektlern und den Hooligan-Gruppen ist man sich einig: Das Verhältnis zwischen deutschen und niederländischen Fans und Hooligans ist sehr kritisch. Der gegenseitige Hass ist schier unbremsbar. Nicht nur bei Nationalmannschaftspielen, sondern auch bei Mannschaftsspielen (im Zuge der Champions-League, des Europapokals etc.), wird das Aufeinandertreffen der beiden Nationen immer wieder zum Anlass genommen, diesem Hass zu frönen. Ausschreitungen sind an der Tagesordnung.

Wie es zu diesem Hass kam, ist wohl in der Geschichte der Länder begründet. Und dabei ist nicht nur die Geschichte von Deutschland (Verursacher zweier Kriege, Völkermord und Besetzer von den Niederlanden) gemeint, sondern auch die Geschehnisse der letzten drei Jahrzehnte im deutsch-holländischen Fußball. Schulze-Marmeling sieht den Beginn der Konkurrenz (sowohl bei den Spielern als auch auf den Rängen) in den 70er Jahren, als sich die Niederlande *„endgültig unter den besten europäischen Fußballnationen etabliert"*[33] hatte, denn 1974 schaffte es die niederländische Nationalmannschaft ins Finale der WM, die in Deutschland stattfand, und unterlag dort – spielerisch und technisch besser – dem Gastgeberland 1:2. Von niederländischer Seite war die Niederlage bald abgehakt, stand man doch der ‚neuen Generation Deutscher' gut gesinnt gegenüber. Und auch von Seiten der Deutschen war man nicht von *„Revanchegelüsten"* geplagt, schätze man doch im Zuge der `68-Bewegung das liberale Holland und baute außenpolitisch auf europäische Völkerverständigung.[34]

Zu einer deutlichen Veränderung der Einstellungen kam es – so Schulze-Marmeling – erst, als die deutsch-holländischen Begegnungen nicht mehr allein als fußballerische Ereignisse begriffen wurden, sondern eine Politisierung des Geschehens stattfand. Begonnen hatte diese Politisierung in Holland. Als 1978 die Niederlande erneut Vizeweltmeister wurden, wurde die Niederlage von `74 *„doch nicht so problemlos überwunden"*[35] und als unglücklich und ungerecht empfunden. Als dann 1988 (also erst 14 Jahre nach der unschönen Niederlage) die niederländische Elf das BRD-Team bei der EM – wiederum in Deutschland – schlug, war das für die Niederländer eine derartige Genugtuung, dass sich 9 Millionen Menschen (d.h. über 60% der Bevölkerung) auf den Straßen und Marktplätzen versammelten und den „historischen" Sieg feierten. Dieser Sieg war für die Holländer mehr als ein sportlicher Erfolg, es war auch ein Sieg über die ehemaligen Besatzer. So sangen die Menschen auf den Straßen: *„1940 kamen sie, 1988 kamen wir, Holadiay, Holadio.".* Und auch die Spieler hatten jeden Respekt vor ihren deutschen Kollegen verloren, so wischte sich Roland Koeman mit dem Trikot von Olaf Thon[36] demonstrativ den Allerwertesten ab[37]. Warum es zu dieser Politisierung und Verschärfung der Fußballspiele kam, sieht Schulze-Marmeling vor allem in der Veränderung der politischen Rahmenbedingungen: Die Deutschen gaben durch ihre wirtschaftlichen Erfolge ihre Zurückhaltung immer mehr auf und drängten in den Vordergrund, die Töne gegenüber den Niederlanden wurden schärfer, für die Holländer waren die Deutschen wieder hässlicher und provozierender geworden.[38]

(Holländische Fans, aus: Becker/Pilz 1988, S. 97, a.a.O.)

In Anlehnung an Schulze-Marmeling führen Gehrmann/Schneider die Fußballrivalität beider Länder auch auf die Politisierung des Fußballs zurück. Sie gehen davon aus, dass sich in der holländischen Gesellschaft eine allgemeine Deutschfeindlichkeit[39] ausgebreitet hat, die sich auf den Fußball überträgt. So heißt es: „*Denn während der ‚Moffen-Haß' in Holland extrem weit verbreitet ist, ist in Deutschland (zumindest abseits vom Fußball) das Gegenteil der Fall: Außer in den Urlaubsmonaten, wenn sie mit ihren Caravans die deutschen Autobahnen blockieren, können die Niederländer machen, was sie wollen, die Deutschen nehmen ihnen nichts übel. Nach einschlägigen Umfragen sind den Deutschen unter ihren neun Nachbarvölkern die Niederländer am liebsten.*"[40] Mag wohl daran liegen, dass sich Holländer und Deutsche so ähnlich sind.

Nun wollen wir die Ereignisse aus deutscher Sicht betrachten: Viele Deutsche nehmen es den Niederländern übel, dass die Niederländer die Besetzung von Holland durch die Deutschen zum Anlass nehmen, um „*moralische Überlegenheit zu demonstrieren. 'Die Niederländer und die Juden haben es gut. Sie sind verfolgt worden, während wir armen Schweine die Verfolger waren, die nun ständig dafür büßen müssen.'* "[41] Hatte also der 2. Weltkrieg für die Niederländer eine identitätsstiftende

Wirkung – war er doch der ausschlagende Anlass für den Zusammenschluss des Ostens, des Südens und Hollands zu den Niederlanden – ist es für viele Deutsche vielmehr ein Zeit, die man aus der Geschichte streichen und über die man nicht reden will.[42] Hinzu kommt, dass die chauvinistischen Züge der deutschen Fans dazu führen, dass gerade die Spieler surinamscher[43] Abstammung bei den niederländischen Mannschaften eine zusätzliche Angriffsfläche bieten.

Ein weiterer Eklat ereignete sich 1990 bei der WM in Italien. Beim Spiel gegen die Niederlande gewann Deutschland 2:1. Berühmt wurde das Spiel weniger wegen seiner fußballerischen Leistungen, sondern eher durch die „Spuck-Affäre". Schulze-Marmeling schreibt: „Als Völler und Rijkaard, die sich zuvor wiederholt behakt hatten, gemeinsam vom Platz gestellt wurden, rotzte der Niederländer in des Deutschen Lockenpracht. Nach dem Schlußpfiff kam es entlang der deutsch-niederländischen Grenze zu schweren Auseinandersetzungen."[44] Dieses Ereignis wird auch heute immer wieder aus deutscher Sicht zum Anlass genommen, den Hass gegen die Holländer zu rechtfertigen. Und auch die Pfeifkonzerte und „Affengeräusche" von Deutschen, wenn dunkelhäutige Spieler den Platz betreten – Rijkaard ist nämlich surinamscher Herkunft –, sind dadurch besonders bei Spielen gegen holländische Mannschaften beliebt geworden.

1992 schließlich, bei der EM in Schweden, verloren die Deutschen gegen die Niederländer souverän 3:1 und gingen ins Finale gegen Dänemark[45]. Im Vorfeld des Spieles gegen Deutschland kam es zu schweren Ausschreitungen der Hooligans beider Länder. Weiterführen kann man die Aufzählung mit dem Europapokalspiel Feyenoord Rotterdam – Werder Bremen 1994 und dem „Freundschaftsspiel" der Nationalmannschaften Deutschlands und Niederlands 1996 – beide in Rotterdam –, bei denen es zu schweren Ausschreitungen beider Fan-Anhänge kam. Besonders beim letzteren Spiel – dem Freundschaftsspiel – war im Vorfeld eine derartige aggressive Stimmung, dass „viele Fans, die sonst zu Länderspielen reisen, dieses Spiel in Rotterdam offenbar mieden: Vergleichsweise wenige ‚Neckermänner', normale Fußballreisende, praktisch keine Frauen und Mädchen waren im Stadion von Rotterdam zu sehen."[46] Thomas

Schneider schreibt über dieses Spiel weiter: „Selten zuvor bei Länderspielen, auch nicht beim Länderspiel Niederlande – Deutschland `89, habe ich eine dermaßen offenkundige aggressive Grundstimmung erlebt. Keine Deutschland-Fahnen oder –Fanutensilien waren sichtbar. Die Anzahl kahlköpfiger Kleiderschränke war erschreckend hoch. [...] Übelstes Volk, Berliner Türsteherszene. Haufenweise Abgedrehte."[47]

Schulze-Marmeling kommt zu dem Ergebnis, dem ich mich abschließend auch anschließen will, dass es zur Deeskalierung der Gewalt zu einer *„Entpolitisierung derartiger Ereignisse bzw. deren Neupolitisierung unter anderem Vorzeichen: Völkerverständigung und Antirassismus"*[48] kommen muss. Das dies, betrachtet man u.a. die mediale Aufmachung der „historischen Rivalität" der beiden Nationen, nicht einfach werden kann, ist verständlich. Jedoch sollte man, im Hinblick auf die steigenden Entgleisungen und immer stärkeren Verletzungen bei Ausschreitungen, dieses Ziel nicht fallen lassen.

---

32 Gehrmann/Schneider 1998, S. 191, a.a.O.

33 Schulze-Marmeling, Dietrich: Die deutsch-niederländische Fußballkonkurrenz, in: KOS-Schriften 8, Frankfurt a. M., 2000, S. 85

34 vgl. Schulze-Marmeling 2000, S. 86, a.a.O.

35 Schulze-Marmeling 2000, S. 86, a.a.O.

36 Es ist Brauch nach Spielende die Trikots mit der gegnerischen Mannschaft zu tauschen.

37 Nach dieser Aktion verweigern die deutschen Spieler bis heute bei Matches gegen die Holländer den Trikottausch.

38 vgl. Schulze-Marmeling 2000, S. 88, a.a.O.

39 Nachgewiesen wurde die holländische Deutschfeindlichkeit von der bekannten Clingendael-Studie von 1993, die zu dem Ergebnis kam, dass *„die Einstellung von (holländischen) Jugendlichen zu Deutschen und Deutschland im Vergleich mit der Einstellung zu anderen EG-Ländern und –Völkern mit Abstand am negativsten ist, nämlich mit 56%. Große Mehrheiten sehen Deutsche als dominierend und arrogant an (71%), beinahe die Hälfte betrachtet Deutschland als ‚kriegslustig' (46%) und als ‚ein Land, das die Welt beherrschen will' (47%)."* (aus Gehrmann/Schneider 1998, S. 195, a.a.O.). Gehrmann/Schneider gehen davon aus, dass es sich dabei um ein

unwahres „*nationalistisches Vorurteil*" aufgrund von wenig Sachkenntnis handelt, das besonders beim Fußball gepflegt wird. (vgl. Gehrmann/Schneider 1998, S. 202, a.a.O.)

40 Gehrmann/Schneider 1998, S. 200, a.a.O.
41 Schulze-Marmeling 2000, S. 89, a.a.O.
42 vgl. Schulze-Marmeling 2000, S. 89, a.a.O.
43 Gemeint sind die dunkelhäutigen Einwanderer aus Surinam, einem Staat im Norden des südamerikanischen Kontinents. In den Niederlanden gibt es sehr viele Surinamer, da Surinam eine holländische Kolonie war.
44 Schulze-Marmeling 2000, S. 91, a.a.O.
45 Überraschenderweise gewann dann Dänemark das Finale, und der erklärte Favorit Niederlande wurde erneut Vize-Europameister.
46 Gehrmann/Schneider 1998, S. 186, a.a.O.
47 Schneider, zit. aus: Gehrmann/Schneider 1998, S. 186f., a.a.O.
48 Schulze-Marmeling 2000, S. 92, a.a.O.

3.5 Frauen in der Fußballfan- und Hooliganszene

> *"Ick merk bloß immer, daß wir Weiber wenn wir unsne ich sag wirklich, wir werdn immer schnell hysterisch, ey. Bei jedem bißchen machen wir n Elefanten draus. S is bei uns det Schlimme, [...] seh ick bei mir immer (.) Und die bleibn immer janz cool (imitierend) ‚naja is jut' (.)"*[49]

Um eines gleich klarzustellen: Nicht die Frauen sind das Problem in der Fußballfan- und Hooliganszene, sondern ihr geringer Anteil in den beiden Szenen, denn Frauen spielen vor allem in der Hooliganszene eigentlich keine Rolle. Meiner Meinung nach liegt das an zwei Gründen:

1. an der Männlichkeits- und Körperlichkeitsideologie der (männlichen) Hooliganszene (nachzulesen in Kapitel 2.4.9) und
2. an dem offenen, versteckten und ausschließenden Sexismus[50], der den weiblichen Fans und demnach auch den weiblichen Hooligans im Stadion widerfährt.

Mit diesen beiden Punkten möchte ich mich im Folgenden beschäftigen.

Wie schon erwähnt beträgt der Frauenanteil in der Fußballgewaltszene ca. 10-15%, die jedoch selbst zu einem geringen, wenn auch steigenden, Teil gewaltbereit sind.[51] Pilz schreibt den Frauen dabei nicht nur eine zurückhaltende und schlichtende Rolle zu, sondern sie sind eben auch „als Anhängsel" ein aktiver Verstärker der männlichen Hooligans. Pilz schreibt: *„Die Mädchen und Frauen spielen somit auch in der Gewaltszene der Fußballfans nicht mehr nur eine passive oder gar mäßigendhemmende Rolle, sondern auch eine unterstützende und zunehmend selbst-aktive Rolle."*[52] Trotzdem, auch wenn die Aktionen der Frauen steigend sind, ist es doch immer noch ein sehr geringer Teil, der aktiv in der Hooliganszene, ja selbst in der Fußballfanszene dabei ist. Keine geringe Rolle dabei spielt die Männlichkeits- und Körperlichkeitsdenken der Hooligans. In Kapitel 2.4.9 hatte ich schon festgestellt, dass die überidealisierte Maskulinität und die Betonung der Trennung von

Geschlechterrollen in den „working class"-Schichten die Ursachen für die männliche Dominanz in Hooligan-Gruppen darstellen. Gehrmann/Schneider sprechen sogar von einem offenen Ausschluss der Frauen, den die wollen ihnen ja nur *„an die Eier!"*[53] Die Reaktionen der Männer sind wahrlich simpel – Gehrmann/Schneider: *„Dieses soll auch den ‚eigenen' Frauen nicht gestattet werden! Männerbündische Gesellungsformen, aus denen die Frauen ausgeschlossen sind, werden hochgehalten."*[54] Frauenfeindliches Verhalten ist der vehemente Versuch der Männer sich ihre letzte – eigentlich schon verlorene – Bastion Fußballstadion zu erhalten. Frauen sind schon heute aus den Stadien nicht mehr wegzudenken, und irgendwie gibt es keinen Ort mehr, wo mann wirklich Mann sein kann (auch wenn dies „nur" grölen, johlen, saufen und prügeln ist). Darauf reagieren Männer verstört und aggressiv, so Claudia Pöhland[55].

(Stuttgart-Fans am Rande des Spieles VfB Stuttgart – FC Hansa Rostock am 26.04.03)

Womit wir auch schon bei Punkt zwei wären: dem Sexismus im Stadion. Hagel/Wetzel schrieben: „Dabei sind die Zusammenhänge zwischen Sexismus, der im Fußballstadion erfahren wird, und der geringen Teilnahme von Frauen und Mädchen an der Fußballfanszene offensichtlich."[56] Dabei kann der Sexismus direkt und offen sein (z.b. durch Hinterherpfeifen, Begrapschen oder Lieder mit sexistischem Inhalt) oder es kann versteckter Sexismus sein (z.b. leicht bekleidete Frauen im Stadion bei Fußballübertragungen oder auf Plakaten und das damit vermittelte Frauenbild) und schließlich gibt es noch den ausschließenden Sexismus (z.b. Bezeichnung der Fans als „12. Mann").[57] Angesichts der Rolle der der Frau im Stadion zugewiesen wird, nämlich Sexobjekt, Störfaktor, hysterisches Weib, Anhängsel eines Mannes oder männerverschlingendes Luder, ist es wahrlich nicht leicht für eine Frau sich in der Fußballfanszene wohl zu fühlen. Hinzu kommt, dass ihr der sportliche Sachverstand völlig abgesprochen wird. Pöhland nennt dazu ein Beispiel: „Interessant waren sicherlich auch die Reaktionen der selbsternannten ‚Fachmänner' auf die erste Managerin im bezahlten deutschen Fußball, Britta Steilmann von der SG Wattenscheid 09. Da wurde Gift und Galle gespuckt, als eine fachlich kompetente Geschäftsfrau die wirtschaftlichen Geschicke des Vereins in die Hand nahm. Gleich darauf auch noch eine Trainerentlassung – viele dieser verstockten Herren sahen wohl schon einen Suffragettenschwarm und damit den Untergang der Männerdomäne Fußball nahen."[58]

Pöhland und auch Hagel/Wetzel kommen übereinstimmend zu dem Schluss, dass Frauen ein größerer Platz im Stadion geschaffen werden muss, wo sie sich nicht den oben erwähnten Rollen anpassen müssen, sondern ihre eigene ‚weibliche' Form des Fan-Daseins ausleben können. In der Öffentlichkeit (vor allem in den Medien) müsse des weiteren darauf geachtet werden, dass das Bild, das von Frauen im Zusammenhang mit Fußball erschaffen wird, nicht weiter auf der alten Schiene fährt und die Frau endlich als kompetente, fußballinteressierte Zuschauerin ernst nimmt. Und dafür reicht es nicht aus, auch mal Frauen die Sportnachrichten vortragen zu lassen.

49	Freundin eines Hooligans, zit. aus: Bohnsack u.a. 1995, S. 94f., a.a.O.
50	anknüpfend an die Begrifflichkeiten von Hagel/Wetzel in: Hagel, Antje/Wetzel, Steffie: Sexismus im Stadion. Das Stadion – Raum für Frauen?, in: Dembowski/Scheidle (Hrsg.) 2002, S. 147-156
51	vgl. Pilz 1994, a.a.O., auf: www.hooligans.de/info_ueber/ Uber_Hooligans/Wissenschaftliche_Texte/Praktische_Arbeit/praktische_arbeit.html
52	Pilz 1994, a.a.O., auf: www.hooligans.de/info_ueber/Uber_Hooligans/Wissenschaftliche_Texte/Praktische_Arbeit/praktische_arbeit.html
53	Gehrmann/Schneider 1998, S. 139, a.a.O.
54	Gehrmann/Schneider 1998, S. 139, a.a.O.
55	Pöhland, Claudia: Fußball – Fans – Frauen, in: Schulze-Marmeling, Dietrich (Hrsg.) 1995, S. 103, a.a.O.
56	Hagel/Wetzel 2002, S. 147, a.a.O.
57	vgl. Hagel/Wetzel 2002, S. 148ff., a.a.O.
58	Pöhland 1995, S. 106, a.a.O.

4 Prävention von gewalttätigem Zuschauerverhalten

In diesem dritten und abschließenden Teil möchte ich mich der praktischen Arbeit mit dem Hooliganismus beschäftigen. Meines Erachtens versteht sich Prävention von Zuschauerausschreitungen nicht nur als Arbeit mit Hooligans, sondern auch als Arbeit mit den „normalen" Fans. Das liegt an zwei Gründen: Erstens sind die Grenzen zwischen Hooligans und Fans nur schwer zu ziehen, es gibt viele Überlappungen, und zweitens bedeutet ja Prävention eine Verhinderung von Gewalt durch Vorbeugung, d.h. gerade junge Leute, die noch nicht straffällig geworden sind, aber Affinitäten zum Hooliganmilieu aufweisen, sind hier von Interesse.

Nicht nur in der Sozialarbeit wird versucht, der Gewalt in den (deutschen) Stadien Einhalt zu gebieten. Trotzdem soll die Sozialarbeit mein erster und umfangreichster Punkt dieses Kapitels darstellen, nicht nur aus dem Grund, dass meine zukünftige Arbeit darin liegen könnte, sondern weil es meiner Meinung nach die effektivste Arbeit in diesem Zusammenhang ist. Aber auch die anderen Institutionen, die sich dem Thema Prävention von Hooliganausschreitungen widmen, sollen hier nicht außen vor gelassen werden. Darum werde ich mich nach der Sozialarbeit der Polizei, den Stadionordnungen, den Ordnern und ihren Aufgaben und schließlich den Vereinen und dem DFB annehmen.

Einleiten will ich nun mit dem Beschluss der Sportministerkonferenz zum Problembereich „Gewalt im Sport und Sicherheit bei Sportveranstaltungen" vom 09.06.1991. Darin heißt es:

„Die Sportminister der Länder empfehlen, der Problematik von Ausschreitungen Jugendlicher im Rahmen von Sportveranstaltungen dreifach zu begegnen.

Der Prävention kommt bei allen Maßnahmen besondere Bedeutung zu.
1. Die sozialen Rahmenbedingungen für ein jugendgemäßes Leben in der Gesellschaft sind zu überdenken – falls erforderlich – zugunsten jugendlicher Interessen zu verändern. Dazu zählen mit längerfristiger Wirkung:

- die Überprüfung gesetzlicher Vorgaben im Bereich von Ordnungs- und Jugendrecht;
- gewaltmindernde Einflußnahme durch Erziehung und schulische Begleitung sowie in der Berufsausbildung;
- das Weiterentwickeln von Angeboten für eine sinnvolle Freizeitgestaltung;
- die Schaffung von ausreichenden Bewegungsräumen für jugendgemäße Freizeitgestaltung, insbesondere im urbanen Nahbereich, und Berücksichtigung dieser Aspekte in den einschlägigen;
- Planungen der Städte und Gemeinden;
- die Forcierung eines familiengerechten, großzügig mit Bewegungs- und Spielräumen ausgestatteten Wohnungsbaues;
- die Schaffung von Spielstraßen in innerstädtischen Räumen;
- die Aufnahme bzw. verstärkte Berücksichtigung der Bewegungs- und Sporterziehung in die Ausbildungsordnungen für Erzieherinnen und Erzieher, Sozialarbeiterinnen und Sozialarbeiter sowie verwandter Berufe.
2. Die Möglichkeiten des Sports müssen genutzt werden, um integrativ auf jugendliche Randgruppen der Gesellschaft zu wirken.

Dazu gehören:
- verstärktes und innovatives Erarbeiten und Verwirklichen von Angeboten durch Sportorganisationen und Sportvereine mit dem Ziel, jugendgemäßes Gemeinleben zu entwickeln;
- Stärkung, Ausbau und Unterstützung von speziellen Jugendprojekten (Fan-Pro-jekten);
- Vernetzung von kommunaler Jugendarbeit und Sportangeboten örtlicher Sport-vereine;
- Bemühungen um die Erhaltung der für jugendgemäßes Verhalten notwendigen Stehplatzbereiche in Sportstätten;
- mit den Sportfachverbänden (insbes. Fußballbund und Bundesligavereinen) abgestimmte Entwicklung von besonderen Betreuungsangeboten für Jugendgruppen.

3. Durch ordnungspolitische, sicherheitstechnische und baufachliche Maßnahmen sind die Voraussetzungen für gewaltfreie Sportveranstaltungen zu verbessern.

Dazu gehört:

- ein berechenbarer und situativ angemessen Einsatz von Sicherheitskräften;
- eine im Vorfeld von Großveranstaltungen zu leistende Aufklärungsarbeit mit gemeinsam von Ordnungskräften, Sportvereinen und -verbänden sowie jugend-sozialen Einrichtungen abgestimmten Formen und Inhalten;
- das Weiterentwickeln sicherheitstechnischer Möglichkeiten zur Verbesserung der Sicherheit für Sportler und Zuschauer;
- die bevorzugte Förderung des Sportstättenbaus in den neuen Ländern und Berlin in bezug auf sicherheitstechnische Maßnahmen."[1]

4.1 durch die Sozialarbeit

Sozialarbeit hat viele Aspekte und Fachrichtungen. Im Zuge der Arbeit mit Hooligans kommt vor allem die Jugendarbeit zum tragen. Die Jugendarbeit ist wiederum ebenfalls sehr vielseitig und umstritten, das soll aber nicht Thema dieser Abhandlung sein. Vielmehr möchte ich die einzelnen sozialarbeiterischen Möglichkeiten im Bereich gewaltbereiter (junger) Fußballfans vortragen, die zum Teil schon an die 30 Jahre genutzt werden. Durch den relativ langen Zeitraum haben sich sehr viele Konzepte in diesem speziellen Bereich herausgebildet. So wird z.B. aufsuchende Arbeit (früher „streetwork") bei den Fan-Projekten angewendet, akzeptierende Jugendsozialarbeit ist bei den zum Teil politisch extremen Jugendlichen notwendig und auch die Sportsozialarbeit (so z.B. bei der Fan-Liga und den -Turnieren) hat ihren Platz in diesem Geflecht. Inwieweit diese Maßnahmen erfolgreich sind, will ich nun versuchen zu erläutern. Kritische Anmerkungen dürfen dabei natürlich nicht fehlen.

4.1.1 Fan-Projekte

> *„Die Jugendarbeit muß daran gemessen werden, ob es ihr gelingt, durch ihr sozialpolitisches, wie auch sozialpädagogisches Engagement die Welt der Jugendlichen auch schon ein wenig lebenswerter zu machen und den Dialog mit der Jugend im Rahmen der hier geforderten Anstrengungen zu führen. Und sollte sich in dieser Richtung etwas bewegen – unsere bisherigen Erfahrungen im Fan-Projekt lassen uns durchaus optimistisch in die Zukunft blicken – dann hat sich das Engagement allemal gelohnt. Dies ist mein persönliches Resümee aus zehn Jahren Fan-Projekt-Arbeit. Wer nicht auf den großen Wurf hofft und glaubt mit einem Mal das Problem von Gewalt und Fremdenfeindlichkeit lösen zu können, wer bereit ist kleine Schritte zu gehen, den Dialog mit der Jugend zu führen, der wird trotz vieler Entbehrungen und Enttäuschungen auch in der Jugendarbeit mit gewaltfaszinierten Jugendlichen Erfolgserlebnisse einfahren. Es lohnt sich allemal sich in der Jugendarbeit zu engagieren."*[2]

Im Jahre 1979 wurde vom Bundesministerium des Inneren das Gutachten Sport und Gewalt in Auftrag gegeben, das schließlich 1982 veröffentlicht wurde. In Anlehnung an dieses Gutachten, was u.a. in der Arbeit mit Fans einen zielgruppenorientierten Einsatz von Sozialarbeitern in der Fanszene forderte[3], wurde 1981 das erste deutsche Fan-Projekt in Bremen gestartet. Der Bremer „Gründervater" Dr. Narciss Göbbel leistete damals Pionierarbeit.[4] Ab Mitte der 80er Jahre schlossen sich seinem Modell-Projekt mehrere Bundesligastädte an, und so entstanden u.a. in Hamburg, Hannover, Bielefeld, Dortmund und Karlsruhe (die Liste ist nicht abschließend) ähnliche Fanprojekte. Im Jahre 1993 wurde das Nationale Konzept Sport und Sicherheit (NKSS) eingeführt, die den Fanprojekten der Bundesliga verlässliche Finanzierungszusagen gab. Dadurch stieg die Zahl der Fanprojekte von 12 (1993) auf über 30 (2002). Gleichzeitig entstand mit dem NKSS die Koordinationsstelle Fan-Projekte (KOS) bei der DSJ (Deutsche Sportjugend), welche die Vernetzung und Vereinheitlichung der Fan-Projekt-Arbeit sicherstellte und sicherstellt.[5]

Im NKSS wurden folgende Ziele der Fanprojektarbeit formuliert:

- „Eindämmung von Gewalt, Hinführung zu gewaltfreier Konfliktlösung, Stärkung von Selbstregulierungsmechanismen (dies bedeutet auch: Schaffen von Schuldgefühlen bei Gewaltanwendungen!);
- Abbau extremistischer Orientierungen, sowie delinquenter oder Delinquenz begünstigender Verhaltensweisen;
- Steigerung des Selbstwertgefühl und der Verhaltenssicherheit bei jugendlichen Fuß-ballanhängern, Stabilisierung von Gleichaltrigengruppen;
- Schaffung eines Klimas, in dem gesellschaftliche Institutionen zu mehr Engagement für Jugendliche bewegt werden können;
- Rückbildung jugendlicher Fußballanhänger an ihre Vereine."[6]

Zur Erreichung dieser Ziele ist für das NKSS und auch für Pilz folgendes notwendig:

- „die Teilnahme an der Lebenswelt der Fans und Hooligans (nicht nur am Fußballwochenende!);
- Organisation von Jugendbegegnungen (auch und besonders von Begegnungen mit ausländischen Jugendlichen);
- Bildungsarbeit (Bildungsurlaube, Seminare, Gesprächsreihen zwischen Jugendlichen und „Erwachseneninstitutionen" z.B. Polizei, Medien, Verein, Schule usw.);
- kulturpädagogische Arbeit (z.B. Aufbrechen von fremdenfeindlichen Gesinnungen, Anregung von Diskursen über Sinn- und Wertfragen z.B. Entwicklung des Profifußballsports);
- Gewährung anlaßbezogener Hilfe (Einzelfallhilfe, Zusammenarbeit mit Beratungseinrichtungen, ohne dabei Gefahr zu laufen, in eine „Pädagogik der Folgenlosigkeit jugendlicher Gewalt" zu verfallen);
- Schaffung von Freizeitangeboten (vor allem auch im Sport- und – allgemeiner – Be-wegungsbereich);
- Unterstützung von Fußballfans bei der Selbstorganisation z.B. bei Gründung eines Fanclubs, Organisation von Auswärtsfahrten, Herausgabe eigener Fanzines);

- Aufbereitung und Dokumentation regionaler und lokaler Entwicklungen in den unterschiedlichen Jugendkulturen;
- Öffentlichkeitsarbeit (nicht nur über Medien, sondern auch in Schulen, Vereinen, Verbänden);
- Teilnahme an der „Arbeit des Regionalausschusses Sport und Sicherheit".[7]

Mittlerweile haben sich diese grundlegenden Ziele und Arbeitsbereiche bei den Fan-Projekten etabliert. Im Moment vollzieht sich in der Fan-Projekt-Arbeit ein Paradigmenwechsel. Da anfangs die Arbeit der Fan-Projekte nur daran gemessen wurde, ob sie die Gewalt in Stadion einschränken könne, wurde die traditionelle Fan-Szene, die Kutten-Szene, zunächst vernachlässigt, und die Arbeit mit Hooligans stand mehr im Vordergrund. Neure Entwicklungen gehen nun dahin, dass die Hooligans nicht mehr den Schwerpunkt der Arbeit ausmachen (sie werden aber nicht ausgegrenzt).[8] Begründet wird diese Veränderung des Schwerpunktes wie folgt: *„Die Sozialarbeiter/-innen müssen vor allem sehr darauf bedacht sein zu verhindern, daß sie sich von den Hooligans ‚instrumentalisieren' lassen, quasi logistische Hilfestellung bei deren Gewalttouren leisten, bzw. nur noch dafür da sind, die Folgen des Gewalthandelns der Hooligans in Form einer Schadensbegrenzung möglichst gering zu halten. Genau dieser Gefahr setzen sich Sozialarbeiter aus, wenn sie die Hooligans bei deren Gewalttouren auf Auswärtsfahrten begleiten."*[9] Die aufsuchende, akzeptierende Jugendsozialarbeit mit Fußballfans richtet sich mittlerweile also mehr an die gewaltgeneigten Kuttenfans (Kategorie B), um deren weitere Kriminalisierung und die Gefahr des weiteren Abrutschens in die Gewaltkreisläufe zu verhindern. D.h. präventive Arbeit tritt mehr in den Vordergrund. Ganz wichtig dabei ist für Pilz die Betonung, dass *„die Neutralisierungstechniken und Entschuldigungsversuche junger Gewalttäter"*[10] nicht toleriert werden dürfen. Vielmehr sollen diese Techniken aufgebrochen werden und die Sozialarbeiter sollen den Jugendlichen immer wieder vermitteln, dass ihre Taten unrecht sind und Konsequenzen nach sich ziehen werden. Pilz fordert auch, dass die eigenen pädagogischen Maßnahmen immer wieder hinterfragt werden müssen, ob sie den Neutralisierungstechniken und Entschuldigungsversuchen Vorschub leistet oder auch die Schuldgefühle bei Gewalttätern und Fremdenfeindlichkeit verringert.[11]

Mit Hinblick auf diese neue Sichtweise hat Pilz folgende Forderungen an die Fan-Arbeit gestellt:

- „Fan-Arbeit darf nicht selbstzufrieden zur Routine-Arbeit werden, wenn eine scheinbar hinreichend große Zahl von Fans bestehende Angebote regelmäßig wahrnimmt. (Das Augenmerk muß auch denen gelten, die die Angebote nicht wahrnehmen, die bislang nicht erreicht wurden; die Tatsache, daß bestimmte Angebote wahrgenommen werden, darf nicht dazu führen, auf neue andere Angebote zu verzichten)
- Veränderungen in der Fan-Szene müssen auf ihre Hintergründe und Perspektiven befragt werden, Ausgrenzungs- oder Begrenzungsprozesse müssen in kritischer Arbeit erkannt und bewußt gemacht werden.
- Fan-Arbeit muß einen kulturelle Isolierung vermeiden, muß versuchen, die kulturelle Eigenwelt der Fans durch Elemente der Erwachsenenwelt zu ergänzen; dies kann politisch- und kulturell-bildende Ziele verfolgen, muß aber genau so z.B. die Integration in den Verein anstreben. Falsche oder übertriebene Pädagogisierungen können hier allerdings auch das Gegenteil bewirken.
- Im Hinblick auf die Mittlerfunktion der Projektarbeit sind die Arbeitsansätze gegenüber der Polizei und gegenüber dem Verein fortzusetzen und weitere Verbesserungen im Interesse der Fans zu erreichen.
- Die Akzeptanz des Fan-Projektes im Stadion (Bauwagen, Fan-Info), bei der Fan-Liga und Fan-Turnieren ist überaus groß. Auch der Fan-Laden erweist sich immer mehr als Anlaufstation für Fans und (mehr noch) Hooligans im Sinne einer offenen Türarbeit. Dies darf jedoch nicht darüber hinwegtäuschen, daß bezüglich der aufsuchenden Jugendarbeit, der lebensweltorientierten Jugendarbeit in den Stadtteilen, Orten der Fans noch Defizite bestehen. Fan-Arbeit kann und darf sich nicht auf das Stadion, das Fußballwochenende und den Fan-Laden, sowie FanTurniere, Fan-Liga beschränken. Dies um so mehr, als die Jugendlichen verstärkt ihre action nicht mehr nur auf das Fußballwochenende beschränken, sondern auch unter der Woche in ihren Stadtteilen, Wohnorten aktiv sind, sich mit anderen Jugendkulturen vermischen oder gar gegen andere Jugendkulturen agieren, ja sich mittlerweile ein neuer Trend fest-

machen läßt weg von den gut bewachten Bundesligaspielen hin zu den regionalen Fußballspielen mit ihren traditionellen Lokalderbys. Die Fußball-Oberliga beginnt der Bundesliga in bezug auf die Attraktivität für die Fans und Hooligans den Rang abzulaufen.

- Die Möglichkeiten politischer Einflußnahme gilt es in Zukunft stärker auszuloten, verstärkt zu nutzen."[12]

So werden auf ihre eigene Art in den Fan-Projekten die wichtigsten Aspekte der offenen Jugendarbeit, d.h. Alltagsorientierung (Jugendarbeit als alltagsorientierte Arbeit), Beziehungsarbeit (Herstellung klarer, vertrauter Beziehungen zwischen Jugendarbeiter und Jugendlichen) und Stadtteilbezug (Arbeit im alltäglichen Lebensraum der Jugendlichen mit ihren Alltagsproblemen und –ressourcen), verwirklicht.

Zum Schluss möchte ich noch ein paar kritische Aspekte der Fan-Projektarbeit zusammentragen. Zunächst einmal besteht eine große Gefahr der akzeptierenden Sozialarbeit darin, wie schon Pilz erwähnt, dass sie zu einer *„Pädagogik der Folgenlosigkeit oder Verharmlosung, ja sogar stillschweigenden Tolerierung jugendlichen Gewalthandelns degenerieren"*[13] kann. Da Hooligans dazu neigen, ihre eigenen Handlungen zu verharmlosen, sie auf übermäßigen Alkoholkonsum, auf gruppendynamische Zwänge, Konformitätsdruck, auf gesamtgesellschaftliche Verhältnisse, auf vorangegangene Provokationen oder auf Belästigungen und Gewaltanwendungen der anderen zurückzuführen und die eigene Fremdenfeindlichkeit negieren, muss es Aufgabe der Sozialarbeit sein, diese Entschuldigungsversuche zu durchbrechen und den jugendlichen Tätern ihre Schuld vorzuführen. Auch das muss Aufgabe der „akzeptierenden" Jugendarbeit sein.

Des Weiteren warnt Giese (1983) vor der Gefahr der wachsenden Pädagogisierung, Therapeutisierung und Kolonialisierung jugendlichen Verhaltens. Denn das trägt nicht selten dazu bei, dass die eigentlichen Ursachen nicht aufgedeckt oder gar nicht beseitigt werden, in die pädagogische Handlungsstrategien einbezogen sind. Gerade bei der Arbeit mit den Fußballfans, deren Gewaltausbrüche ein starkes Echo in der Öffentlichkeit erfahren, soll die Sozialarbeit „Feuerwehrmann" spielen, d.h. retten, was noch zu retten ist.[14] Sozialarbeiter sollen also mal wieder nur die Folgeschäden beseitigen, anstatt dass die wirklichen Ursachen und Bedingungen für delinquentes Verhalten bekämpft werden.

Kirsch äußert weiterhin in seiner Kritik den Zweifel, ob Fan-Projekte überhaupt einen Erfolg verbuchen können. Seinen Erfahrungen nach erreichen die Sozialarbeiter weder die Kategorie-C-Fans noch den gefährlichen Teil der gewaltgeneigten Kuttenfans (Kategorie-B-Fans). So kommt Kirsch zu dem Schluss: *„Insoweit handelt es sich bei den erwähnten Fanprojekten offensichtlich um Maßnahmen, die die Öffentlichkeit nach dem Motto beruhigen soll, daß ‚irgend etwas' von den Beteiligten gegen Gewalt unternommen wird. Letztlich, so ist mein Eindruck, geht es im wahrsten Sinne des Wortes um ABM (Arbeitsbeschaffungsmaßnahmen) für arbeitslose Jugend- und Sozialarbeiter."*[15] Auch dieser Gedanke scheint nachvollziehbar, so hat zum Beispiel Kirsch – und so sind auch meine Einschätzung – noch nie einen „wirklichen" Hooligan auf einer der Veranstaltungen der Fan-Projekte gesehen. Würde ja auch nicht ins Bild des von allen Institutionen genervten jungen Gewalttäters passen. Bleibt die Frage, wie man stattdessen die Hools wirklich erreichen kann, ohne ihre Aktionen zu verstärken. Ich denke, diese Frage zu beantworten, bedarf es mehr als meines angelesenen Wissens und geringen praktischen Erfahrungen mit Hooligans, darum will ich mir hier keine theoretische Besserwisserei aus den Fingern saugen.

4.1.2 Akzeptierende Jugendsozialarbeit nach Krafeld

> „Denn wenn es uns nicht gelingt, mit den Jugendlichen andere effektivere Strategien der Einmischung in ihre Lebenswelten zu entwickeln als diejenigen, die sie z.B. mit Randale bislang praktizieren – warum sollten sie dann ihre erprobten Einmischungsstrategien ablegen? Anders gesagt: Warum sollten sie sich ändern, wenn sie nicht konkret erfahren, daß es Sinn macht, sich zu ändern? Aber solche Erfahrungen zu ermöglichen, da ist letztlich Politik weit mehr gefragt als Pädagogik. Und in wie erschreckender Weise Politik sich dieser Aufgabe immer wieder – geradezu systematisch – entzieht, das bekommen Pädagoginnen und Pädagogen tagtäglich in ihrer Arbeit ganz eindringlich zu spüren."[16]

Immer wieder ist im Rahmen der Fan-Projekt-Arbeit die Rede von „akzeptierender Jugendarbeit". Da dieser Begriff ein wenig verwirrend ist, und da diese sozialpädagogische Methode in diesem Bereich eine zentrale Rolle spielt, will ich nun das Konzept der Akzeptierenden Jugendsozialarbeit nach Franz Josef Krafeld vorstellen.

Die konzeptionellen Grundlagen von Krafelds Jugendarbeit liegen in der Praxis. Die Frage nach Methoden bei der Arbeit mit Rechtsextremismus und Gewaltbereitschaft ergab sich aus der dringenden Problemlage von Praktikern, keine derartigen Arbeitsweisen finden zu könnten, weil rechtsextremistische und gewaltbereite Jugendliche immer aus der Jugendarbeit gedrängt worden waren. Die Sozialarbeiter waren somit darauf angewiesen, aus ihren eigenen Erfahrungen, Aufgaben und Problemen ein theoretisches Konzept zu erstellen, welches sodann als Grundlage für die weitere Arbeit mit rechtsextremistischen und gewaltbereiten Jugendlichen dienen sollte.[17]

Krafeld – einer dieser Praktiker – hat daraufhin zehn Thesen zusammengefasst, die die Grundsätze der von ihm neu entwickelten „Akzeptierenden Jugendarbeit" darstellen sollen:

1. „Belehrungen wie Bekämpfungen richten gegen rechte Orientierungen und entsprechende Gewaltbereitschaften nichts aus.

2. Notwendig ist eine Arbeit, die diejenigen Probleme in den Mittelpunkt stellt, die die Jugendliche haben, nicht die Probleme, die sie machen.
3. Extreme Auffassungen, Provokationen und Gewalt sind Jugendlichen immer wieder ein wesentliches Mittel, auch dort wahrgenommen und für wichtig genommen zu werden, wo sie es eigentlich nicht (oder nicht mehr) erwarten.
4. Gelingendere und befriedigendere Wege der Lebensbewältigung sind in aller Regel letztlich auch sozial verträglichere Wege.
5. Wir müssen akzeptieren, dass die Jugendlichen selbst für sich zumeist einen 'Sinn darin sehen', sich so und nicht anders zu orientieren und zu verhalten, wie sie es tun.
6. Die Jugendlichen werden nur dann ihre Auffälligkeiten ablegen, wenn sie für sich sinnvollere und befriedigendere Wege entdeckt haben, 'aus ihrem Leben' etwas zu machen.
7. Wir begleiten und unterstützen sie bei dieser Suche nach Wegen der Lebensbewältigung.
8. Dazu dient nicht zuletzt die personale Konfrontation mit dem tiefgreifend Anderssein, die wir ihnen bieten.
9. Es geht nicht um das Akzeptieren von verurteilenswerten Auffälligkeiten, sondern um das Akzeptieren von Menschen mit kritikwürdigen oder verurteilenswerten Auffälligkeiten.
10. Pädagogische Arbeit kann und darf nicht zulassen, daß gesellschaftliche Probleme zu Jugendproblemen und zu pädagogischen Aufgaben umdefiniert werden."[18]

Des Weiteren beschreibt Krafeld vier zentrale Handlungsebenen, auf denen sich die Akzeptierende Jugendarbeit erstreckt:

1. Das Angebot sozialer Räume

Jugendlichen fehlen oft Räume, wo sie sich ungestört aufhalten können, wo sie das machen können, wozu sie Spaß haben. Oft werden sie von den Erwachsenen vertrieben, weil die Gefahr besteht, dass sie was anstellen oder einfach nur stören. Für die **Schaffung von Räumen**, die auch nicht gleich „pädagogisch besetzt" werden, setzt sich Krafeld in der ersten Handlungsebene ein.

2. Die Beziehungsarbeit

Unter Beziehungsarbeit versteht Krafeld am Anfang zunächst einmal einfach das *„Zuhören und Da-Sein"*, weniger das Eingreifen und direkte Anleiten des Geschehens, denn die Jugendlichen haben oft das Gefühl, dass sich keiner für sie interessiert und ihnen niemand zuhört.

3. Akzeptanz bestehender Cliquen

Da die Gleichaltrigengruppen für Jugendliche eine ganz **zentrale Sozialisationsinstanz** darstellen, ist es Krafeld weiterhin wichtig, dass bestehende Cliquen akzeptiert werden müssen. Diese Cliquen sind für Jugendliche immer wieder ein Anlaufpunkt, wenn sie sich von der Welt oder den Eltern verlassen fühlen, die peer-group lässt sie nicht allein und ohnmächtig in dieser Welt stehen, sondern gibt ihnen die Möglichkeit, sich einzumischen und aktiv zu werden, um etwas zu bewirken.

4. Entwicklung einer lebensweltorientierten infrastrukturellen Arbeit

Bei der vierten und letzten Ebene geht es Krafeld darum, sich direkt in das **Umfeld der Jugendlichen** einzumischen, denn hieraus wachsen die Probleme, die die Jugendlichen haben. Es geht ihm *„um veränderndes Einwirken auf Strukturen und Zusammenhänge"*[19], die den Jugendlichen Probleme machen und deren Situation negativ beeinträchtigen.[20]

Wo liegen nun die Handlungsansätze bei Krafeld? Er hat sich von den aufklärungsorientierten Ansätzen abgewendet, weil diese sich immer wieder als wirkungslos erwiesen haben, weil seiner Meinung nach Belehrungen:

- „gegen Erfahrungen nicht ankommen,
- reaktiv sind,
- defensiv sind,
- sich mit Reflexion selten vertragen,
- oft verhärtetes Gegeneinander schaffen,
- oft nur die Sache sehen, nicht die Person,
- oft an Sanktionsdrohungen gekoppelt sind,
- Einweg-Kommunikation sind,
- nicht nach dem Nutzen für den Belehrten fragen und

- oft die Stärke des Wortes gegen die Stärke der Tat setzen."[21]

Krafeld beschreibt die Handlungsansätze Akzeptierender Jugendarbeit thesenhaft so: Es ist ihm zunächst einmal wichtig, einfach nur für die Jugendlichen da zu sein, ohne damit den Anspruch zu erheben, irgendwie integriert zu werden oder gar anzuleiten. Des Weiteren müssen die Pädagogen verstehen, dass die Jugendlichen am Anfang etwas allein unter sich machen, ohne den Pädagogen die Möglichkeit zu geben, sich zu beteiligen oder gar mitzuwirken. Außerdem müssen die Sozialarbeiter immer dazu in der Lage sein, einfach nur zuzuhören und anzuhören, so fremd und unmöglich das Gesagte für einen auch sein mag. Damit haben viele Pädagogen oft Probleme. Natürlich ist es ihnen nicht verboten, ihre Einstellungen zu äußern, sie dürfen damit jedoch nicht versuchen, jemanden 'rumkriegen' zu wollen. Krafeld spricht weiterhin der Beziehungsarbeit, im speziellen den Einzelgesprächen (wenn sie erwünscht sind) eine große Bedeutung zu, denn sie sind der Ausgangspunkt beim Aufzeigen befriedigender und sinnvoller Wege der Lebensbewältigung. Dabei muss man den Jugendlichen immer wieder zeigen, dass man selbst andere Umgehensweisen und Konfliktregelungsmuster hat und diese für vergleichsweise sinnvoller hält. Ohne dabei natürlich den Fehler zu machen, überheblich und abweisend zu werden. Bei alledem muss versucht werden, dass die eigenen Wahrnehmungsebenen und Reaktionsebenen nicht zu weit auseinander gehen. Man darf die Ideen und Vorstellungen der Jugendlichen nicht einfach ignorieren, sondern muss darauf reagieren, ohne dabei die Jugendlichen zu etwas veranlassen, was sie eigentlich nicht wollen. Bei Aktivitäten ist es Krafeld wichtig zu erkennen, dass die Jugendlichen darin eine eigene „Dramaturgie" entfalten und keine von den Pädagogen vorgesetzt haben wollen. Man muss ihre Wünsche nach Action und Abenteuer ernst nehmen, auch wenn damit Regelverletzungen verbunden sind. Den Jugendlichen muss aber auch klar sein, welches *„Funktions- und Aufgabenverständnis"* der Pädagoge hat, damit sie dieses respektieren können. Die Pädagogen müssen ihrerseits genau klar machen, wo sie Grenzen ziehen und damit verbunden Sanktionen setzen müssen. Diese Grenzen sollen jedoch nicht pädagogisch vorgegeben sein, vielmehr soll eine persönliche Grenzziehung erfolgen, da die Jugendlichen diese eher respektieren. Die Grenze des Zuhörens soll somit erst da liegen, wo man selbst von innen etwas nicht mehr aushält. Die Jugendlichen müssen damit dann direkt konfrontiert werden, damit sie wissen, dass da eine Grenzziehung erfolgt. Des Weiteren müssen die Pädagogen die Jugendlichen damit konfrontieren, wo sie existentielle Probleme für die Zukunft des einzelnen sehen, damit die Jugendlichen wissen, welche Folgen ihr Handeln in der Zukunft für sie haben kann.[22]

Da die Grenzziehung immer wieder ein zentraler Punkt bei Krafeld ist, will ich dazu noch ein paar nähere Erläuterungen machen. Grenzen muss jeder Pädagoge selbst ziehen, nämlich da, wo sich ihm die Äußerungen „Das geht zu weit!", „Das darf ich nicht zulassen!", „Da hab ich Angst" und „Da fühle ich mich bedroht!" aufdrängen. Grenzen dürfen die Jugendszene jedoch niemals beschneiden, sprich sie in ihren Ritualen, Äußerungen, Symbolen und Verhaltensstilen einschränken. Überdies sollten sie niemals durch Cliquen hindurch verlaufen. Der Grundsatz heißt „Grenzen ziehen ohne auszugrenzen!".[23]

Das man bei diesem Ansatz der Jugendarbeit immer ein wenig auf Messers Schneide läuft, scheint angesichts der oben erwähnten Gefahren nachvollziehbar. Nicht zuletzt deswegen wird um die Akzeptierende Jugendarbeit viel diskutiert. Aber sie scheint besonders bei den Fußballrowdys zu funktionieren. Zumindest dann, wenn sie nicht missverständlich eingesetzt wird, denn akzeptierende Jugendarbeit heißt nicht, dass man alles hinnimmt, was die Jugendlichen verzapfen. Gehrmann – als Beispiel für das Funktionieren akzeptierender Sozialarbeit – schreibt: *„Persönlich hatte ich meine größten Erfolgserlebnisse in der Arbeit, wenn ich nicht versucht habe, aktiv einzugreifen, sondern wenn ich beobachtet habe – sie und mich. ‚Da sein' ist schon Intervention."*[24]

4.1.3 Sportsozialarbeit

> „Mit Hilfe des Körpers, den die Jugendlichen sicher und verläßlich handhaben können, werden Ohnmachtsgefühle in die Machtgefühle der situativen Kontrolle verwandelt."[25]

Da die Gewalthandlungen von Hooligans in einem besonderem Sportrahmen – nämlich dem des Fußballs – stattfindet, wird dem Sport (dabei wiederum vor allem dem Fußball) bei der Arbeit mit jungen Gewalttätern, die auch junge Fußballfans sind, eine spezielle Bedeutung zugemessen. So werden von Fan-Projekten immer wieder Fanturniere organisiert, sogar eine Fan-Liga hat sich etabliert.

Sport scheint eine erste Möglichkeit zu sein, überhaupt Kontakt zu der mit Erwachseneninstitutionen skeptischen Hooligan-Szene herzustellen. Pilz schreibt zum Beispiel – anlehnend an seine langjährige Erfahrung im Fan-Projekt Hannover: *„Sportbezogene Angebote, sportliche Aktivitäten sind häufig das einzige Mittel, um an ‚problematische' männliche Jugendliche heranzukommen und sie in die offene Jugendarbeit zu integrieren."*[26]

Sport – so Pilz – sei das einzig übrig gebliebene Erfahrungsfeld (besonders auffälliger junger Männer), auf welchem sie Erfolg, Selbstbestätigung, positives Gruppenerlebnis mit Anerkennung und Gruppenerfolg erfahren. Dabei können durch sportliche Aktivitäten:

- „Aggressionen und motorische Betätigungsdrang ‚gesteuert' abgearbeitet werden,
- vorhandene körperliche Fähigkeiten positiv eingesetzt werden,
- mit vertrauter Betätigung Schwellenängste gegenüber dem sonstigen Angebot abgebaut werden,
- die Beziehung von Jugendlichen (vor allem aus Randgruppen) untereinander, zu ihrer Umwelt und zu den Mitarbeiterinnen und Mitarbeitern geübt und verbessert werden,
- das Akzeptieren vorhandener Regeln erlernt werden,
- Erfolgserlebnisse erzielt werden."[27]

Gewährleistet sollte deshalb bei den Fan-Projekten oder allgemein bei der Arbeit mit Hooligans ein spezielles Angebot an Sportaktivitäten sein, vor allem Fußballaktivitäten, da Fußball „ihr Ding" ist, das, worin sie sich verstehen. Gewährleistet könnten diese Aktivitäten durch eine Zusammenarbeit und Kooperation mit Sportvereinen – respektive mit Fußballvereinen – werden. So könnten im Rahmen der offenen Jugendarbeit die Einrichtungen (wie z.B. der Sportplätze) und Angebote der Sportvereine genutzt werden. Oder ein zeitweiser Austausch von Mitarbeitern wäre denkbar (so könnten Trainer die Jugendlichen bei ihren Sportaktivitäten anleiten und Sozialarbeiter könnten stellenweise in den Sportvereinen agieren).[28]

Pilz, in Anlehnung an Sack, fordert ein vielschichtiges Sportangebot, um damit den unterschiedlichen Interessen, Bedürfnissen und motorischen Fähigkeiten der Jugendlichen gerecht werden zu können. Sack fordert neben leistungssportorientierten folgende gleichwertige Angebote:

- „Bloßes Betreiben von Sport(arten), ggf. mit ‚mildem' Wettkampfsport, wie er in Breitensportturnieren, Volkswettbewerben, Betriebssport schon existiert;
- Kurse zum Erlernen von freizeitsportlich relevanten Sportarten;
- Erweiterung des Sportbegriffs der Vereine in Richtung Körperkultur (Sauna, FKK, Fitness und Schlankwerden/Gewichtkontrolle durch Sport)."[29]

Auch in der Sportsozialarbeit wird dem Stadtteilbezug eine große Rolle beigemessen, so stellte zum Beispiel Weishaupt fest: „Der soziale Rahmen des Wohnbezirks bildet demnach in den unteren Sozialschichten eine bedeutsame Begrenzung außerhäuslicher Sozialkontakte und erhält dadurch ein besonderes Gewicht. Darauf dürfte zum Teil die generell niedrigere Mitgliedschaft der unteren sozialen Sichten in freiwilligen Organisationen und speziell in Sportvereinen zurückzuführen sein."[30] Die sportbezogene Jugendarbeit muss also in die Wohnviertel der Jugendlichen gehen, in die Anlagen zum Sporttreiben die sich in der direkten Nachbarschaft der jungen Leute befinden. Spiel-, Sport- und Freizeitanlagen, Frei- und Streifräume müssen geschaffen werden, und zwar in unmittelbarer Nähe der Jugendlichen.

Zusammenfassend hat Pilz die Notwendigkeit der Sportsozialarbeit folgendermaßen thesenhaft begründet. Dem will ich mich anschließen:

Inhaltliche Begründung der Sportarbeit:

- Gegenentwurf zur bewegungsarmen Lebenswelt der Jugendlichen zur fehlenden bewegungsbezogenen Infrastruktur
- Kompensationsmöglichkeit für Spannungsarmut resp. für spannungsgeladenes Risikoverhalten
- Gegenentwurf zur Marginalisierung der Mädchen

Daraus folgt als inhaltliche Gestaltung der Sportarbeit:

1. Orientierung am didaktischen Prinzip „Denken und Machen"

2. Orientierung an Bewegungsstrukturen, die die Erfahrung von Abenteuer- und Risikoerlebnissen ermöglichen

3. Orientierungen an Bewegungstraditionen und -formen, die eine Spielintegration der Mädchen ermöglichen

---

(aus Pilz 1994, S. 130)

---

1 Einstimmiger Beschluss der Sportministerkonferenz zum Problembereich „Gewalt im Sport und Sicherheit bei Sportveranstaltung" vom 09.06.91, zit. von Pilz, Gunter A.: Gewalt im Umfeld von Fußballspielen, auf: www.hooligans.de/info_ueber/Uber_Hooligans/Wissenschaftliche_Texte/Gewalt_im_Umfeld/gewalt_im_umfeld.html.

2 Pilz, Gunter A.: 10 Jahre Fan-Projekt Hannover: Eine (selbst-) kritische Bestandsaufnahme zur aufsuchenden, „akzeptierenden" Jugendarbeit mit gewaltfaszinierten Fußballfans und Hooligans. Erfahrungen, Enttäuschungen, Ermutigungen, in: Deiters, Friedrich-Wilhelm/Pilz, Gunter A.: Aufsuchende, akzeptierende, abenteuer- und bewegungsorientierte, subjektbezogene Sozialarbeit mit rechten, gewaltbereiten jungen Menschen - Aufbruch in eine Kontroverse, 1998, S. 38.

3 vgl. Pilz, in: Deiters/Pilz 1998, S. 19, a.a.O.

4 vgl. Schrapel, Gerlinde/Gabriel, Michael/Schneider, Thomas/KOS-Frankfurt: Fanprojekte 2002, 2002, S. 12

5 vgl. Schneider/Gabriel, in: Schrapel/Gabriel/Schneider/KOS-Frankfurt 2002, S. 5

6 Nationales Konzept Sport und Sicherheit, zit. von Pilz 1994, a.a.O., auf: www.hooligans.de/info_ueber/Uber_Hooligans/Wissenschaftliche_Texte/Praktische_Arbeit/praktische_arbeit.html

7 Pilz 1994, a.a.O., auf: www.hooligans.de/info_ueber/Uber_Hooligans/Wissenschaftliche_Texte/Praktische_Arbeit/praktische_arbeit.html

8 vgl. Pilz, in: Deiters/Pilz 1998, S. 21, a.a.O.

9 Pilz, in: Deiters/Pilz 1998, S. 22, a.a.O.

10 Pilz, in: Deiters/Pilz 1998, S. 22, a.a.O.

11 vgl. Pilz, in: Deiters/Pilz 1998, S. 22f., a.a.O.

12 Pilz, in: Deiters/Pilz 1998, S. 23f., a.a.O.

13 Pilz, in: Deiters/Pilz 1998, S. 22, a.a.O.

14 vgl. Griese und Pilz, in: Klein (Hrsg.) 1989, S. 167, a.a.O.

15 Kirsch 2000, S. 160, a.a.O.

16 Franz Josef Krafelds Abschlussworte zu seinem Vortrag „Plädoyer für eine „akzeptierende" und „cliquenorientierte" Jugendarbeit", während des Workshop aus Anlass des 10jährigen Bestehens des Fußballfanprojektes Hannover, zit. aus: Deiters/Pilz 1998, S. 50, a.a.O.

17 vgl. Krafeld, Franz Josef: Die Praxis Akzeptierender Jugendarbeit, 1996, S. 13

18 Krafeld 1996, S.16, a.a.O.

19 Krafeld 1996, S.20, a.a.O.

20 vgl. Krafeld 1996, S. 16-23, a.a.O.

21 Krafeld 1996, S. 26, a.a.O.

22 vgl. Krafeld 1996, S. 27, a.a.O.

23 vgl. Krafeld 1996, S. 28, a.a.O.

24 Gehrmann, in: Gehrmann/Schneider 1998, S. 173f., a.a.O.

25 Becker, Peter: Plädoyer für eine abenteuer- und bewegungsorientierte Jugendarbeit, in: Deiters/Pilz (Hrsg.) 1998, S. 76, a.a.O.

26 Pilz, Gunter A.: Jugend, Gewalt und Rechtsextremismus, 1994, S. 125

27 Pilz 1994, S. 125f., a.a.O.

28 vgl. Pilz 1994, S. 126, a.a.O.

29 Sack (1980), zit. aus: Pilz 1994, S. 126, a.a.O.

30 Weishaupt (1982), zit. aus: Pilz 1994, S. 127f., a.a.O.

4.2 durch die Polizei

> *"Repressive Maßnahmen können Probleme, die gesellschaftlich produziert und sportiv sowie massenmedial verstärkt werden, nicht lösen, sie verlagern und verschärfen nur die Probleme."*[31]

Schritte zur Prävention von Hooliganausschreitungen von Seiten der Polizei kann man fast ausschließlich als repressive Maßnahmen bezeichnen (siehe auch Kapitel 2.3.6). Diese Maßnahmen sind vor allem:

- Einsatz von SKBs (Szenekundigen Beamten),
- Aussprache von (örtlichen und bundesweiten) Stadionverboten (in Zusammenarbeit mit dem Verein/DFB),
- Stadionverbote auf Bewährung,
- repressive Strafzumessung bei Ersttätern,
- hohe Geldstrafen als Abschreckung,
- Haftstrafen und freiheitsentziehende Maßnahmen,
- Gefährderansprachen,
- Meldeauflagen (darunter auch Maßnahmen nach dem Pass- und Personalausweisgesetz),
- Reiseverbote,
- Ingewahrsamnahmen und Ausreiseuntersagungen an den Grenzen,
- Einsatz von Freizeitstrafen,
- Platzverweise,
- Sicherstellung/Beschlagnahmung von Gegenständen und
- Eintragung von „Auffälliggewordenen" in die Straftäterdatei Sport.

Besonders die Datei „Gewalttäter Sport" ist bei europaweiten Spielen für die Polizei von besonderer Bedeutung, da sie die Grundlage für Ausreiseverbote darstellt. Außerdem dient sie der Differenzierung. So heißt es: *„Konkret geht es darum, auf einer nachvollziehbaren Grundlage zwischen Gewalttätern, auf die sich polizeiliche Maßnahmen konzentrieren sollen, und Fans, denen ein friedlicher Besuch der Spiele ermöglicht werden soll, zu unterscheiden."*[32] In Fankreisen und in den Fanprojekten ist diese Datei jedoch sehr umstritten, man wirft der Polizei immer wieder vor, willkürlich Personen in die Datei aufzunehmen. Das LKA Nordrheinwestfalen, was sich bundesweit mit den Hooliganausschreitungen und damit verbunden auch mit der Aufnahme in die Datei beschäftigt, gibt an, dass zur Zeit ca. 3.800 Personen (Stand: Dezember 2002) in der Datei gespeichert sind. Gespeichert in der Datei werden Personen, gegen die im Zusammenhang mit Sportveranstaltungen wegen folgender Straftaten ein strafrechtliches Ermittlungsverfahren eingeleitet wurde und die deswegen rechtskräftig verurteilt wurden:

- Straftaten unter Anwendung von Gewalt gegen Leib und Leben (Körperverletzungen) oder fremde Sachen mit der Folge eines nicht unerheblichen Sachschadens (Sachbeschädigung),
- Gefährliche Eingriffe in den Verkehr (§ 315ff. StGB),
- Störung öffentlicher Betriebe (§ 316b StGB),
- Nötigung (§240 StGB),
- Verstöße gegen das Waffengesetz,
- Verstöße gegen das Sprengstoffgesetz,
- Landfriedensbruch (§§ 125ff. StGB),
- Hausfriedensbruch (§§ 123, 124 StGB),
- Gefangenenbefreiung (§ 120 StGB),
- Raub- und Diebstahlsdelikte,
- Missbrauch von Notrufeeinrichtungen (§ 145 StGB) und
- Handlungen nach § 27 Versammlungsgesetz.[33]

All diese Delikte sind auch vor Ort im Stadion die rechtliche Grundlage für das Eingreifen der Polizei.

(berittene Polizei am Rande des Spieles VfB Stuttgart – FC Hansa Rostock am 26.04.03)

Wie schon in Kapitel 2.3.6 nachzulesen ist, ist davon auszugehen, dass die Polizei weniger dazu beiträgt, die Gewalt zu mindern, vielmehr ist die Verstärker oder gar Verursacher von Gewalt.[34] Für viele Hooligans zu ihrer action schon mit dazu. Sie sind ein attraktiver zusätzlicher Gegner.

Mit diesem Wissen fordern viele Fachleute eine Abnahme der Polizeipräsenz im Stadion. So schreiben z.B. Bruder/Göbbel/Hahn/Löffelholz/Pilz: *„Ziel aller längerfristigen Strategien der Polizei muß die Rückbindung des Polizeieinsatzes sein. Auch wenn es zur Zeit ohne Polizeieinsatz nicht geht, sind gemeinsame Anstrengungen erforderlich, die Polizeimaßnahmen zu reduzieren. Daneben gilt es aber auch, den Fans die erforderlichen Ein-satzstrategien der Polizei verstehbar und bewusst zu machen, um somit die zunehmende Distanz zwischen Fans und Polizei zu verringern und das Klima zu verbessern."*[35] Darüber hinaus wird dem Einsatz von SKBs von mehreren Experten eine positive Wirkung zugesprochen[36], dies scheint auch nachvollziehbar, haben sie doch einen direkten Kontakt zu den Hools, bei dem sie deeskalierend – und nicht repressiv – auf die jugendlichen Gewalttäter einwirken können.

Abschließend möchte ich das sechsstufige praxisorientierte Konzept von Kirsch hier zitieren, das er zur Verringerung der Gewalt und zur Deeskalierung im Stadion entwickelt hat. Dieses Konzept könnte in der Praxis, meiner Meinung nach, eine entscheidende Verbesserung der derzeitigen Polizeimaßnahmen herbeiführen und zu weniger Gewalt im Zuge von Fußballspielen beitragen:

„Ein brauchbares, praxisorientiertes Konzept sollte gegen gewaltbereite Zuschauer vorgehen, ohne Gewalt als **einziges** Gegenmittel zu sehen. Wie die Polizei dem Gewaltpotential entgegentritt, bestimmt langfristig den Ablauf der Ereignisse bei Fußballspielen. Wer der Auffassung ist, daß man Gewalt nur mit Gewalt beantworten beziehungsweise verhindern kann, engt seine strategischen und taktischen Möglichkeiten bedeutend ein. Demgegenüber könnte ein differenziertes Einsatzkonzept in idealtypischer Vereinfachung wie folgt aussehen:

1) In jedem Bundesligaort sollten szenekundige Beamte eingesetzt und vom normalen Dienst freigestellt werden. Sie hätten im Vorfeld von Fußballspielen in der Szene Aufklärungsarbeit zu leisten, um dadurch eine optimierte Beurteilung der Lage und entsprechend ihrer Gefährdungseinschätzung einen angemessenen Einsatz von Polizeikräften zu ermöglichen. Diese Beamten sind gesondert zu schulen und müßten dem folgenden Anforderungsprofil entsprechen. Sie sollten besitzen:

a) *Fußballsachverstand,*

b) *Kenntnisse der einschlägigen gewaltbereiten Szene ihres Vereins, der Motivationen der Zuschauer der Kategorie C, sowie ihre Abgrenzung zu den Zuschauern der Kategorie A und B,*

c) *Konfliktlösungspotential durch Kommunikation,*

d) *Kontaktfreudigkeit,*

e) *gutes Personen- und Namensgedächtnis,*

f) *hohe Bereitschaft und Flexibilität bezüglich der Dienstzeiten,*

g) *gute Computer- und hier insbesondere Internetkenntnisse und*

h) *Einfühlungsvermögen.*

2) Auf Polizeikräfte im Einsatzanzug oder Bundesgrenzschutz ist zu verzichten. Sollte dies aufgrund der Gefahrenlage nicht als möglich erscheinen, so sind diese Einsatzkräfte vorerst im Hintergrund zu halten.

3) Polizeieinsätze bei Bundesligaspielen sind normale Ereignisse, daher (grundsätzlich):

a) *normaler Dienstanzug,*

b) *Reduzierung der sichtbaren Polizeipräsenz auf ein Mindestmaß (Stichwort: keine Polizeifestspiele!), denn der Einsatz auffällig starker Polizeikräfte ist ein unwiderlegbarer optischer Hinweis, daß andere Maßnahmen gar nicht erst versucht oder als gescheitert angesehen werden,*

c) *jeder Zuschauer dieser Sportveranstaltungen wird, bis er das Gegenteil beweist, als friedlicher Zuschauer angesehen.*

4) Eine Frontenbildung zwischen der Polizei und den Problemgruppen ist zu vermeiden, daß heißt

a) *kein Abstand zu den Problemgruppen der gewaltgeneigten und gewaltbereiten Zuschauer, sondern 'unverkrampfter' Kontakt zu diesen (die szenekundigen Beamten gehen in die fraglichen Gruppen hinein);*

b) *soviel Kommunikation wie möglich: Die Zuschauer der Kategorie C sollten von den szenekundigen Beamten mit Namen angesprochen werden, um sie so aus der Anonymität von gruppendynamischen Prozessen herauszuheben. Im übrigen fordert eine solche Namensnennung das Selbstbewußtsein der angesprochenen, ihre Bedeutung in der Hoolgruppe und kann den Verzicht auf Gewalt erleichtern. Den Beamten muß in Fortbildungsveranstaltungen die Wichtigkeit von verbaler und nonverbaler Kommunikation verdeutlicht werden; solche Kommunikationsmuster mit ihnen geschult und praktisch eingeübt werden;*

c) *Solidarisierung unter den Hooligans durch polizeiliche Maßnahmen ist zu verhindern: Der nicht uniformierte 'Zivilbulle', der als Fußballsachverständige mit ihnen spricht und sie ernst nimmt, verliert den Charakter eines attraktiven 'Gegners'.*

5) Trennung der jeweiligen Zuschauer der Kategorie C.

6) Möglichst eine Sekunde vor der beabsichtigten und vorher meist verabredeten Auseinandersetzung vor Ort sein, was erfordert:

a) *bessere materielle Ausstattung der szenekundigen Beamten mit zum Beispiel hochwertigen Computern, ISDN- und Internetanschlüssen sowie Funktelefonen, da mir viele Hooligans berichteten, daß immer mehr Verabredungen über die neuen Medien stattfinden,*

b) *gute Aufklärungsarbeit durch die szenekundigen Beamten,*

c) *Szenekenntnisse der Einsatzleiter,*

d) *eine richtige Gefahrenprognose, um die sich im Hintergrund haltenden Kräfte rechtzeitig vor Ort zu haben."*[37]

---

31   Bruder, Klaus-Jürgen/Göbbel, Narciss/Hahn, Erwin/Löffelholz, Michael/Pilz, Gunter: Gutachten „Fankultur und Fanverhalten", in: Hahn/Pilz/Stollenwerk/Weis 1988, S. 32, a.a.O.

32   Die Datei „Gewalttäter-Sport" – Fragen und Antworten, auf: www.lka.nrw.de/abtei/a4/sport_faq.htm

33   vgl. www.lka.nrw.de/abtei/a4/sport_faq.htm

34   Zu einem ähnlichen Ergebnis kommt auch Kirsch: *„Durch ihre zahlenmäßig hohe Präsenz, durch ostentatives ‚Flagge zeigen' (Mannschaftswagen der Polizei an jeder Ecke), sowie durch den polizeilichen ‚Arbeitsanzug', genauer ‚Kampfanzug' – Springerstiefel typischerweise ergänzt durch Helm, Schienbein-, Rücken-, Ellbogen- und Schulterschoner, Schutzschild und einen langen Schlagstock – tritt die Polizei auf, als würde sie in einen ‚Bürgerkrieg' gehen. Im Übrigen geht die Polizei in vielen Fällen unnötig rasch von deeskalierender Schutzwehr zu aggressiver Trutzwehr (Gegengewalt) über."* (Kirsch 2000, S. 163, a.a.O.)

35   Bruder/Göbbel/Hahn/Löffelholz/Pilz, in: Hahn/Pilz/Stollenwerk/Weis 1988, S. 48, a.a.O.

36   so u.a. in den Expertenbefragungen bei Lösel/Bliesener/Fischer/Pabst 2001, S. 79-96, a.a.O. und auch bei Kirsch 2000, S. 165-167, a.a.O.

37   Kirsch 2000, S. 165ff., a.a.O.

4.3 durch Stadienordnung und -architektur

> *"Vor einiger Zeit besuchte ich ein schottisches Pokal-Endspiel im Hampden Park, zwischen den beiden Glasgower Teams Celtic und Rangers. Sechsundsechzigtausend Zuschauer waren da, die Hälfte davon in Blau, streng protestantisch, die andere Hälfte in Grün, streng katholisch. Ich stand auf der Seite von Celtic. Die Ränge waren mit Gitterzäunen umgeben, obendrauf vier Reihen Stacheldraht, nach innen, zu den Zuschauern hin zurückgebogen. Was das zu bedeuten hatte, war klar: die Herde durfte nicht über den Zaun klettern. Am unteren Ende jedes Ganges war eine Pforte zum Spielfeld. Die Pforte war verschlossen. Hinter jeder Pforte standen drei Polizisten, mit dem Rücken zum Spielfeld: während des ganzen Spiels behielten sie die Menge im Auge. Nur ihr Vorgesetzter hatte den Schlüssel, und er musste herbeigerufen werden, wenn eine Pforte geöffnet werden sollte. Die Notwendigkeit, sie zu öffnen, ergab sich zweimal."*[38]

Die baulichen Voraussetzungen im Stadion und die Stadienordnung sollen mit dazu beitragen, Gewalt und auch Massenpaniken während Fußballspielen zu verhindern. Das „Nationale Konzept Sport und Sicherheit" hat dazu eine „Musterstadienordnung" und eine „Konzeption für bauliche Sicherheitsstandards und organisatorisch-betriebliche Bedingungen in Stadien" aufgestellt, an die sich die Vereine und die Bauherren der Stadien bundesweit richten.[39]

Momentan ist jedes Stadion für seine **Stadionordnung** selbst verantwortlich. D.h. es ist durchaus möglich, dass man in einem Stadion bestimmte Dinge darf, die in einem anderen Stadion verboten sind. Diesen Missstand erkannten viele Experten und forderten daher eine einheitlich bundesweite Stadionordnung. Aus diesem Grund wurde im NKSS eine Musterstadionordnung erstellt, die u.a. folgendes regelt:

- den Aufenthalt (in welchen Bereichen dürfen sich welche Personen aufhalten),
- die Kontrolle durch den Ordnungsdienst (d.h. Kontrolle von Eintrittskarten, Personenüberprüfungen, Ausweiskontrollen),

- das Verhalten (hier wird aufgeführt, was im Stadion untersagt ist),
- die verbotenen Gegenstände (d.h. Waffen; Sachen, die als Waffen oder Wurfgeschosse verwendet werden könnten; gesundheitsschädliche und gefährliche Substanzen; zerbrechliches, splitterndes oder hartes Material, z.B. Flaschen; sperrige Gegenstände; pyrotechnische Gegenstände; alkoholische Getränke; Tiere),
- das Alkoholverbot und der Getränkeausschank,
- der Ordnerdienst,
- die Ordnungswidrigkeiten (z.B. Nichtvorweisen einer Eintrittskarte auf Verlangen, Alkoholisierung etc.) und
- der Haftungsausschluss (je nach örtlicher Festlegung).

Pilz hält diese Musterstadionordnung im Allgemeinen für sehr sinnvoll, vor allem wegen der bundesweiten Ausrichtung, jedoch hat er auch kritische Anmerkungen an die Musterstadionordnung. So missfällt ihm zum Beispiel das generelle Verbot von pyrotechnischen Gegenständen (Rauchkerzen, bengalischen Feuern etc.), *„sind dies alles doch auch Dinge, die im Sinne des Schaffens einer fröhlichen, bunten Atmosphäre, durchaus auch gewaltdämmend wirken können."*[40] Er fordert daher variable Lösungen, wie z.B. die Schaffung von Räumen, Sicherheitszonen, in denen bengalische Feuer gefahrlos abgebrannt werden können. Des Weiteren kritisiert Pilz, dass bei den verbotenen Gegenständen *„sämtliche politischen Propagandamittel oder Accessoires (z.B. Reichkriegsfahnen u.ä.) nicht aufgeführt werden."*[41] Und auch politische Meinungskundgebungen, Gesänge und Demonstrationen werden nicht aufgeführt. Hier sollte bestimmter eingegriffen werden, um bei den Besuchern ein gewisses Rechts- und Unrechtsbewusstsein zu schaffen.

(Aufgang zu den Zuschauertribünen im Gottlieb-Daimler-Stadion Stuttgart)

In der „Konzeption für bauliche Sicherheitsstandards und organisatorisch-betriebliche Bedingungen in Stadien" sind folgende Dinge verankert:

- die Umfriedung durch Zäune und Abtrennungen von mind. 2,50 Meter Höhe (dabei wird unterteilt in eine äußere Umfriedung, d.h. alle Gebäude und Anlagen um dem Stadion, und eine innere Umfriedung, d.h. der engere Bereich der Platzanlage und die Tribünen),
- der Verkehr (d.h. Verkehrswege zum Stadion, Parkplätze, Gehwegverbindungen und Zufahrten etc. für Einsatzfahrzeuge),
- die Rettungswege (mind. ein äußerer und ein innerer Rettungsweg),
- die Spielfeldumfriedung und der Stadioninnenraum (Trennwände zwischen Tribüne und Spielfeldrand von mind. 2,20 Meter und Rettungstore),
- die Zuschauerbereiche (bevorzugte Einrichtung von Sitzplatzbereichen und kompletten Sitzplatzstadien, maximale Besucherzahlen, Regelungen über Wellenbrecher, Trennung von gegnerischen Fan-Blöcken, Regelungen über Toiletten und behinderte Zuschauer),
- die Zutrittsberechtigungen und Eintrittskarten,
- die Räume für Sicherheits- und Rettungskräfte (sollen u.a. den Überblick über die Zuschauerbereiche und andere sicherheitsrelevante Bereiche ermöglichen),

- die vorbereitenden Maßnahmen für Notfälle und Brandschutz (z.B. mindestens ein Arzt bei bis zu 5.000 Besuchern und mind. zwei Ärzte bei bis zu 20.000 Zuschauern, Aufstellung einer Brandschutzordnung und bauliche Einrichtungen nach Brandschutzgesichtspunkten),
- die technischen Einrichtungen (d.h. Ausstattung mit einer Beschallungseinrichtung, festmontierte und schwenkbare Monitore, Ausrüstung der Organisationszentrale und der Sicherheits- und Rettungsdienste mit Telefonanschlüssen und Aufbau einer ausreichenden Beleuchtungstechnik),
- der Stadionsprecher und die Anzeigetafel und
- die Einrichtungen für die Mannschaften/Schiedsrichter und gefährdete Personen (Regelung von An- und Abfahrtswegen, Parkplätzen und Ein- und Ausgängen für oben erwähnte Personen, Einrichtung eines Tunnels vom Umkleide-/Tribünenbereichs zum Spielfeld und Einrichtung von besonders geschützten Räumen für gefährdete Personen).

Zwei Punkte sehe ich – in Anlehnung an Pilz – bei diesen baulichen Vorschlägen problematisch:

1. Die mind. 2,20 Meter hohen Zäune zwischen Spielfeld und Tribüne sind in Bezug auf Paniksituationen kritisch zu hinterfragen. Die vorgesehenen Rettungstore können angesichts der Trichtersituation, die bei Öffnung entstehen würde, nicht helfen. So ist davon auszugehen, auch in Erinnerung an die Ereignisse in Sheffield, dass es bei einer Massenhysterie zu gefährlichen Quetsch- und Zertrampelungsmechanismen kommen könnte.
2. Auch die von der FIFA und UEFA und im NKSS verankerte vehemente Forderung nach Sitzplatzstadien ist nicht ganz unumstritten. Pilz schreibt: *„Die Forderung von reinen Sitzplatzstadien ist auch deshalb kein Beitrag zur Besänftigung der Gewalttätigkeit, weil Fans im Stadion stehen wollen, das sie nur stehend für Stimmung sorgen können. In reinen Sitzplatzstadien stehen die Fans deshalb auf den Stühlen/Bänken, was die Gefahr in Paniksituationen, da vor allem auch Wellenbrecher fehlen, im Sinne des Dominoeffektes, um ein Vielfaches erhöht."*[42] Die Forderung nach reinen Sitzplatzstadien sollte noch einmal überdacht werden, denn neben dem oben erwähnten Grund würden auch bestimmte Fans damit aus dem Stadion verdrängt. So sind es nicht die Hooligans, die damit aus dem Stadion ferngehalten werden, denn diese halten schon lange nicht

mehr im Stehplatzbereich auf, sie bevorzugen die Sitzplätze, vielmehr trifft es die friedlichen Kuttenfans und die stimmungsmachenden Ultras.[43]

---

38 Buford 1992, S. 192, a.a.O.
39 Die beiden relevanten Teile aus dem NKSS habe ich dem Anhang beigelegt („Musterstadionordnung" ist Anlage 2, „Konzept über bauliche Sicherheitsstandards" ist Anlage 3).
40 Pilz 1994, a.a.O., auf: www.hooligans.de/info_ueber/Uber_Hooligans/Wissenschaftliche_Texte/Praktische_Arbeit/praktische_arbeit.html
41 Pilz 1994, a.a.O., auf: www.hooligans.de/info_ueber/Uber_Hooligans/Wissenschaftliche_Texte/Praktische_Arbeit/praktische_arbeit.html
42 Pilz 1994, a.a.O., auf: www.hooligans.de/info_ueber/Uber_Hooligans/Wissenschaftliche_Texte/Praktische_Arbeit/praktische_arbeit.html
43 vgl. Pilz 1994, a.a.O., auf: www.hooligans.de/info_ueber/Uber_Hooligans/Wissenschaftliche_Texte/Praktische_Arbeit/praktische_arbeit.html

4.4 durch die Ordner

> „Die ersten Probleme mit dem Ordnungsdienst hatten wir dann am Einlass. Dort wurde uns erstmal das Megaphon abgenommen. Angeblich wurden damit unsittliche Dinge kundgetan. Was die Ordner jedoch an einem ‚....S 04, Hurensöööööhne...' störte, können wir uns auch nicht denken. Der Abschuss war dann die Frage eines Ordners: ‚Haben sie Alkohol getrunken?' Mit der Antwort: „Was soll'n der Scheiß jetzt, du Penner. Bin ich zum Spaß hier, oder was?", wurde gleich mal eine Alkoholkontrolle durchgeführt. Ja, ja, blassen im Fußball-Stadion. (Resultat: 0,7 (!!!!!!!)). Wahrscheinlich wird im Ruhrpott nicht nach Promille, sondern eher in Kisten Bier gerechnet. Na ja, was soll's."[44]

Die Rahmenrichtlinien für Ordnerdienste sind ebenfalls im NKSS festgehalten.[45] Ziel der Rahmenrichtlinien ist es, einen wirksamen, bei allen sportlichen Großveranstaltungen gleichen Ordnereinsatz zu gewährleisten. Die Anwendung der Rahmenrichtlinien obliegt dem Veranstalter und dem Eigentümer/Betreiber des Stadions. Die Rahmenrichtlinien gelten auf nationaler und internationaler Ebene, bei Länderspielen sowie bei sonstigen Spielen mit erhöhtem Risiko. In den Rahmenrichtlinien für Ordnerdienste sind folgende Punkte geregelt:

- die Aufgabe der Ordnerdienste (nämlich die Gewährleistung der Stadionsicherheit),
- die Organisation und Führung des Ordnerdienstes (z.B. Einsatz eines Einsatzleiters Ordnerdienst vor Ort, der von einer Führungsstelle unterstützt wird);
- der Personalansatz (Anzahl der Ordner richtet sich nach den örtlichen Gegebenheiten, nach der zu erwartenden Zuschauerzahl und nach der Gefahrenträchtigkeit des Anlasses);
- die Vor- und Nachbereitung von Ordnereinsätzen (d.h. der Einsatzleiter bereitet die Ordnereinsätze vor, indem er mit den beteiligten Institutionen Verbindung aufnim-mt, detaillierte Einsatzpläne erstellt, Aufgabenbeschreibungen für die jeweiligen Ordnerfunktionen erstellt und Einsatzbesprechungen durchführt; nach dem Spiel ist eine Einsatznachbereitung zur Überprüfung des Ordnereinsatzes und der

Zusammenarbeit mit den beteiligten Institutionen durchzuführen);

- die Aufgaben der Ordner (das sind: Zugangs- und Einfahrtskontrollen; Schutz sicherheitsempfindlicher Bereiche; Zurückweisen/Verweisen von Personen ohne Aufenthaltsberechtigung oder von alkoholisierten bzw. drogenkonsumierenden Personen; Überprüfen und ggf. Durchsuchen von Stadionbesuchern nach verbotenen Gegenständen; Wegnahme, Lagerung und ggf. Wideraushändigung von verbotenen Gegenständen; Gewährleisten des Blockzwangs; Verhinderung des Überwechselns von Zuschauern in verbotene Blöcke; Freihalten der Auf- und Abgänge sowie der Rettungs- und Notwege; Besetzung der Zugänge/Ausgänge/Fluchttore; Verhinderung des unberechtigten Eindringens von Stadionbesuchern in verbotene Bereiche (z.B. Stadioninnenraum); Regelung des Fahrzeug- und Fußgängerverkehrs; Durchsetzung der Stadionordnung; Meldung strafrechtlich relevanter Sachverhalte der Polizei; Meldung sicherheitsrelevanter Sachverhalte an Polizei, Rettungsdienste, Feuerwehr und ggf. an andere Institutionen);

- die Auswahl und Aus- und Fortbildung (Ordner müssen volljährig sein, ein einwandfreies Führungszeugnis nachweisen, ihren Aufgaben gewachsen sein und in nicht geringer Anzahl weiblich sein; Ordner müssen des weiteren in einer Grundeinweisung (in Stadionsicherheit, rechtlichen Vorschriften, Grundzügen des Ordnereinsatzes, praktischen Informationen zum Ordnereinsatz und in Konfliktbewältigungen), Führungskräfte darüber hinaus in den Bereichen Führungs- und Organisationslehre, Zusammenarbeit mit anderen Beteiligten, Rechtsprobleme bei Ordnereinsatz und Lageentwicklung bei Fußballspielen geschult werden; regelmäßige Fortbildungen müssen gewährleistet sein);

- das Erscheinungsbild (d.h. einheitliche, auffällige und reflektierende Kleidung mit der Front- und Rückenaufschrift „Ordner");

- die Ausrüstung (die unbewaffneten Ordner sollen ausgestattet sein mit: Funkgeräten, Megaphonen, Alcotestgeräten, Handsonden für metallische Waffen und gefährliche Gegenstände, Behältnissen für weggenommene oder abgegebene Gegenstände, Taschenlampen, feuerfesten Handschuhen, Schutzhunden, evtl. Fahrzeugen und Schlüssel für die Schließanlagen);

- die Beauftragung des Ordnerdienstes (so u.a. die möglichst kontinuierliche, langfristige und professionelle Aufgabenerfüllung der Ordnerdienste);
- die Kommunikation (den Ordnern müssen die technischen Voraussetzungen gegeben sein, sich mit dem Veranstalter, den Rettungsdiensten, der Polizei und mit anderen Ordnern bzw. Einsatzabschnitten in Verbindung zu setzen; sämtliche technischen Kommunikationsbeziehungen sind in einem Kommunikationsplan darzustellen);
- die Zusammenarbeit des Ordnerdienstes mit anderen beteiligten Institutionen (das sind vor allem der Stadionbetreiber, die Polizei, die Feuerwehr und der Rettungsdienst; Maßnahmenkataloge und Kommunikationswege sind zu erstellen; im Notfall darf die Polizei den Ordnerdiensten Weisungen erteilen) und
- die Durchsetzung der Richtlinien (zuständige Behörden kontrollieren die Ordner regelmäßig).

(Ordner verteilen sich um den Spielfeldrand nach Spielabpfiff, Stuttgart 26.04.2003)

Positiv an den Rahmenrichtlinien für Ordnerdienste ist das Bemühen der Professionalisierung der Ordnerdienste durch eine Auswahl der Personen und durch die Aus- und Fortbildung der Arbeitskräfte. Darüber hinaus ist positiv zu erwähnen, dass der erneute Versuch (siehe auch bei den Stadienordnungen), bundesweit einheitliche Bedingungen zu schaffen, unternommen wird, denn das trägt zur Verhaltenssicherung der Fans bei. Zu begrüßen ist es ebenfalls, dass durch den Einsatz von Ordnern der Polizeieinsatz zurückgeschraubt werden kann, sprich ein zusätzlicher Aggressionsfaktor verringert wird.[46]

Verbesserungswürdig – so Pilz – wäre bei der Aus- und Fortbildung die feste Beteiligung der Fan-Projekte neben den anderen Institutionen. Pilz fordert sogar eine enge Zusammenarbeit beider Institutionen. Des Weiteren sollten sich die Ordnerdienste – bei immer stärkerer Abwesenheit der Polizei – bewusst sein, dass ihre Aufgaben vor allem der Gewaltprävention und Deeskalation dienen. D.h. die Ordner sollen sich nicht als „Hilfssheriffs" verstehen, die durch ein falsches „Law-and-order"-Denken mit aller Gewalt ihre Macht ausspielen. Die Ordnerdienste sollten also nicht nur über eine gute Kenntnis der Fan- und Hooliganszene verfügen, sondern auch über eine hohe Bereitschaft zu variablen Handhabungen der Rahmenrichtlinien.[47]

---

44   Spielbericht eines Kaiserslautern-Fans vom Spiel FC Schalke 04 – 1. FC Kaiserslautern am 01.02.2003, gefunden auf: http://www.devilcorps.de/news/Artikel/BerichtSchalke/ berichtschalke.html.

45   Die „Rahmenrichtlinien für Ordnerdienste" des NKSS sind im Anhang beigefügt (Anlage 4).

46 vgl. dazu auch Pilz 1994, a.a.O., auf: www.hooligans.de/info_ueber/ Uber_Hooligans/Wissenschaftliche_Texte/Praktische_Arbeit/praktische_arbeit.html

47 vgl. dazu auch Pilz 1994, a.a.O., auf: www.hooligans.de/ info_ueber/Uber_Hooligans/Wissenschaftliche_Texte/Praktische_Arbeit/praktische_arbeit.html

4.5 durch die Vereine/den DFB

> „Statt sich des Problems anzunehmen, sich über die Bedürfnisse und Probleme der Jugendlichen Gedanken zu machen, auch im eigenen Bereich nach Ursachen und vor allem nach Möglichkeiten für alternative Angebote zu suchen, setzen Fußballverbände wie -vereine auf repressive Maßnahmen, auf Ausgrenzung und Distanzierung der ‚bösen Fans', denen man das Recht abspricht, sich Fans zu nennen und denen unterstellt wird, sie hätten überhaupt keine Beziehung zum Sport, zum Fußball."[48]

Nach den Erkenntnissen von Bruder/Göbbel/Hahn/Löffelholz/Pilz von 1988 scheinen die Verbände und Vereine wenig konstruktiv an der Verbannung der Gewalt aus den Stadien zu arbeiten. Die immer größer werdende Distanz zwischen den Vereinen und Fans, der unterschiedliche Umgang mit Gewalt (bei Spieler erwünscht, bei Zuschauern verpönt), der laute Ruf von Vereinen und dem DFB nach repressiven Maßnahmen (so z.B. die überregionalen Stadionverbote) und die Wechselbeziehung von Sportler- und Zuschauergewalt tun ihr Übriges zum Dilemma. Da jedoch

- die Fans die wesentliche Grundlage für die Finanzierung des Fußballspektakels sind,
- Aggressionen und Gewalt nicht fußballunabhängig gesehen werden können,
- die Vereine/der DFB nicht unwesentlich durch ihre ausschließlich sportliche und leistungsorientierte Ausrichtung Gewalthandlungen verstärken und daher
- die Sportverbände, allen voran der DFB, Verantwortung übernehmen müssen;

fordern Bruder/Göbbel/Hahn/Löffelholz/Pilz von den Vereinen und Verbänden

- eine nicht nur ideelle sondern auch finanzielle Unterstützung der Fan-Clubs,
- ein breit gefächertes Sport- und Freizeitangebot für gefährdete Jugendliche,
- eine Beachtung und Anwendung von Fairplay und die Einhaltung von Regeln (vor allem in Jugendmannschaften) und deren Beachtung in Jugendleiter-, Übungsleiter-, Trainer- und Schiedsrichterausbildung,

- eine finanzielle, ideelle und materielle Unterstützung der Fan-Projekte und eine Zusammenarbeit mit ihnen,
- ein Engagement bei der Annäherung von Spielern und Vereinen (so z.B. durch Clubabende mit Fans) und
- eine Nutzung der kommunalpolitischen Macht der Vereine für die Finanzierung und Unterstützung autonomer (Fan-)Projekte.[49]

1988 wurde dann vom DFB für seine Vereine die „Richtlinien zur Verbesserung der Sicherheit bei Bundesspielen"[50] herausgegeben, die zur Verpflichtung für die DFB-angehörigen Vereine wurde. Darin werden bauliche, organisatorische/betriebliche und sonstige Maßnahmen für die Vereine zur Verbesserung der Sicherheit festgehalten. Besonders erwähnenswert ist der §29, der den Einsatz eines Fan-Betreuers fordert. Darin heißt es:

„ **§ 29 Fan-Betreuung**
1. Der Verein muss einen Fanbetreuer einsetzen.

2. Aufgabe des Fan-Betreuers ist es u.a., alle Maßnahmen zu ergreifen, die geeignet und erforderlich sind, die Anhänger des eigenen Vereins von sicherheitsgefährdenden Verhaltensweisen innerhalb und außerhalb der Platzanlagen abzuhalten. Dabei ist besonders anzustreben, dass Gewaltneigungen erkannt und abgebaut sowie bestehende ‚Feindbilder' beseitigt oder reduziert werden.

3. Die unter Absatz 2 genannten Ziele sollen vom Fan-Betreuer insbesondere durch folgende Maßnahmen erreicht werden:

- *Besprechungen mit den Anhängern, Weitergabe von Informationen,*
- *Veranstaltungen mit den Anhängern, an denen Vereinsmitarbeiter und Spieler beteiligt werden,*
- *Aufenthalte bei den Anhängern während der Heim- und Auswärtsspiele und gezieltes Einwirken auf sie in gefährlichen Situationen."*[51]

Immer wieder versuchen die Vereine sich dieser Verpflichtung zu enthalten, indem sie die Aufgabe des Fan-Betreuers den Fan-Projekten zuschreiben. Der DFB sollte mehr darauf achten, dass seine Vereine diesen und auch den anderen geforderten

Regelungen nachkommen und sich nicht ihrer Verantwortung – wie eh und je – entziehen.

Auch die „Europäische Konvention über Zuschauergewalt und -fehlverhalten bei Sportveranstaltungen, insbesondere bei Fußballspielen" beschäftigte sich mit der Rolle der Veine und Verbände.[52] Darin wird u.a. gefordert, dass:

- die Sportvereine und -verbände die Fans unterstützt,
- die Vereine ihr Fanvereine unterstützt, fördert und an Entscheidungsfindungen beteiligt,
- größere Vereine eine „Fanabteilung" einrichten,
- die Vereine nicht nur am Wochenende Sozialarbeit ihren Stadtteilen verrichtet (z.B. durch Unterstützung umfassender sozialer Strategien, durch Förderung des Sports, durch Voranbringen von Lernprozessen bei Jugendlichen oder durch bürgerschaftliches Engagement) und
- die Vereine eine Fan-Betreuung einrichten und die Fan-Projekte parallel dazu finanziell unterstützt.

Bleibt zu hoffen, dass sie die Vereine und allen voran der DFB diesen Aufgaben in Zukunft gewissenhafter annimmt, sind es doch die Fans, die jenen ihre Berechtigungsgrundlage geben. Ohne die Fans – auch ohne gewalttätige Fans – wären die Vereine nicht lebensfähig. Darum sollte es auch im Interesse jener Institutionen liegen, die Fan-Arbeit zu verbessern und damit die Gewalt und Aggression im Stadion zu verringern oder gar zu vernichten.

---

48 Bruder/Göbbel/Hahn/Löffelholz/Pilz, zit. aus: Hahn/Pilz/Stollenwerk/Weis 1988, S. 24, a.a.O.

49 vgl. Bruder/Göbbel/Hahn/Löffelholz/Pilz, zit. aus: Hahn/Pilz/Stollenwerk/Weis 1988, S. 24ff., a.a.O.

50 siehe Anlage 5

51 „Richtlinien zur Verbesserung der Sicherheit bei Bundesspielen" des DFB, § 29, auf: www.bundesliga.de/imperia/md/content/transferlistepdfs/anhang6.pdf (oder Anlage 5)

52 siehe die „Europäische Konvention über Zuschauergewalt und -fehlverhalten bei Sportveranstaltungen, insbesondere bei Fußballspielen": Entwurf eines Handbuches zur Gewaltprävention im Sport, auf: http://www.kos-fanprojekte.de/service/download.htm (siehe auch Anlage 6)

5 Persönliches Resümee

Mein Ziel war es, die Subkultur der Hooligans umfangreich und objektiv zu beschreiben. Von Vorurteilen wollte ich mich lösen und Experten-Informationen zusammentragen, damit ich ein der Wirklichkeit nahes Bild der Jugendkultur (mit ihrer Geschichte, ihren Ursachen, ihren Merkmalen, ihren Besonderheiten etc.) erzeugen konnte. Ich denke, dies ist mir weitestgehend gelungen, obwohl diese Aufgabe gerade bei Hooligans nicht so einfach zu lösen ist, da es viele Experten mit vielen Meinungen gibt und weil Hooligans sich in vielerlei Hinsicht in den für Subkulturen typischen Merkmalen unterscheiden.

So ist bei den Hooligans z.B. keine grundlegende (politische) Ideologie zu erkennen. Zwar gibt es eindeutige Tendenzen, dass die Subkultur nach „rechts" rückt und sich immer mehr vom Fußballumfeld entfernen, aber wenn man junge Gewalttäter fragt, warum sie sich prügeln, kommt es meistens zu einem „Weiß nicht." oder nur zu einem „Weil es Spaß macht!". Auch richtet sich die Gewalt nicht gegen Außenstehende (mal abgesehen von Sachgegenständen und der Polizei) oder Angehörige anderer Subkulturen, sondern anderen Hooligans der gegnerischen Fußballmannschaft. Gewalt wird also innersubkulturell ausgetragen und – was besonders spezifisch ist – mit gegenseitigem Einverständnis.

Um dieser Gewaltanwendung bei jungen Menschen auf den Grund zu gehen, muss man dem Phänomen Jugend in der heutigen Zeit nachgehen. Fakt ist, dass die Zeit des Übergangs vom Kindes- zum Erwachsenenalter – also die Jugendzeit – immer mehr ausgedehnt wird. In dieser Zeit versuchen Jugendliche ihren Platz in der Gesellschaft und ihre Identität zu finden. Durch vielerlei Ursachen (politische, wirtschaftliche und gesellschaftliche) ist die Erwachsenenwelt unsicher geworden. Dementsprechend unsicher sind junge Menschen auf dem Scheideweg in die Erwachsenengesellschaft. So kommt es zu einer unbefriedigten Suche nach der Identität. Und wenn die Erwachsenenideale sich auflösen, stehen „falsche Propheten" schon auf der Schwelle. Die Jugend sucht sich also ihre eigenen Vorbilder und Handlungsmaxime.

Für die Hooligans sind diese in der Gewalt vereinigt. Gewalt in unserer Gesellschaft unterliegt einer Doppelmoral: Es gibt gesellschaftlich anerkannte und sogar gewünschte Gewalt und auf der anderen Seite gibt es verbotene Gewalt. Dabei spreche ich sowohl von physischer, als auch von psychischer und struktureller Gewalt. So ist z.B. die Gewalt gegen „Schurkenstaaten" (und folglich deren Bewohnern) gesellschaftlich vertretbar, auf der anderen Seite wird Gewalt gegen die USA (und ihren Bewohnern) abgelehnt und sogar als Grundlage eines neuen Krieges gerechtfertigt. Diese Doppelmoral ist wunderbar auf den Fußball übertragbar: So ist Gewalt unter den Spielern nicht nur erlaubt, sondern gar erwünscht, die Gewalt auf den Rängen wird jedoch verpönt und als fußballfremd deklariert. Diesem Dilemma muss m. E. bei der Arbeit mit Hooligans zukünftig mehr Beachtung geschenkt werden. Fußballvereine müssen sich stärker dem Fairplay verschreiben. Und dazu meine ich nicht, noch ein paar mehr Fairplay-Cups auszutragen. Es muss wirklich fair gespielt werden.

Abschließend will ich mich noch kurz der Sozialarbeit mit Hooligans widmen. „Aufsuchende" und „Akzeptierende" Arbeit muss weiterhin sehr groß geschrieben werden. Nur in der Lebenswelt der jungen Männer können Missstände aufgedeckt und Veränderungen herbeigeführt werden. In dieser Praxis müssen auch die Grundlagen für die Entwicklung von Theorien liegen. Da sich Jugendkulturen ständig verändern und vervielfältigen, müssen die eigenen Theorien immer wieder kritisch auf ihre Aktualität hinterfragt werden. Sozialarbeiter müssen ein umfangreiches Wissen über Hooligans und über Fußballzusammenhänge aufbauen, um von den jugendlichen Fußballfans akzeptiert zu werden. Denn gegenseitige Akzeptanz ist auch Grundlage der Arbeit. Dabei sollten die Pädagogen immer wieder ihren Umgang mit Gewalt überprüfen, denn Gewalt darf ausdrücklich nicht akzeptiert werden. Gewalt darf nicht verniedlicht werden. Den Jugendlichen sollten ihren Bedürfnissen angemessene Alternativen geboten werden. Dabei müssen ihre selbstregulierenden Handlungskompetenzen einbezogen und verstärkt werden.

Um all dies durchzusetzen, ist auch der Staat gefordert. Er muss die finanzielle und rechtliche Basis dafür schaffen, dass junge Männer ihre Aggressionen kontrolliert ausleben können.

Er muss darüber hinaus versuchen, dem sozialen Auseinandertriften in der Gesellschaft und den spezifischen Ursachen des Hooliganismus Einhalt zu gebieten. Er hat die Möglichkeit, „erlaubte" Gewalt „abzuschaffen" oder wenigstens zu minimieren. Aber irgendwie scheint es, so als sei der Staat daran nicht interessiert, zumindest unternimmt er wenig – obwohl die Möglichkeiten dafür gegeben sind. Bleibt zu hoffen, dass sich das irgendwann ändert.

6 Literatur

1. Bücher

Armstrong, Gary: Football hooligans. Knowing the score. Oxford, Berg Publishers, 1998.

Balestrini, Nanni: I Furiosi. Die Wütenden. Berlin, ID-Verlag, 1995.

Bausenwein, Christoph: Geheimnis Fußball. Auf den Spuren eines Phänomens. Göttingen, Verlag Die Werkstatt, 1995.

Becker, Peter/Pilz, Gunter A.: Die Welt der Fans. Aspekte einer Jugendkultur. München, Copress Verlag, 1988.

Beiersdorfer, Dietmar/Golz, Richard/Nijhuis, Alfred: Fußball und Rassismus. Göttingen, Verlag Die Werkstatt, 1993.

Bohnsack, Ralf/Loos, Peter/Schäffer, Burkhard: Die Suche nach Gemeinsamkeit und die Gewalt der Gruppe. Hooligans, Musikgruppen und andere Jugendcliquen. Opladen, Leske + Budrich Verlag, 1995.

Bott, Dieter/Chlada, Marvin/Dembowski, Gerd: Ball & Birne. Zur Kritik einer herrschenden Fußballkultur. Hamburg, VSA-Verlag, 1998.

Bott, Dieter/Hartmann, Gerold: Die Fans aus der Kurve. Let's go, Eintracht, let's go! Frankfurt, Brandes & Apsel Verlag, 1986.

Böttger, Andreas: Gewalt und Biographie. Baden-Baden, Nomos Verlag, 1998.

Breyvogel, Wilfried (Hrsg.): Lust auf Randale. Jugendliche Gewalt gegen Fremde. Bonn, Verlag J.H.W. Dietz Nachfolger GmbH, 1993.

Bröskamp, Bernd/Alkemeyer, Thomas (Hrsg.): Fremdheit und Rassismus im Sport. Tagung der dvs-Sektion Sportphilosophie vom 9.-10.9.1994 in Berlin. Sankt Augustin, Academia Verlag, 1996.

Buderus, Andreas/Dembowski, Gerd/Scheidle, Jürgen: Das zerbrochene Fenster. Hools und Nazi-Skins zwischen Gewalt, Repression, Konsumterror und Sozialfeuerwehr. Bonn, Pahl-Rugenstein-Verlag, 2001.

Buford, Bill: Geil auf Gewalt. Unter Hooligans. München, Carl Hanser Verlag, 1992.

Campbell, Anne: Zornige Frauen - Wütende Männer. Geschlecht und Aggression. Frankfurt a. M., Fischer TB Verlag, 1995.

Deiters, Friedrich-Wilhelm/Pilz, Gunter A. (Hrsg.): Aufsuchende, akzeptierende, abenteuer- und bewegunsorientierte, subjektbezogene Sozialarbeit mit rechten, gewaltbereiten jungen Menschen – Aufbruch aus einer Kontroverse. Münster, Lit Verlag, 1998.

Dembowski, Gerd/Scheidle, Jügen (Hrsg.): Tatort Stadion. Rassismus, Antisemitismus und Sexismus im Fußball. Köln, PapyRossa Verlags GmbH, 2002.

Ek, Ralf: Hooligans. Fakten – Hintergründe – Analysen. Worms, Cicero Verlag, 1996.

Engelfried, Constance: Auszeit. Sexualität, Gewalt und Abhängigkeiten im Sport. Frankfurt a.M., Campus Verlag, 1997.

Farin, Klaus: generation kick.de. Jugendsubkulturen heute. München, Verlag C. H. Beck, 2001.

Farin, Klaus/Hauswald, Harald: Die dritte Halbzeit. Hooligans in Berlin Ost. Bad Tölz, Verlag Thomas Tilsner, 1998.

Findeisen, Hans-Volkmar/Kersten, Joachim: Der Kick und die Ehre. Vom Sinn jugendlicher Gewalt. München, Kunstmann Verlag, 1999.

Förtig, Helene: Jugendbanden. München, Herbert Utz Verlag, 2002.

Gehrmann, Jayin Thomas/Schneider, Thomas: Fußballrandale. Hooligans in Deutschland. Essen, Klartext Verlag, 1998.

Hahn, Erwin/Pilz, Gunter A./Stollenwerk, Hans J./Weis, Kurt: Fanverhalten, Massenmedien und Gewalt im Sport. Schorndorf, Verlag Karl Hofmann, 1988.

Hammerich, K./Heinemann, K. (Hrsg.): Texte zur Soziologie des Sports. Schorndorf, Hofmann Verlag, 1979.

Heitmeyer, Wilhelm/Peter, Jörg-Ingo: Jugendliche Fußballfans. Weinheim, München, 1992.

Horak, Roman u.a. (Hrsg.): Ein Spiel dauert länger als 90 Minuten. Fußball und Gewalt in Europa. Hamburg, Junitus Verlag, 1988.

Horak, Roman/Penz, Otto (Hrsg.): Sport: Kult & Kommerz. Wien, Verlag für Gesellschaftskritik, 1992.

Hortleder, Gerd/Gebauer, Gunter (Hrsg.): Sport - Eros - Tod. Frankfurt a. M., Suhrkamp Verlag, 1986.

Humphries, Stephen: Hooligans or rebels? An Oral History of Working Class Childhood, 1889-1939. Oxford, Blackwell Publishing, 1995.

Institut für Sozialarbeit und Sozialpädagogik (ISS), Frankfurt, und Informations-, Fortbildungs- und Forschungsdienst Jugendgewalt-prävention (IFFJ) (Hrsg.): Informationsdienst AGAG: Projekte im Aktionsprogramm gegen Aggression und Gewalt. Berlin, 1992.

King, John: Fußball Factory. Der letzte Kick. München, Goldmann Verlag, 2000.

Kirsch, Andreas: Gewalt bei sportlichen Großveranstaltungen. Parallelitäten und Divergenzen zwischen der Bundesrepublik Deutschland und den USA. Frankfurt a.M., Europäischer Verlag der Wissenschaften, 2000.

Klein, Michael (Hrsg.): Sport und soziale Probleme. Reinbek, Rowohlt Verlag, 1989.

Krafeld, Franz Josef.: Die Praxis akzeptierender Jugendarbeit. Konzepte, Erfahrungen, Analysen aus der Arbeit mit rechten Jugendcliquen. Opladen, Leske + Budrich Verlag, 1996.

Kraußlach, Jörg u.a.: Aggressive Jugendliche: Jugendarbeit zwischen Kneipe und Knast. München, Juventa Verlag, 1985.

Lämmer, Manfred/Rüskin, Hillel (Hrsg.): Fair Play und der Kampf gegen Gewalt im Sport. Deutsch-irsraelisches Seminar: Jerusalem, 31. August – 2. September 1994, Bericht. Sankt Augustin, Academia Verlag, 1998.

Lenk, Hans/Pilz, Gunter A.: Das Prinzip Fairness. Osnabrück, Verlag A. Fromm, 1989.

Lösel, Friedrich/Bliesener, Thomas/Fischer, Thomas/Pabst, Markus A.: Hooliganismus in Deutschland: Ursachen, Entwicklung, Prävention und Intervention. Abschlußbericht eines Forschungsprojektes für das Bundesministerium des Inneren. Schweinfurt, Schunk Druck- und Verlags-GmbH, 2001.

Lüschen, G. (Hrsg.): Kleingruppenforschung und Gruppe im Sport. Köln/Opladen, Leske *+ Budrich Verlag, 1966.

Matthesius, Beate: Anti-Sozial-Front. Vom Fußballfan zum Hooligan. Opladen, Leske + Budrich Verlag, 1992.

Meyer, Ingo-Felix: Hooliganismus in Deutschland. Analyse der Genese des Hooliganismus in Deutschland. Berlin, Verlag für Wissenschaft und Forschung, 2001.

Pilz, Gunter A./Schippert, D./Silberstein, W.: Das Fußballfanprojekt Hannover. Ergebnisse und Perspektiven aus praktischer Arbeit und Wissenschaftlicher Begleitung. Münster, Lit Verlag, 1990.

Pilz, Gunter A.: Jugend, Gewalt und Rechtsextremismus. Möglichkeiten und Notwendigkeiten politischen, polizeilichen und (sozial)pädagogischen Handelns. Münster/Hamburg, Lit Verlag, 1994.

Pilz, Gunter A.: Lebenswelt und Interessen von Jugendlichen und Fußballfans. Dortmund, Pad Verlag, 1990.

Pilz, Gunter A. (Hrsg.): Sport und körperliche Gewalt. Reinbek, Rowohlt Verlag, 1986.

Pilz, Gunter A.: Wandlungen der Gewalt im Sport. Ahrensburg, Czwalina Verlag, 1982.

Raap, Rainer (Hrsg.): Das Fanbuch. Frankfurt, Strohhalm-Verlag, 1988.

Sahner, H. (Hrsg.): 27. Kongress der Deutschen Gesellschaft für Soziologie. Gesellschaften im Umbruch. Opladen, Leske + Budrich Verlag, 1995.

Schlagenhauf, Karl: Sportvereine in der Bundesrepublik Deutschland. Teil I: Strukturelemente und Verhaltensdeterminanten im organisierten Freizeitbereich. Schorndorf, Schriftenreihe des Bundesinstituts für Sportwissenschaft, 1977.

Schröder, Burkhard: Rechte Kerle. Reinbek, Rowohlt Verlag, 1992.

Schubert, Ulli/Hoffmann, Felix: Hooligan. Würzburg, Arena Verlag, 2000.

Schulze-Marmeling, Dietrich: Der gezähmte Fußball. Zur Geschichte eines subversiven Sports. Göttingen, Verlag Die Werkstatt, 1992.

Schulze-Marmeling, Dietrich (Hrsg.): „Holt euch das Spiel zurück!". Fans und Fußball. Göttingen, Verlag Die Werkstatt, 1995.

Schwendter, Rolf: Theorie der Subkultur. Neuausgabe mit einem Nachwort, sieben Jahre später. Frankfurt a.M., Syndikat Verlag, 1978.

Schwind, Hans-Dieter/Baumann, Jürgen u.a. (Hrsg.): Ursachen, Prävention und Kontrolle von Gewalt. 4 Bde, Berlin, Verlag Buncker & Humboldt, 1990.

Smolinsky, R.: Fußball und Gewalt. Die Hooligans. Sandhausen, 1990.

Stark, Jürgen/Farin, Klaus: Das Fussball Lesebuch. Reinbek, Rowohlt Taschenbuch Verlag, 1990.

Sturzbecher, Dietmar: Jugend und Gewalt in Ostdeutschland. Göttingen, Kury Verlag, 1997 (oder 2001).

Timm, W.: Sportvereine in der Bundesrepublik Deutschland. Teil II: Organisations-, Angebots- und Finanzstruktur. Schorndorf, Schriftenreihe des Bundesinstituts für Sportwissenschaft, 1979.

Wagner, Bernd: Jugend - Gewalt - Szenen. Materialien I. Berlin, Berlin-Brandenburger Bildungswerk e.V., 1995.

Wagner, Hauke: Fußballfans und Hooligans. Gelnhausen, Wagner Verlag, 2002.

Wild, Bodo: Kollektivität und Konflikterfahrungen. Modi der Sozialität in Gruppen jugendlicher Fußballfans und Hooligans. Eine rekonstruktiv-empirische Vergleichsstudie. Berlin, Mikrofiches Verlag, 1996.

Williams, John: Hooligans abroad. London, 1989.

2. Zeitschriften

Bohnsack, Ralf: Adoleszenz, Aktionismus und die Emergenz von Milieus. Eine Ethnographie von Hooligangruppen und Rockbands. In: Zeitschrift für Sozialforschung und Erziehungssoziologie, 17, 3-18.

Bundeszentrale für politische Bildung (Hrsg.): Schritte gegen Gewalt. Pädagogische Konzepte der Gewaltprävention. In: Informationen zur politischen Bildung aktuell, 2000.

Chlada, Marvin u.a.: Sport und Rassismus. In: ZAG antirassistische zeitschrift, S.13-25, Nr. 29, 4. Quartal 1998.

Graf, Achim: Die Macht der Bilder. Gewalt im Umfeld des Fußballs – ein mediales Konstrukt? In: Süddeutsche Zeitung, 07.06.2000.

Grate, M.: Gegen eine Dramatisierung der „Jugendgewalt". In: Jugendnachrichten – Zeitschrift des Bayerischen Jugendrings, 1991, 12, 4-5.

Koordinationsstelle Fan-Projekte (KOS) (Hrsg.): Anstösse. Ausgewählte Dokumente aus den KOS-Schriften 2-5. KOS-Schriften 8. Frankfurt, 2000, ISSN: 1431-570X.

Koordinationsstelle Fan-Projekte (KOS) (Hrsg.): Verordnete Defensive. Ausgewählte Dokumente der 6. und 7. Bundeskonferenz der Fan-Projekte in Karlsruhe und Berlin sowie der 3. Fan-Projekte-Werkstatt in Nürnberg. KOS-Schriften 7. Frankfurt, 2000, ISSN 1431-570X.

körper, leder, gewalt – die saudi hat nachgetreten! In: 17°C, Nr. 16.

Löffelholz, M.: Ihre Losung lautet: Gewalt macht Spaß. Hooligans brauchen den Fußball nur noch als Anlass. In: Frankfurter Rundschau, 13.03.1993, S. 14.

Meyer, Gregor: Die Klubs mobilisieren gegen die Gewalt. Die verstärkten Sicherheitsmaßnahmen gegen Hooligans und Neonazis beginnen zu greifen. In: Sonntags Zeitung (Schweiz), 28.06.1998.

Pilz, G. A.: Hooligans – Europameister der Gewalt. In: Psychologie heute, 1992, S. 19, 36-39.

Pilz, G. A.: Plädoyer für eine sportbezogene Jugendsozialarbeit. In: Deutsche Jugend, 1991, 7-8, ISSN 334-343.

Scheidle, Jürgen: Stadionverbote. Wie reagieren die Fans, wie die Pädagogik? In: Kos-Schriften 8, Frankfurt, 1997, S. 147-152, ISSN 1431-570X.

Siller, G.: Junge Frauen und Rechtsextremismus. Zum Zusammenhang von weiblicher Lebenserfahrung und rechtsextremistischem Gedankengut. In: deutsche jugend, 1991, 23-3.

Teuter, Leo: Geschlechterspezifische Ansätze in der Fan-Arbeit. In: Kos-Schriften 5, Frankfurt, 1997, ISSN 1431-570X.

3. Internet

BFC-Dynamo-Hooligans. Auf. www.bfc-hools.de

Deutsche Sportjugend. Auf: www.dsj.de

Deutscher Fußballbund(DFB). Auf: www.dfb.de

Deutsches Forum für Kriminalprävention. Auf: www.kriminalpraevention.de

Europäische Konvention über Zuschauergewalt und –fehlverhalten bei Sportveranstaltungen, insbesondere bei Fußballspielen: Entwurf eines Handbuches zur Gewaltprävention im Sport. Auf: http://www.kos-fanprojekte.de/service/download.htm

Hooliganismus. Auf: www.provif.de/data_d/hool_d.html

Hooligans – eine Begriffsbildung mit unterschiedlicher Herkunft. Auf: www.hooligans.de/info_ueber/Uber_Hooligans/Was_sind_Hooligans_/was_sind_hooligans_.html

Innenministerium Nordrhein-Westfalen: www.im.nrw.de

Jahresberichte des LKA. Auf: www.lka.nrw.de/abtei/a4/ZISJB00001.pdf

KOS Fan-Projekte Frankfurt. Auf: www.kos-fanprojekte.de

Landeskriminalamt Düsseldorf. Auf: www.lka.nrw.de

„Nationales Konzept Sport und Sicherheit" Auf: www.im.nrw.de

Pilz, Gunter A.: 10 Jahre Fan-Projekt Hannover: Eine (selbst-) kritische Bestandsaufnahme zur aufsuchenden, „akzeptierenden" Jugendarbeit mit gewaltfaszinierten Fußballfans und Hooligans. Erfahrungen, Enttäuschungen, Ermutigungen. Auf: www.hooligans.de/info_ueber/Uber_Hooligans/Wissenschaftliche_Texte/Fanprojekt_Hannover/fanprojekt_hannover.html

Pilz, Gunter A.: Aufsuchende, „akzeptierende" Jugend(sozial)arbeit mit gewaltfaszinierten, gewaltbereiten und „rechten" Jugendlichen. Ergebnisse und Perspektiven aus Forschung und praktischer Arbeit mit Fußballfans und Hooligans. Bericht der wissenschaftlichen Begleitung des Fan-Projektes Hannover. Auf: www.hooligans.de/info_ueber/Uber_Hooligans/Wissenschaftliche_Texte/Praktische_Arbeit/praktische_arbeit.html

Pilz, Gunter A.: "Deutschland den Deutschen" - Gedanken und Fakten zu Fremdenfeindlichkeit und Rassismus in der Fußballfan- und Hooliganszene. Auf: www.hooligans.de/info_ueber/Uber_Hooligans/Wissenschaftliche_Texte/Rechtsradikalismus/rechtsradikalismus.html

Pilz, Gunter A.: „Emotionen beleben das Geschäft" – Vom widersprüchlichen Umgang mit der Gewalt: eine sozialkritische Analyse. Auf: www.hooligans.de/info_ueber/Ueber_Hoolgans/Wissenschaftliche_Texte/Emotionen/emotionen.html

Pilz, Gunter A.: Gewalt im Umfeld von Fußballspielen – Ursachen und Möglichkeiten der Prävention. Auf: www.hooligans.de/info_ueber/Uber_Hooligans/Wissenschaftliche_Texte/Gewalt_im_Umfeld/gewalt_im_umfeld.html

Richtlinien zur Verbesserung der Sicherheit bei Bundesspielen (vom DFB). Auf: www.bundesliga.de/imperia/md/content/transferlistepdfs/anhang6.pdf

Rötzer, Florian: Von der Gewalt als Medienfest. Leben unter Hooligans. 23.06.1998. Auf: www.telepolis.de/deutsch/inhalt/co/2378/1.html

Schröder, Burkhard: Die Bösen sind die anderen – Hooligans sind die Rache des Kapitalismus. Über die Inszenierung von Gewalt. Auf: www.burks.de/artikel/jur798a.html

Was sind Hooligans? Auf: www.hooligans.de/info_ueber/Uber_Hooligans/uber_hooligans.html

www.11freunde.de

www.bmfsfj.de

www.bundesliga.de

www.geocities.com/terror_of/feind.html

www.iss-ffm.de

www.kuboni.de/cd2/index.htm

Zentrale Informationsstelle Sporteinsätze (ZIS). Auf: www.lka.nrw.de/abtei/a4/dez43.htm

7 Anhang

Anlage 1: Die Leipziger Fußballszene aus Sicht eines Chemie-Fans: „...Über Leutzsch lacht die Sonne – über Lok die ganze Welt..." von Ray Schneider – 180

Anlage 2: Musterstadionordnung (Auszug aus dem „Nationalen Konzept Sport und Sicherheit") – 193

Anlage 3: Konzeption für bauliche Sicherheitsstandards und organisatorisch-betriebliche Bedingungen in Stadien (Auszug aus dem NKSS) – 204

Anlage 4: Rahmenrichtlinien für Ordnerdienste (Auszug aus dem NKSS) – 223

Anlage 5: Richtlinien zur Verbesserung der Sicherheit bei Bundesspielen (vom DFB) – 237

Anlage 6: Entwurf eines Handbuches zur Gewaltprävention im Sport (Europäische Konvention über Zuschauergewalt und -fehlverhalten bei Sportveranstaltungen, insbesondere bei Fußballspielen) – 259

Anlage 1:

Die Leipziger Fußballszene aus Sicht eines Chemie-Fans: „...Über Leutzsch lacht die Sonne – über Lok die ganze Welt..." von Ray Schneider

Quelle: www.kuboni.de/cd2/index.htm

Die Leipziger Fußballszene aus Sicht eines Chemie-Fans:

"... ÜBER LEUTZSCH LACHT DIE SONNE - ÜBER LOK DIE GANZE WELT..."

von Ray Schneider

"Alles zum Wohle des Volkes" hat unter DDR-sozialistischen Bedingungen natürlich auch bedeutet, dass der Sport ganz im Dienste des politischen Kurses zu funktionieren hatte. Der Leistungssport diente als Propagandamittel, das der Bevölkerung zeigen sollte, wie effizient die realsozialistische Maschinerie arbeitet, aber vor allem, wie überlegen das System des Ostens gegenüber dem des "Klassenfeindes" in Wirklichkeit war.

Während jeder Bezirk der DDR die Talente der Region in sportlichen Elitezentren ermittelte, zu "Leistungskadern" aufbaute und diese den Sportfunktionären für die Umsetzung ihrer Pläne jederzeit zur Verfügung stellte, wurde der Massensport über die Betriebssportgemeinschaften (BSGs) oder andere gesellschaftliche Organisationen organisiert. Sportliche Erfolge wurden durch "Delegierungen" (Zwangs-Beförderungen) von Leistungsträgern künstlich erzeugt, und dass vom Kinderbereich über die Kinder und Jugendsportschulen bis hin zu den Profis. Der gesamte sportliche Wettkampfbetrieb wurde von obersten Stellen manipuliert und vereinnahmt. Sportliche Karrieren waren somit immer mit Unterwerfung und somit Zusammenarbeit mit den politischen Organen verbunden. Die Spitzensportklubs der DDR waren natürlich die der Polizei und der Armee, und sportliche Erfolge (die mit militärischen Auszeichnungen entlohnt wurden) verbanden sich jeweils mit Erhöhung des Dienstgrades.

Mit Honecker verflachte in den Siebzigern Ulbrichts Ausrichtung der DDR auf eine gleichgeschaltete sozialistische Volksgemeinschaft, gewannen bürgerliche und individuelle Freiheiten westlicher Prägung neue Bedeutung. Der Lebensstandard der Leute stieg, Familie und Freizeitgestaltung machten wieder den Sinn des Lebens aus. Wer sich in die kleinbürgerlichen Verhältnisse einpasste, fand seine politikfreien Nischen und wurde mit pseudowestlichen "Errungenschaften des Sozialismus" belohnt. Der Leistungs- und Wettkampfsport diente immer mehr als Propagandainstrument.

Im Fußball gab es die Oberliga, in der die Klubs der Leistungszentren der DDR-Bezirke um die Teilnahme an internationalen Vergleichen spielten. Nur ganz wenigen BSGen (ausschließlich die von Großbetrieben wie der WISMUT, der Autoindustrie oder der Chemiekomplexe im Süden) gelang es, in der Liga der Klubs mitzuspielen, meist nur um den Klassenerhalt, denn die "guten" Spieler wurden sofort zu den Spitzenklubs delegiert. Die Kaderschmiede und die Nachschubbasis der Oberliga bildeten die fünf DDR Ligen der zweithöchsten Spielklasse, die untereinander jeweils die zwei Aufsteiger in die Oberliga ermittelten.

In der Bevölkerung galten die BSGen (meist alte Arbeiter- oder Traditionsvereine) als underdogs und Antipoden der SED-gesteuerten Fußballklubs. Durch diese hineininterpretierte "politische Komponente" gestalteten sich Vergleiche zwischen BSGen und Polizei-, Stasi- oder Armeeklubs oft zu politischen Veranstaltungen, bei denen unter dem Deckmantel des Sports und aus der sicheren Masse heraus politische Meinungsäußerungen möglich waren, ein symbolischer Machtkampf zwischen "unten" und "oben" stattfand.

Folgerichtig sammelte sich um solche Vereine dann auch ein spezielles Protestpotential, bei dem das Interesse am Verein weit über den sportlichen Aspekt hinausging. Von besonderer Bedeutung waren dabei die Vereine Union Berlin und Chemie Leipzig, die sich als einzige höherklassige Teams der DDR in der eigenen Stadt mit Konkurrenzklubs wie dem BFC und dem 1. Lokomotive Leipzig konfrontiert sahen. Anhänger aus der ganzen Republik sympathisierten mit beiden Vereinen. Bei Auswärtsspielen begleiteten hunderte bis tausende Jugendliche die Teams, was folgerichtig oder gezielt zu Konfrontationen mit den staatlichen Organen und spektakulären Skandalen führte. Die Medien verschwiegen diese Vorkommnisse bewußt und sorgten somit dafür, daß es zum Kult oder zum Ausdruck der eigenen Oppositionshaltung wurde, sich zum Anhänger von Union oder Chemie zu bekennen.

"Schlagt dem Erich Mielke die Schädeldecke ein!
Blut soll fließen, Blut soll fließen.
Hoch lebe die Chemie-Republik!"

Leipzig, mit 600 000 Einwohnern die zweitgrößte Stadt der DDR, hatte eine ganz spezielle Fußballtradition. In den 50ern und 60ern hatte man mehrmals versucht, den beliebten Arbeiterverein aus Leutzsch zugunsten eines künstlich geschaffenen Elitevereins (das Leistungszentrum des Bezirkes 1. FC Lokomotive Leipzig) aufzulösen. Die Trotzreaktion von Sportlern und Fußballanhängern führte dazu, dass der Todgeglaubte wie Phönix aus der Asche aufstieg und sowohl vor, wie hinter dem Spielfeldrand den Polit- und Sportfunktionären peinliche Auftritte lieferte.

Die Zugehörigkeit der Anhänger zum jeweiligen Verein machte sich aber auch am Wohnort und der Beeinflussung durch Familie, Freundeskreis und Arbeitsumfeld fest. In den Metallbetrieben des Westens hatten Arbeiter ganze "Chemiealtäre" aus Mannschaftsfotos der Meistermannschaft und alten Fahnen über ihren Maschinen errichtet. Die Mehrzahl der Chemieanhänger kam aus den Arbeitervierteln des Nordens und Westens, die von Lok aus dem Osten und Süden. Schaffte Chemie mal wieder den Aufstieg in die Oberliga, schlugen ihr die Sympathien der Mehrzahl der Leipziger entgegen, übertraf man die Zuschauerzahlen des Ortsrivalen um das Mehrfache.

Die traumatischen Erfahrungen der Leipziger Jugendlichen aus den Beatkrawallen 1965 auf dem Leuschner Platz (Polizei prügelte auf tausende Jugendliche ein und deportierte sie in die Braunkohle zur Zwangsarbeit), das Verbot der Leipziger Band Renft Mitte der Siebziger und die Krawalle mit der Polizei bei der 1000-Jahrfeier 1974 in Altenburg hatten in und um Leipzig eine Jugendszene hervorgebracht, die sich von der staatlichen Jugendpolitik nichts mehr vormachen ließ und Konfrontationen mit der Staatsgewalt nicht auswich. Bei Auswärtsfahrten der Chemieanhänger in den Siebzigern kam es ständig zu Krawallen. In Eisleben und Wolfen kam es zu Massenschlägereien mit Polizeieinheiten, bei Fahrten in Regionen des Harz zu Einsätzen der Grenztruppen der DDR. Dabei handelte es sich aber um keinen gezielten Protest gegen Staat und Partei, sondern vielmehr um ein sich Auflehnen gegen die Zustände allgemein - gegen die zahlreichen Verbote, gegen Willkür und Polizeigewalt, gegen das Eingespertsein in der DDR und die beschnittenen Freiheiten. Da es eine politische Opposition in der DDR nicht gab, hinter deren Forderungen man sich stellen konnte, kippten Protestausbrüche schnell in platt-antikommunistisch/antisowjetische und großdeutsche Ausbrüche. (Rassistische, neofaschistische und antisemitische Äußerungen gab es in den Siebzigern jedoch kaum.) Gegenüber der DDR-Propaganda, die sich in den Anfangsjahren der Honecker-Ära staatlich, geschichtlich und völkisch immer mehr als eigenständig und losgelöst von der BRD darstellte und Verbindungen mit den Ländern des Ostens konstruierte, bezogen sich die Fußballfans ständig auf den Westen. Jeder hatte neben seinem hiesigen Verein einen Favoriten im Westen. Auf wilden Schwarzmärkten vor den Kassenhäuschen in Leutzsch und Probstheida wurden Poster, Wimpel und Anstecknadeln von Westvereinen angeboten. Übertragungen der Bundesligaspiele oder von Länderspielen waren Straßenfeger. Ende der Siebziger explodierte der Tourismus von DDR-Jugendlichen zu Fußballspielen westlicher Teams in die CSSR, nach Polen und Ungarn. Bis zu mehreren Hundert Jugendliche (meist Berliner, Chemiefans und Jugendliche aus den Großstädten des Südens) bildeten bei Spielen in Prag und Bratislava ganze Fanblöcke und konfrontierten die örtliche Bevölkerung mit pseudowestlicher Lebenskultur, die man auf Saufen, Provozieren und Randalieren reduzierte. In den Achtzigern fingen tschechische Polizisten DDR-Jugendliche bei Razzien dann einfach von der Straße oder aus Kneipen weg, sperrten sie unter Tränengas in zugesperrte Sonderwaggons und schickten sie zurück über die Grenze.

"Trinkfest und arbeitsscheu
und Chemie Leipzig treu
meine BSG Chemie
verlaß ich nie!"

Eine pseudowestliche Fankultur aus Rebellen-, Landstreicher-, Abenteurertum entwickelte sich in der DDR zuerst bei den zwei Vereinen Chemie und Union und setzte sich bei den anderen Vereinen erst Ende der 70er Jahre durch. Eine eigene Fankultur entwickelte sich in Leipzig unter den Chemiefans aber erst Anfang der Achtziger. Dabei machte sich diese Kultur mehr an Strukturen und Formen der Selbstorganisation fest, als an Äußerlichkeiten. Die Mode der Fußballfans unterschied sich gegenüber der der anderen Jugendlichen nicht wesentlich. Schals und Fußballwesten trug man überall auf den Fußballplätzen. Die erste Punk- und Skinheadgeneration (ca. ab 1981/82), die ja öffentliche Auftritte suchte, etablierte sich in Leipzig jedoch nicht wie in Berlin beim Fußball. Dazu war die Stadt dann doch zu klein und die Szene zu mitgliederschwach. Die ersten Punks sah man etwa ab 1984 bei Chemie. Sie nahmen jedoch jahrelang nur eine Gastrolle ein, bestimmten bis nach der Wende nie wirklich das Geschehen.

Auch die Erfindung eigener Sprechchöre und Schmählieder gegen Politiker und gesellschaftliche Organisationen war keine ausschließlich Leipziger Eigenart. Dass das ganze Stadion aber "Scheiß NVA" oder "Stasischweine" rief, war dagegen sicher nicht typisch für alle DDR-Stadien. Chemiefans, die bei Länderspielen oder EC-Vergleichen von Lok im Zentralstadion fast immer den Gegnerblock unterstützten, gaben sich fortan auch immer Mühe, die Sprechchöre so zu puschen, dass bald das ganze Stadion (live übertragen) "Nieder mit der DDR" skandierte und in Jubel ausbrach, wenn der

Gegenangriff lief. Die Reaktion war dann meist, dass bei Übertragungen aus Leutzsch, der Wuhlheide oder dem Zentralstadion der Ton völlig heruntergefahren wurde.

Nach der WM 1974 und 78, bekam der Fußball immer mehr eine "Show"-Komponente, wurde er von den Medien und der Werbeindustrie zunehmend als Konsumprodukt für alle Bevölkerungsgruppen ausgeschlachtet. Die ungebändigte Rebellenjugend mutierte weitgehend zur Konfetti- und Papierschlangen-werfenden Hintergrundkulisse. Zäune trennten die Zuschauer nun fast überall vom Spielfeld, Sicherheitsbeamte sorgten dafür, daß es im Stadion nicht zu größeren Exzessen kam. Die "Action" fand daraufhin meist ums Stadion und unter den Fans statt. Halle, Jena, Erfurt, überall gab es die gefürchteten Parks oder Fußgängerzonen, in denen sich die Fans gegenseitig auflauerten und prügelten. Wer zum Fußball ging, der wusste, dass es nach Fußballspielen zu Massenschlägereien unter den Fans kam, dass in Zügen und Bahnhöfen randaliert wurde, dass es für die eigene Sicherheit gefährlich werden konnte. Man wusste aber auch, dass die Masse der Fußballfans unheimlich viele Freiheiten bot, dass beim Fußball Dinge möglich waren, für die man als Einzelperson im Alltag sofort "abgehen" würde. Die Aggressivität der Fans beschränkten sich auf das Symbolisieren der eigenen Überlegenheit im eigenen Terrain oder in der fremden Stadt, auf das "Ruppen" (das Erobern gegnerischer Symbole wie Schals, Fahnen und Abzeichen) oder waffenlose Prügeleien. Es gab aber nicht nur die Rivalität unter den verschiedenen Städten und Mannschaften, sondern auch die Rivalität unter den (in der DDR offiziell nicht mehr existierenden) Ländern Sachsen, Preußen, Thüringen, Sachsen-Anhalt und Mecklenburg. Gerade die Rivalität zwischen Sachsen und Preußen spitzte sich in den Achtzigern (in denen die Hauptstadt besonders bevorzugt wurde und der Hauptstadtclub BFC zur DDR-Vorzeigemannschaft zurechtgebastelt wurde) immer mehr zu. Da es ein Problem "Fußballrandale" offiziell nicht geben durfte, wurde von Seiten der Behörden im Vorfeld nie konsequent genug geplant und eingegriffen. Ende der Siebziger kam es bei Fußballspielen dann vermehrt zu Toten, meist außerhalb des Stadions. Die Todesfälle wurden durchgängig verschwiegen und lebten nur unter den Fans als Mythen fort.

Wo es sich aus der ungünstigen Ligaposition einer Mannschaft jedoch ergab, dass keine gegnerischen Fangruppen existierten (wie bei Chemie in der Liga), kam es vorrangig zu Auseinandersetzungen mit der Polizei. Schließlich wurden Polizeihunde umgebracht, Tonis umgekippt, Volkseigentum beschädigt oder Parteisymbole bewusst geschändet. Gummiknüppel, Teleskopschlagstöcke, Knebelketten und Polizeimützen waren begehrte Trophäen. Traten Chemiefans auswärts in Massen auf, wie beim Gang vom Bahnhof zum Fußballstadion, dann schlugen diese Menschenzüge oft in Demonstrationszüge mit politischen Parolen gegen Staat und Partei um. Anfang der Achtziger zogen Fans regelmäßig vom Leipziger Hauptbahnhof als Demonstrationszug in die Innenstadt und mussten von der Polizei dort mühsam und vor der erschreckten Bevölkerung gewaltsam aufgelöst werden. Dem massenhaften Auftreten von Unionern und Chemiefans traten die Einsatzkräfte (gerade in der Provinz) oder die Zugbegleitungen völlig hilflos entgegen. Zu Fußballspielen bewegte man sich fast ausschließlich mit dem Zug. Schwarzfahren wurde zum Sport und mancher Transportpolizist oder Schaffner, der sich mit den Fans anlegte, wurde gedemütigt oder sogar aus dem Zug geworfen. Schließlich kam es dazu, dass die Union- und Chemiefans mit

Sitzblockaden auf Kreuzungen u.ä. die Einsetzung von Sonderzügen oder Sonderwaggons erzwangen.

Zu einer einzigartigen Fanfreundschaft kam es über fast zwei Jahrzehnte zwischen den Fans von Aue und Chemie. Man begleitete sich gegenseitig zu Heim und Auswärtsspielen im gesamten Gebiet der DDR, organisierte untereinander Fahrten, Treffen und Wettkämpfe. Ausgangspunkt dafür waren die Kontakte des Chemiefanclubs "Grüne Engel" (gegr. 1975) mit Fans aus Aue, die in den beginnenden Achtzigern mit dem Fanclub Connewitz (gegr. 1979) und Cottbuser Fans und dem Fanclub West (gegr. 1981) mit der VSG Wuhlheide Nachahmung fanden. Fanfreundschaften bestanden bei Chemie außerdem nach Magdeburg und Riesa.

1981/82 kam es zum Aufblühen einer neuen Fanclubkultur bei Chemie. Da die Fanclubs bei Chemie eigenständige Organisationen darstellten, also völlig losgelöst vom Verein und jeder staatlichen Kontrolle, wurden sie von den staatlichen Organen nicht geduldet und verfolgt, sobald sie sich öffentlich zu erkennen gaben. Einzelne Fanclubs nannten sich daraufhin VSG (Volkssportgemeinschaft) oder gaben sich Phantasienamen wie "Ortsgruppe Plagwitz". 1983 war die Anzahl der Fanclubs bei Chemie auf ca. 80 angestiegen. Den Behörden fiel es immer schwerer Argumente für das Verbot zu finden oder die Strukturen aufzulösen. Wo man von offizieller Seite keine Unterstützung fand wie es bei Union möglich war, wo man die Fanaktivitäten unter dem Deckmantel "Union-Jugendclub" laufen lassen konnte, agierte man völlig eigenständig selbst und an allen Organen und Vorschriften vorbei. Man trug unter den Chemiefanclubs jährliche Fanclubmeisterschaften mit Hin- und Rückspielen aus, organisierte überregionale Fanpokale von Freizeit- und Volkssportteams und machte in der Freizeit viel miteinander. Die einzelnen Fanclubs organisierten eine Art Vereinsleben, teilweise mit klaren Regeln und Programmen außerhalb des Fußballs, man führte Chroniken, Fanzines entstanden. Fast wöchentlich gab es bei den unorganisierten Fanteams Freundschaftsspiele mit Volkssportmannschaften und Freizeitteams, wurde man schließlich sogar zu offiziellen Turnieren von Sportgemeinschaften und Betrieben geladen. Die Kontakte der Fans gingen bald über die Stadtgrenzen hinaus. Nachdem Chemiefanclubs 1984 zum jährlich stattfindenden Union Fanpokal eingeladen wurden, nahmen zwölf Mannschaften an der 1. DDR-Fanclub-Meisterschaft in Berlin teil. Ausrichter war wie beim Union-Fanpokal der Union-Jugendklub. Zwei Chemiefanclubs teilten sich den dritten Platz. Im Folgejahr organisierten Chemiefans die 2. Meisterschaft in Leipzig. Fortan kam es regelmäßig zu Vergleichen und Turnieren verschiedener Fanteams, teilweise sogar vor jedem Auswärtsspiel.

"50 Meter im Quadrat
Rundherum nur Stacheldraht
Weiß Du wo ich wohne?
Ich wohne in der Zone!
Doch einmal wird es anders sein,
Dann sperren wir die Bullen ein
und Chemie Leipzig wird dann
Deutscher Meister sein..."

Die Sicherheit beim Fußball gewährleistete die Volkspolizei, Wehrpflichtige der Bepo (Bereitschaftspolizei), freiwillige Helfer der Volkspolizei sowie die Leipziger Gruppe der Sportordner, die sowohl bei Lok als auch bei Chemie eingesetzt wurden. Die Ordnungs- und Sicherheitsdienste besaßen wenig Durchsetzungskraft und Motivation. Zu diesen Organisationen verpflichteten sich (wie zur Volkspolizei) bis in die Achtziger hinein meist nur Deppen oder gescheiterte Existenzen. Hundehalter, die ihre Zöglinge abrichten ließen, fanden sich schnell als "Helfer der Volkspolizei" beim Fußball wieder. Zudem verfügten die Sicherheitsorgane kaum über funktionierende Kamera- und Überwachungstechnik. Außer Hunden und Gummiknüppeln kamen keine Schutzmittel oder Waffen zum Einsatz. Mit schwierigen Situationen vor oder nach Fußballspielen war man deshalb immer überfordert und konnte die Hauptakteure bei Randalen meist nicht dingfest machen.

Immer wieder versuchte man über IMs und Kontaktpersonen der Fußballvereine gegen die "feindlich negativen Kräfte bei Chemie" vorzugehen. Dabei wurden gezielt Jugendliche unter 18 Jahren über die Berufsschulen geworben, die in Kontakt mit Fanclubs standen. Eine andere Methode war es, Jugendliche, die nach den Gesetzen der DDR straffällig geworden waren, mit der Androhung von Verurteilungen und Gefängnisstrafen zur Zusammenarbeit zu zwingen. Andere Beispiele sind von Armeeangehörigen bekannt, deren Post kontrolliert wurde und die man innerhalb der verschärften NVA-Bedingungen zur Preisgabe von Informationen zwang. Nachdem die Zersetzung der Chemiefans nicht gelang, 1983 sogar ein regelrechter Boom einsetzte, lockerte man das Verbot von Fanclubs und versuchte die Jugendlichen durch Zusammenarbeitsangebote an den Verein zu binden und somit zu kontrollieren. Fans, die 1984 mit Zusammenarbeitswünschen an Chemie herangetreten waren, wurden als eigenständige Sektion "Sportwerbegruppe" im Verein integriert und zu Ordnungsdiensten und Informantentätigkeit überredet. Die Zusammenarbeit scheiterte schnell, da sich die Fans nicht vereinnahmen ließen. Als 1984 Chemiefans zu Fanclubs aus dem Westen Kontakte geknüpft hatten, man in Leipzig regelmäßig Besuch bekam und gemeinsame Fußballspiele organisierte, ging man härter gegen die Fans vor, versuchte man es mit Repression. Unter Androhung von Haft- und Geldstrafen wurden Treffen verboten. Einzelpersonen wurden zu Rädelsführern ernannt, man zerstörte berufliche Karrieren und der Personalausweisersatz - PM 12 - kam zur Anwendung. Zur Ausschaltung besonders aktiver Personen wurden ab 1985 gezielt 10-Punkte-Pläne erarbeitet, um diese zu kriminalisieren, deren Ruf zu schädigen, Karrieren zu zerstören, sie zur Armee einzuberufen oder letztlich in den Westen abzuschieben. Personen-, Post- und Telefonüberwachung setzte ein, Privatbereiche wurden verwanzt, IMs eingeschleust und Einreiseverbote für Westler ausgesprochen. Der Arm der Stasi reichte bis nach Prag, wo man bei Treffen Wanzen aus Steckdosen und Radios fischte. Da eine durchschlagende Kriminalisierung dieser Aktivitäten nicht gelang und auch Einberufungen und Schikanen keine Erfolge zeigten, verstärkte man den polizeilichen Druck und die Gängelung setzte sich in Schule, Arbeitsbereich u.ä. fort. Die Reaktion waren Ausreiseanträge und eine völlige Abkehr vom DDR-System. Ab 1984 begann man medienwirksam mit Schauprozessen gegen Chemiefans (meist wegen Bagatelldelikten und gegen wahllos herausgegriffene Personen) Druck auf die Jugendlichen auszuüben. Die Kontrolle und Begleitung der Fans bei Auswärtsfahrten wurde besser organisiert, Bahnhöfe wurden mit Polizeiketten abgesperrt, Sonderzüge und Waggons wurden eingesetzt, Chemiefans in fremden Städten eingekesselt. Stasileute in Zivil begleiteten die Fangruppen. In den Stadien wurden speziell präparierte "Gästefanblöcke" eingerichtet, in denen die Fans während des Spieles gefangen gehalten werden konnten. Bei den Polizeikontingenten fanden Polizisten Gefallen an Fußballeinsätzen und die Möglichkeit willkürlich Macht auszuüben oder straffrei zu prügeln. An Spieltagen von Chemie wurde der Verkauf von Alkohol in den jeweiligen Städten verboten und die Öffnung von Kneipen und Diskotheken untersagt. Wegen eines Pressefestes in Rostock wurde ein Aufstiegsspiel von Chemie 1984 nach Stralsund verlegt, gab es wegen alljährlicher Randale in Dessau Innenstadtverbote, kesselte man Chemiefans über Stunden ein.

Am Tag des Schmidt-Besuches in der DDR, an dem auch das Kriegsrecht in Polen ausgerufen wurde, duldete man "Helmut Schmidt - nimm uns mit - in die Bundesrepublik"- Sprechchöre von Chemiefans in Dessau. Nach chaotischen Episoden zwischen Fans und übereifrigen Polizisten mit gezogener Dienstwaffe (wie eben in Dessau), setzte ab Mitte der Achtziger ein Deeskalationskurs der Polizei ein. In den großen Städten des Landes ließen sich die Sicherheitsorgane nicht mehr provozieren, duldeten Provokationen oder resignierten vor der Masse. Nur in Kleinstädten versuchten sich übereifrige und realitätsferne Glaubenshüter, provozierten damit meist noch ärgere Ausbrüche. Man ließ die Fans größtenteils gewähren und kümmerte sich nur noch um den schnellen An- und Abtransport, sowie die zügige Abarbeitung der Strafverfahren. Dadurch entstand ein neuer Freiraum für Fußballfans, der Neueinsteiger anzog und zu immer neuen Ideen motivierte, um die Toleranzgrenze der Behörden auszureizen. Diese Entwicklung führte dahin, dass man sich in der Masse alles erlauben konnte, solange man die Ordnungsmacht nicht tätlich angriff. Fasziniert von diesen Möglichkeiten provozierten Fußballfans fortan zunehmend mit antikommunistischen, antisowjetischen und rassistischen Äußerungen, die Ende der Achtziger direkt in Angriffe auf Sowjetsoldaten, ausländische Gastarbeiter, sowjetische Soldatenfriedhöfe und antifaschistische Gedenkstätten übergingen. Obwohl die Stasi nun vermehrt fotografierte und ermittelte, kam sie diesen Entwicklungen nicht mehr nach, hatte durch die vermehrte Abschiebung von Gefangenen in den Westen auch kein wirksames Druckmittel gegen die Jugendlichen mehr in der Hand.

Beim 1. FC Lokomotive, der national und international Erfolge errang, versuchte man das Geschehen auf den Rängen unter Kontrolle und auf Parteilinie zu halten, indem man Tickets für begehrte Spiele nur über die Betriebe und gesellschaftliche Organisationen verteilte, somit über die Leipzig- und DDR-Jubel-Propaganda verstärkt linientreues bzw. gefügiges Publikum aus dem Landkreis, aus Schulen und gesellschaftlichen Organisationen installierte. Der FCL war und wurde immer mehr zum Vorzeigeklub der Stadt, zum Spielzeug von Funktionären, zur Brot- und Spiele-Maschine. Das Rebellenpotential beim FCL wurde vom Massenzulauf der Sportspektakelzuschauer in den Achtzigern ersäuft und zog sich als Eliterandgruppe von der dumpfen Masse zurück, hob sich fortan durch immer besser inszenierte Gewaltaktionen ab.

"Wenn das der Führer wüßt,
was Chemie Leipzig ist,
dann wär er nur in Leutzsch,
denn Leutzsch ist deutsch!"

Während die Hippie- Gammler- und Anarchojugend der Siebziger gegen alles rebellierte, was spießig-bürgerlich und diktatorisch-brutal das Leben im Sozialismus der DDR ad absurdum führte, setzte sich mit den Ausreisewellen der Achtziger die Deutschlandmacke bei der Mehrzahl der Fans durch. Man bezog sich zwar noch nicht auf ein wiedervereinigtes Großdeutschland, dafür aber um so mehr auf die BRD, auf die Bundesliga, die Deutsche Fußball-Nationalmannschaft usw. In der DDR war man gezwungenermaßen nur Gast, hatte gemeinsam mit seinem Freundeskreis und den Arbeitskollegen den DDR-Alltag zu ertragen, und durch Cleverness und Frechheit das Beste für sich daraus zu machen. Aus der überwältigenden Fanmasse heraus, die ab 1984 Chemie begleitete, richteten sich die verbalen Attacken immer mehr gegen die "Roten" (personifiziert von den Fußballspielern der Stasi- Polizei- und Armeemannschaften), gegen Sowjetsoldaten, denen man (entgegen der DDR-Propaganda) die Nachkriegsvorurteile vom unzivilisierten Vergewaltiger anhängte, sowie gegen Ausländer in der DDR, die als Gastarbeiter oder Auszubildende verstärkt ins Land geholt wurden. Da diese Menschen nicht in den DDR- Alltag integriert wurden, sondern auf Betriebsgeländen zusammengepfercht in Wohnheimen untergebracht waren, wurden sie als "Fremde" und kulturlose Störenfriede, als Konkurrenten im Konsumentenwettstreit und als Blutschänder deutscher Frauen diffamiert und immer öfter auch tätlich angegriffen. Im Zusammenhang mit Fußballspielen von Chemie kam es Mitte der Achtziger zu Hetzjagden auf Farbige und zu Angriffen auf Wohnheime. Die Politik ignorierte diesen aufkommenden Rassismus, da es diesen in der sozialistischen DDR nicht geben durfte. Die Behörden traten größtenteils selbst rassistisch auf, die Medien schwiegen oder verklärten das Bild vom Ausländer in der DDR völlig realitätsfern und lächerlich.

Die Zuspitzung der Gewalt durch den Hooliganismus der Achtziger versuchte die Führung in eigene Bahnen wie Militär oder in den Leistungssport zu lenken. Ursachenforschung oder Aufklärung fiel aus. Dagegen buhlte man um die gewaltbereiten Jugendlichen, machte den Armeedienst, FDJ-Ordnungsgruppen, Körperkult-Jugendklubs und Leistungssporteinrichtungen für sie attraktiv. Um diese Jugendlichen nicht zu verschrecken, verzichtete man auf die sonst übliche politische Dauergängelung, versetzte sie durch Zuwendungen sogar in eine gehobene Sonderrolle. Das Gewaltpotential wurde damit zwar umgeleitet, war auf der Straße aber weiterhin präsent. Mit dem Boom der Skinkultur, die nach den Propaganda-Hetzattacken 1987 in der DDR fast ausschließlich Neonazis produzierte, die in den Skinheads eine neue SA sahen, gerieten den Behörden die militanten Subkulturen völlig aus der Kontrolle. Man verstand die Entwicklungen überhaupt nicht, konnte die verschiedenen Subkulturen weder identifizieren noch deren Kultur und Ideologie verstehen und einordnen. In staatlichen Jugend- und Kultureinrichtungen setzte teilweise eine Unterwanderung durch rechte Skins und Hooligans ein. Kam es zu Konfrontationen mit der Staatsgewalt setzte man nur noch mehr Polizei ein. Politische, rassistische und neofaschistische Straftaten verurteilte man unter Rowdytum u.ä.

Mit der Glorifizierung des Preußentums ab Ende der Siebziger, und dem Schmusekurs der SED zur BRD Ende der Achtziger (Westkredite, SED-SPD-Erklärungen, Zusammenarbeit mit Westunternehmen) wurden die Grundlagen für einen hausgemachten Nationalismus geebnet. Zudem distanzierte man sich nach Glasnost und Perestroika 1986 offiziell immer deutlicher von den anderen sozialistischen Staaten, beschwor eigene "deutsch-nationale" Werte, hinter die sich fortan auch Sozialismusgegner stellen konnten. "Nur ein Leutzscher ist ein Deutscher", "Leutzsch ist Deutsch" sind Fan-Sprechchöre bei Chemie, die in dieser Zeit entstanden sind und sich auf eine nationale Identität außerhalb von DDR und BRD beziehen.

Dass die DDR am wirksamsten beim Begriff Faschismus zu treffen war, den sie durch den DDR-Sozialismus für ausgerottet erklärte, merkten auch die Fußballfans. Während sich Ostberliner (durch die Nähe zum Westen mit den neuesten Trends und Entwicklungen vertraut) schon Anfang der Achtziger nationalistisch und neofaschistisch artikulierten, war die Provinz auf die Informationen der DDR-Hetzpropaganda angewiesen, die sie für sich in ihr Gegenteil verkehrte. Abschreckungsberichte über die "Wehrsportgruppe Hoffmann", den Hertha-Fanclub "Zyklon B." oder die Dortmunder "Borussenfront" wurden rein aus Provokation aufgegriffen und nachgeahmt. Mit der Zeit wurden die aufgesetzten Allüren dann für viele zum Programm, wurden Schocksymboliken zu Leitbildern. Durch die Militarisierung des DDR-Alltags (GST, Armee, Zivilverteidigung...) hatten es zudem Nationalisten und Militariafans leicht, deutsche Uniformteile, Literatur und Waffen zu sammeln, Wehrsportlager zu spielen oder in der Clique militärische Macht zu demonstrieren. Spielte Chemie z.B. ab 1987 in Kleinstädten der DDR, knallten die Schuhe der Chemiefans zu Hunderten martialisch im Gleichschritt auf dem Pflaster zwischen Bahnhof und Stadion, hallte ein markerschütterndes "Sieg" (als Ersatz für Sieg-Heil!) durch die Stadt, und das alles trotz Polizeiketten und Stasikameras. SA-Lieder wurden gesungen und abgewandelte Nazi-Symboliken verwandt. Auch der in Mode kommenden HJ-Tracht mit Seitenscheitel und Hitlerbart war behördlich kaum etwas entgegenzusetzen. Nachdem sich das Schwarz-Rot-Gold der BRD auf Chemiefahnen gegen die Verbote der Behörden in der zweiten Hälfte der Achtziger durchgesetzt hatte, tauchte nun vermehrt Schwarz-Weiß-Rot auf, das bis weit nach der Wende nicht als nationalsozialistisches Symbol erkannt wurde. Parallel zum Erwachen eines neuen Neofaschismus in der DDR und auf den Fußballplätzen, hielten auch rassistische und antisemitische Äußerungen Einzug, obwohl es in der DDR kaum Berührungspunkte mit Juden oder "Türken" gab, auf die sich viele Diffamierungen bezogen. Die Vereine, Behörden und Medien gingen darauf nicht ein, teils aus Unverständnis, teils weil sie selbst rassistisch und national-völkisch agierten. Berliner Hools provozierten schließlich hauptsächlich mit neofaschistischen Allüren, vor allem bei öffentlichkeitswirksamen Hooliganauftritten in Leipzig und fanden landesweit Nachahmer. Ende der Achtziger und vor allem nach der Maueröffnung wurde das Neonazioutfit zur Jugendmode. Wie oberflächlich in der Fanmasse bei Chemie mit Symboliken umgegangen wurde, bewiesen gerade die Entwicklungen im Spätsommer/Herbst 1989. Noch bevor man es auf den Straßen um die Nikolaikirche tausendfach hörte, skandierte der Dammsitz in Leutzsch im September "Neues Forum", wenige Wochen später "Deutschland einig Vaterland" und kurz darauf riefen die gleichen Leute nach "Schönhuber", der sich zu einer Kundgebung auf dem Leipziger Marktplatz angekündigt hatte. Dass die Liebe zu den westdeutschen Brüdern und Schwestern nicht so groß gewesen sein kann, wie sie zur Wende auf der Straße beschworen wurde, beweist, mit welcher Verzückung die ostdeutschen Fußballfans und Hooligans nach der Maueröffnung über die Westvereine herfielen. Zum ersten Spiel im Westen reisten im Mai 1990 über 1000 Chemiefans nach Hannover und disziplinierten gewalttätig und arrogant sofort die völlig verdutzten Westler im Stadion. Bei Länderspielen der BRD traten ab 1990 auch randalesüchtige Ostberliner und Lok-Hools auf, die bei Oberligaspielen nun schon Polizisten samt Schutzausrüstung im Stadioninneren der Oberligaarenen angriffen. Während alles auf Kurzbesuch im Westen war, um die 100 DM Begrüßungsgeld abzufassen oder sich mit Videorecorder,

Pornoheften und Billigwagen einzudecken, füllten zunehmend nur noch "erlebnisorientierte" Fans die Stadien der großen Vereine der Oberliga.

Die ersten rechten Skins in Leipzig sammelten sich übrigens ab ca. 1987 beim 1. FCL und integrierten sich in die dortige Hooliganszene. Junge Cliquen, vor allem aus den Neubauvierteln Grünau, Schönefeld und Mockau stießen nach.

"Wir sind Sachsenjungen
und bilden uns was ein
es kann nicht jeder Deutsche
ein Sachsenjunge sein"

Mit dem Einsetzen der Hooliganwelle 1979/80 und aus der Situation der Bonzen-Klubs BFC und Lok heraus, nicht auf "Masse" bauen zu können, rückten die harten Fans dort als eine Art Elite zusammen. Ein Beispiel dafür ist die erste Generation der BFCer, die durch aberwitzige Aktionen und absolut DDR-untypisches Verhalten auffielen und den Keim der gewalttätigen DDR-Hooligans der 80er bildeten. Bei Lok setzte die Elitebildung Mitte der 80er ein, die sich (genau wie beim BFC) nicht gegen das System oder seine Vertreter richtete, sondern vorrangig immer gegen andere Fußballfans. In Leipzig ging es vor allem darum, in den Leipziger Ortsderbys klarzustellen, wer die wirkliche Macht auf der Straße darstellte. Während Chemieanhänger aus der Dynamik der Masse heraus agierten, organisierten und planten die Lokanhänger gezielt Aktionen und errangen dadurch zunehmend Erfolge, zum einen, um Angriffe erfolgreich abzuwehren, zum anderen schließlich auch um gegen andere vorzugehen. Die Vereinsleitung und die politischen Funktionäre der Stadt ignorierten diese Entwicklungen und spielten sie als "Fußballbegeisterung" herunter, um ihren Vorzeigeklub kein schlechtes Image aufzudrücken. 1983/84 bildeten sich mit den Fanclubs "Teutonia" und "Die Raben" die ersten Fanclubs beim FCL, die durch eigene Aktionen oder durch Mythenbildung gewaltbereite Jugendliche aus Leipzig in Massen anzogen. In der Masse der aktiven Chemiefanclubs gab es nur "Die Sorglosen" und die "Sächsische Volksfront", die gewaltbereit auftraten, das Geschehen im großen Fanlager jedoch nie wie beim Ortsnachbarn dominieren konnten.

Parallel zu den gewaltbereiten Fanclubs beim FCL verfügte die Szene in Probstheida noch über andere gewaltbereite Kleingruppen, meist ehemalige Stadtteilcliquen oder Kneipenbünde. Schon Anfang der Achtziger hatte sich der Fanblock bei Lok durch ständige Angriffsversuche hunderter Jugendlicher direkt neben den Gästeblock verlagert. Dieser zweite Block zog fortan hauptsächlich gewaltbereite Klientel an. Schließlich war man so stark geworden, 1983 das Markenzeichen der Ostberliner Hools (ein BFC Spruchband) aus dem von Polizei stark beschützten Gästeblock zu erobern. Mitte der Achtziger begab sich der FCL mit dem BFC, Union, Halle und Erfurt immer deutlicher in den Konkurrenzkampf um die Vorherrschaft in der DDR-Hoolszene. Bei Heimspielen und Auswärtsfahrten mauserte man sich zur ernstzunehmenden Fangemeinde. Diese Stärke bewußt ausnutzend, lauerte man ab 1983 nach Heimspielen gezielt Gästefans im angrenzenden Volksparkgelände auf und als später Polizei eingriff, auf dem An- und Abfahrtsweg zwischen Hauptbahnhof und Stadion. Die Prager Straße wurde zum Hooligansportplatz, auf der aus Seitenstraßen heraus Überfälle stattfanden oder Straßenbahnen aufgelauert wurde. Die Brutalisierung der Fußballgewalt, vor allem in Berlin, wo auf dem Alex ständig Fußballfans zusammengeschlagen und niedergestochen wurden, machte es notwendig, daß sich Fußballfans immer besser organisieren mußten. Wer den Angriffen etwas entgegensetzen wollte, mußte Aktionen gezielt und paramilitärisch organisieren. Diese Neustrukturierung der Lokhools brachte ihnen in der Saison 83/84 die Vorherrschaft in der Stadt, als sie zu den Ortsderbys in Unterzahl erstmals die Chemiemassen vor dem Stadion des Friedens angriffen und auseinander jagten.

Nach dem Abstieg von Chemie 1985 begleitete ein geringer Teil der gewaltbereiten Chemiefans nun den 1. FC Lok, der in der Oberliga weiterhin Topspiele bestritt und wechselte mit der Zeit die Fronten. Beim FCL hatte sich ein Hooligankern aus Schlägern der "alten Schule" und jungen Modehools gebildet. Neben den Massenspektakeln Rostock-Berlin und Dresden-Berlin wurden die Spiele Leipziger und Berliner Teams unter Hooligans zu einer Frage der Ehre. Berliner mobilisierten alles, wenn es nach Leipzig ging, denn es war klar, dass es bei Lok in Leipzig richtig abging. Die Leipziger planten ihre Aktionen vom Eintreffen des Berliner Zuges auf den Hauptbahnhof an, wo die Schlacht trotz Polizei mit Biergläsern und Fäusten losging, sobald sich die Waggontüren öffneten. Ab dem Skandalspiel 1986 mussten die Berliner in Sonderbussen und extremsten Polizeischutz zum Stadion und zurück befördert werden. Den Bussen wurde überall aufgelauert, und sie lagen unter ständigem Pflastersteinbeschuss. Die Lokfans waren 1987/88 so stark geworden, dass es nicht mehr nur darum ging, die arroganten und zynischen Berliner Fans durch die eigene Stärke zu demütigen, der Ehrgeiz ging dahin, die Polizeikräfte an den Rand ihrer Möglichkeiten zu bringen. Am Ende der 80er waren sie dann wirklich nicht mehr in der Lage, Gästefans zu schützen und die Kontrolle auf der Prager Straße zu behalten, und das trotz Schutzschilden und Überwachungstechnik.

Hool des FCL zu sein gehörte immer mehr zum guten Ton in Leipziger Schlägerkreisen (Einlassdienste in Discos, Bodybuilder- oder Kampfsportcliquen, Faschoskins und Modemachos). Nicht zuletzt durch den anhaltenden Zuschauerzulauf des auf ständigem Erfolgskurs wandelnden Vorzeigeklubs verfügte der FCL am Ende der DDR über eine selbstbewußte, hochnäsige aber auch relativ moderne Anhängerschaft. Neben dem Kern der "alten" Leute hatte sich ein breites, relativ homogenes Teenagerumfeld herausgebildet, das ausschließlich auf Action und Krawallmachen aus war. Und dafür gab es bei jedem Spiel in Probstheida eine Garantie. 1989/90 zählten die Lokhools neben den Berlinern zu den gefährlichsten und gewalttätigsten in der DDR. Fast die gesamte Jung-Neonaziszene Leipzigs traf sich 1990 bei Lokspielen im ansonsten fast leeren Stadion. Polizei und Sicherheitsdienste stellten keine Autorität mehr dar, galten nur noch als willkommene Sparringspartner. Schließlich kam es in Leipzig regelmäßig zum Schusswaffengebrauch durch Polizisten mit Toten und Verletzten.

Die Kluft zwischen Chemiefans und Lokfans hatte sich durch die Entwicklungen noch mehr verstärkt. Während nach den Jahren der Benachteiligung die alte Fanmasse nun auf ein Erblühen ihres Vereins hoffte, der neue FC Sachsen fast ausschließlich von laienhaften Fans getragen wurde, die vor Jahren noch außerhalb der offiziellen Strukturen in ihren Fanclubs aktiv waren, sammelte sich beim 1. FC Lokomotive das durch die Wendewirren explosionsartig anwachsende Gewaltpotential der Stadt. Geführt von den Alten versuchten Lokhools den Chemiefans Schaden zuzufügen, wo es sich ergab. Chemieanhänger verachteten den FCL als Bonzen- und SED-Verein. Nationalisten und Neonazis, die 1990/91 durch gemeinsame Aktionen gegen Ausländer in der Innenstadt Leipzigs Chemiefans und Lokhools in einer Sachsenfront vereinigen wollten, hatten wenig Erfolg. Zu tief saßen die Wunden der DDR-Vergangenheit und der Hass gegeneinander. Da man in unterschiedlichen Klassen spielte, ging man sich aus dem Weg, bis man notgedrungen bei Derbys aufeinander traf und nur extremste Sicherheitsmaßnahmen das Schlimmste verhinderten. Da Lok, später der VfB, alles Neonazi/Hool/Schläger-Potential der Stadt anzog, blieb Chemie, später der FC Sachsen, vom Neonazi-Hooliganproblem vorerst verschont. Rechte, rassistische und antisemitische Einstellungen und Äußerungen von Zuschauern dominierten jedoch genauso wie in Probstheida das Fußballgeschehen. Nach stetigen Misserfolgen und durch die gesellschaftlichen Umbrüche der Wende dünnte das Fanpotential bei Chemie immer mehr aus. Einen Aufschwung und ein völliger Neuanfang der Fankultur erlebte der Verein erst wieder mit den Erfolgen Mitte und Ende der 90er, dann auch mit einer eigenen Skinheadsszene und Hooligans ...

hier noch was wissenswertes für unsere Freunde aus den Westen Deutschlands:

Die Stasi und Chemie

... Chemie Leipzig war immer schwer überwacht, selbst, als sie in der Liga im unteren Drittel spielten. Chemie, die von der Kreisdienststelle des MfS betreut wurden, hatten mit ihren Ligaspielen jedoch einen ähnlich hohen Aufwand wie Lok Leipzig. Chemie war eine der wenigen BSGen im Ligabereich, bei denen dieser Aufwand dermaßen hoch war, höher als bei anderen BSGen, die z.B. in der Oberliga spielten. Man ging bei Chemie generell davon aus, daß sich dort permanent kritisches Potential sammelt, zum einen als Gegenpol zum Leipziger Hätschelkind Lok Leipzig, außerdem noch aus dem vermeintlichen Spannungsfeld heraus, das eine BSG gegenüber den Staatsvereinen besaß.

Weiterhin war der Stasi bekannt, daß Chemiefans ständig als Sympathisanten der Gastmannschaften bei Lok im Plache-Stadion und Zentralstadion anwesend waren. Es gab Tendenzen, daß von den Sicherheitsorganen geduldet wurde, wenn Lokfans gegen diese Chemiefans vorgingen, um so das Problem von den Fans untereinander lösen zu lassen. Erinnert sei hier auch an die Spiele des FCL im Zentralstadion, als sich Gästefans wie Aue, Schkopau, Dresden usw. in den traditionellen Chemieblock stellten, um mit den anwesenden Chemiefans sicherer zu sein. Seit den öffentlichen Prügelszenen in den leeren Zuschauerblöcken trennten massive Polizeiketten die Stadionblöcke voneinander.

Besonders brisant für die Arbeit des MfS waren die Fußballereignisse auf internationaler Ebene. Obwohl von Leipzig bekannt war, daß Lok Leipzig auf Bezirksebene das staatliche Aushängeschild war und die Zuschauer auch hinter der Mannschaft standen, wußte man aber auch, daß Leipzig ein sehr kritisches Publikum besaß. Bei Länderspielen im Zentralstadion (100 000 Plätze) kam es zunehmend vor, daß über die Hälfte des Publikums das DDR-Team auspfiff, „Buschnerknechte" und „Scheiß DDR" skandierte. Man machte sich also in den Achtzigern zunehmend Gedanken darüber, ob man Länderspiele in Leipzig austrägt oder nicht...

Anlage 2:
Musterstadionordnung (Auszug aus dem „Nationalen Konzept Sport und Sicherheit")

Quelle: www.im.nrw.de

E   Musterstadionordnung

§ 1
Zweckbestimmung

Die Stadionordnung dient der geregelten Benutzung, der Ordnung und der Verkehrssicherheit im Bereich des Stadions ... .

§ 2
Widmung

(1) Das Stadion dient der Durchführung von Sportveranstaltungen. Darüber hinaus können Veranstaltungen nichtsportlicher Art zugelassen werden.

(2) Ein Anspruch der Allgemeinheit auf Benutzung der Versammlungsstätten und der Anlagen des Stadions besteht nur im Rahmen des in Absatz 1 genannten Zweckes.

(3) Die im Einzelfall abzuschließenden Verträge über die Benutzung des Stadions richten sich nach bürgerlichem Recht.

(4) Über die Überlassung entscheidet ... .

§ 3
Geltungsbereich

(1) Diese Stadionordnung gilt innerhalb des umfriedeten Bereiches des Stadions (siehe Markierung auf Skizze Anlage 1).

(2) Außerhalb des umfriedeten Bereiches des Stadions gilt die Stadionordnung innerhalb folgender, auf der Skizze Anlage 2 markierter Grenzen: ..(Aufzählung der Straßen, Wege, Böschungen, Parkplätze, Zäune usw. gemäß den örtlichen Verhältnissen)..

§ 4
Aufenthalt

(1) In dem für eine Veranstaltung jeweils bestimmten Bereich des Stadions dürfen sich nur Personen aufhalten, die eine gültige Eintrittskarte oder einen sonstigen Berechtigungsausweis (z.B. Ehrenkarte, Arbeitskarte) mit sich führen oder ihre Aufenthaltsberechtigung auf andere Art nachweisen können.

(2) Eintrittskarten oder Berechtigungsausweise sind auf Verlangen dem Ordnerdienst sowie der Polizei vorzuweisen und zur Prüfung auszuhändigen.

(3) Stadionbesucher haben den auf der Eintrittskarte angegebenen Platz einzunehmen. Aus Sicherheitsgründen sowie zur Abwehr von Gefahren sind die Stadionbesucher auf Anweisung des Ordnerdienstes oder der Polizei verpflichtet, einen anderen als den auf der Eintrittskarte ausgewiesenen Platz einzunehmen.

(4) Im Geltungsbereich der Stadionordnung darf sich nicht aufhalten, wer alkoholisiert ist, gefährliche oder gemäß § 7 der Stadionordnung verbotene Gegenstände bei sich führt oder die Absicht hat, die Sicherheit zu gefährden.

§ 5
Kontrolle durch den Ordnerdienst

(1) Jeder ist verpflichtet, beim Betreten der Stadionanlage sowie an Kontrollstellen dem Ordnerdienst seine Eintrittskarte bzw. seinen Berechtigungsausweis vorzuzeigen und auf Verlangen zur Überprüfung auszuhändigen.

(2) Der Ordnerdienst ist berechtigt, Personen - auch durch den Einsatz technischer Hilfsmittel - dahingehend zu überprüfen, ob die Verbote gemäß § 4 Abs. 4 dieser Ordnung beachtet werden.

(3) Personen, die ihre Aufenthaltsberechtigung nicht nachweisen können und Personen, denen gemäß § 4 Abs. 4 der Aufenthalt im Stadion nicht gestattet ist, sind zurückzuweisen und am Betreten des Stadions zu hindern oder aus dem Geltungsbereich der Stadionordnung zu verweisen.

Dasselbe gilt für Personen, gegen die ein Stadionverbot besteht.

§ 6
Verhalten

(1) Jeder Besucher hat sich so zu verhalten, daß kein anderer geschädigt, gefährdet oder mehr als nach den Umständen unvermeidbar behindert oder belästigt wird.

(2) Anordnungen des Veranstalters, des Ordnerdienstes, des Stadionsprechers, der Polizei, der Feuerwehr sowie der Ordnungsbehörden ist Folge zu leisten.

(3) Die in Anlage 3 als Auf- und Abgänge, Verkehrs-, Flucht- und Rettungswege sowie als Sicherheitslaufzonen gekennzeichneten Zonen sind für den bestimmungsgemäßen Zweck freizuhalten.

(4) Es ist insbesondere untersagt

    a) nicht für die allgemeine Benutzung vorgesehene Bauten und Einrichtungen, insbesondere Fassaden, Zäune, Mauern, Umfriedungen der Spielfläche, Absperrungen, Beleuchtungsanlagen, Podeste, Bäume, Masten aller Art und Dächer zu besteigen oder zu überklettern;

    b) Bereiche, die nicht für Besucher zugelassen sind (z.B. das Spielfeld, den Innenraum, die Funktionsräume), ohne Genehmigung des Veranstalters oder der Polizei zu betreten;

    c) mit Gegenständen aller Art zu werfen;

    d) ohne behördliche Genehmigung Feuer zu machen, Feuerwerkskörper, Leuchtkugeln oder sonstige pyrotechnische Gegenstände, Magnesiumfackeln, Rauchkerzen, bengalische Feuer o.ä. abzubrennen oder abzuschießen;

e) sich ohne schriftliche Erlaubnis der zuständigen Stelle (z.B. Veranstalter, Stadioneigentümer, Ordnungsbehörde) gewerblich zu betätigen, Zeitungen, Zeitschriften, Drucksachen, Werbeprospekte o.ä. zu verkaufen oder zu verteilen sowie Gegenstände zu lagern ode Sammlungen durchzuführen;

f) Bauten, Anlagen, Einrichtungen oder Wege zu beschriften, zu bemalen oder zu bekleben;

g) außerhalb der Toiletten die Notdurft zu verrichten oder das Stadion in anderer Weise, insbesondere durch das Wegwerfen von Sachen, zu verunreinigen;

h) den Geltungsbereich des § 3 Abs. 1 dieser Ordnung ohne Erlaubnis mit Kraftfahrzeugen zu befahren oder dort auf einer nicht für das Abstellen von Kraftfahrzeugen ausgewiesenen Fläche zu parken.

(5) Nach Ende einer Veranstaltung kann der Fahrzeugverkehr durch Weisung der Polizei, des Veranstalters, des Ordnerdienstes oder sonstiger berechtigter Personen untersagt werden, bis eine Gefährdung von Fußgängern unwahrscheinlich ist.

§ 7
Verbotene Gegenstände

(1) Das Mitführen, Bereithalten und Überlassen folgender Gegestände ist untersagt:

a) Waffen jeder Art;

b) Sachen, die als Waffen oder Wurfgeschosse Verwendung finden können;

c) ätzende, leicht entzündliche, färbende oder gesundheitsschädigende feste, flüssige oder gasförmige Substanzen;

d) Flaschen, Becher, Krüge oder Dosen, die aus zerbrechlichem, splitterndem oder besonders hartem Material hergestellt sind;

e) sperrige Gegenstände wie Leitern, Hocker, Stühle, Kisten, Reisekoffer;

f) Fackeln; Feuerwerkskörper, Leuchtkugeln, Rauchkerzen, bengalische Feuer und andere pyrotechnische Gegenstände;

g) alkoholische Getränke aller Art.

(2) Das Mitführen von Tieren ist untersagt.

§ 8
Alkoholverbot/Getränkeausschank

(1) Der Verkauf und der Ausschank von alkoholischen Getränken ist innerhalb des Geltungsbereiches dieser Ordnung untersagt.

(2) Werden im Geltungsbereich des § 3 Abs.1 dieser Ordnung Personen angetroffen, die alkoholisiert sind oder unter Einfluß von anderen, die freie Willensbestimmung beeinträchtigenden Mitteln stehen, können sie aus diesem Bereich verwiesen werden.

(3) Getränke dürfen nur in solchen Gefäßen/Behältnissen ausgegeben werden, die nicht als Wurfgeschosse geeignet sind.

§ 9
Ordnerdienst

Der Veranstalter hat mit Öffnung des Stadions einen Ordnerdienst einzusetzen und dabei die "Rahmenrichtlinien für Ordnerdienste" zu beachten.

§ 10
Ordnungswidrigkeiten

(1) Ordnungswidrig im Sinne des § ..des..(Gesetzes)..handelt, wer sich vorsätzlich oder fahrlässig in einem Bereich des Stadions aufhält, für den er keine Aufenthaltsberechtigung nach § 4 Abs. 1 nachweisen kann.

(2) Ordnungswidrig im Sinne des § ..des..(Gesetzes)..handelt auch, wer vorsätzlich oder fahrlässig

   1. entgegen § 4 Abs. 2 oder § 5 Abs. 1 dem Ordnerdienst auf Verlangen die Eintrittskarte oder den Berechtigungsausweis nicht vorweist oder aushändigt.

   2. entgegen § 4 Abs. 3 den auf der Eintrittskarte angegebenen oder von dem Ordnerdienst oder der Polizei zur Abwehr von Gefahren zugewiesenen Platz nicht einnimmt.

(3) Ordnungswidrig im Sinne des § ..des..(Gesetzes)..handelt auch, wer sich vorsätzlich oder fahrlässig entgegen

1. § 4 Abs. 4 im Geltungsbereich der Stadionordnung aufhält, obwohl er alkoholisiert ist oder gefährliche oder gem. § 7 verbotene Gegenstände bei sich führt oder die Absicht hat, die Sicherheit zu gefährden,

2. § 5 Abs. 3 im Stadion aufhält, obwohl er vom Ordnerdienst zurückgewiesen oder aus dem Geltungsbereich der Stadionordnung verwiesen worden ist,

(4) Ordnungswidrig im Sinne von § ..des..(Gesetzes)..handelt auch, wer vorsätzlich oder fahrlässig

1. gegen die allgemeine Verhaltensvorschrift gem. § 6 Abs. 1 verstößt,

2. die gem. § 6 Abs. 2 erteilten Anordnungen des Veranstalters, des Ordnerdienstes, des Stadionsprechers, der Polizei, der Feuerwehr sowie der Ordnungsbehörden nicht befolgt,

3. die gem. § 6 Abs.3 in Anlage 3 gekennzeichneten Auf- und Abgänge, Verkehrs-, Flucht- und Rettungswege sowie als Sicherheitslaufzonen gekennzeichneten Zonen nicht freihält,

4. gegen eine Bestimmung des § 6 Abs. 4 verstößt,

5. Gegenstände mitführt, bereithält oder überläßt, die nach § 7 Abs. 1 verboten sind,

6. entgegen § 7 Abs. 2 Tiere mitführt.

(5) Ordnungswidrig im Sinne des § ..des..(Gesetzes).. handelt ferner, wer vorsätzlich oder fahrlässig

1. entgegen § 8 Abs. 1 alkoholische Getränke verkauft oder ausschenkt,

2. Getränke in anderen als in § 8 Abs. 3 beschriebenen Gefäßen abgibt.

(6) Die Ordnungswidrigkeiten nach Absatz 1 bis 4 sowie Absatz 5 Nr. 2 können gemäß § ..(des Gesetzes)..mit einer Geldbuße bis zu 1.000 Deutsche Mark, die Ordnungswidrigkeit nach Absatz 5 Nr. 1 kann mit einer Geldbuße bis zu 10.000 Deutsche Mark geahndet werden.

(7) Die Bestimmungen des Strafgesetzbuches (insbesondere § 265a - Erschleichen von Leistungen) sowie der strafrechtlichen Nebengesetze (insbesondere die des Waffengesetzes) bleiben unberührt.

(8) Das Gesetz über Ordnungswidrigkeiten (OWiG) in der Fassung der Bekanntmachung vom 19.02.1987 (BGBl. I S. 603) findet Anwendung.

§ 11
Haftungsausschluß

(- Text gemäß örtlicher Festlegung -)

Anlage 3:

Konzeption für bauliche Sicherheitsstandards und organisatorisch-betriebliche Bedingungen in Stadien (Auszug aus dem NKSS)

Quelle: www.im.nrw.de

F   Konzeption für bauliche Sicherheitsstandards
     und organisatorisch-betriebliche Bedingungen
     in Stadien

1 **Vorbemerkung**

Mit der nachstehenden Zusammenfassung von Empfehlungen und Vorschriften zur baulichen und organisatorisch-betrieblichen Sicherheit in Stadien sollen die insoweit wesentlichen Voraussetzungen für den sicheren Ablauf von Veranstaltungen beschrieben werden.

Die bedeutendsten Sicherheitsprobleme haben sich bisher im Zusammenhang mit Fußballspielen ergeben. Die Empfehlungen beziehen sich daher auf diese Veranstaltungen.

Es wird angeregt, die Empfehlungen bei Bau und Betrieb von Fußballstadien sowie bei Regelungen bzw. Festlegungen gesetzlicher, vertraglicher, organisatorischer sowie anderer Art im Zusammenhang mit anlaßbezogenen Veranstaltungen zu berücksichtigen.

Besondere Bedeutung für die Stadionsicherheit hat die "Musterverordnung über den Bau und Betrieb von Versammlungsstätten (Versammlungsstätten-Verordnung - VStättVO)", die zur Zeit neu gefaßt wird (Entwurf liegt der AG vor). Im Interesse einheitlicher, hoher Sicherheitsstandards wird es für erforderlich gehalten, die VStättVO in allen Bundesländern inhaltsgleich als Rechtsnorm einzuführen.

2 **Ausgewertete Materialien**

Die AG hat für die Erarbeitung ihrer Empfehlungen folgende Werke herangezogen:

- Entwurf der "Musterverordnung über den Bau und Betrieb von Versammlungsstätten (Versammlungsstätten-Verordnung - VStättVO)" - Fassung 5/92;
- "Empfehlung Nr. 1/91" des Ständigen Ausschusses des Europarates für die "Europäische Konvention über die

Eindämmung von Gewalttätigkeit und Fehlverhalten von Zuschauern bei Sportveranstaltungen und insbesondere bei Fußballspielen";
- "Technische Empfehlungen und Anforderungen für den Bau neuer Stadien" der FIFA, Schweiz 1991;
- "Ordnung und Sicherheit in den Stadien - Endspiele und Spiele mit erhöhtem Risiko" der UEFA, 7. Auflage, Bern 1991;
- "Richtlinien zur Verbesserung der Sicherheit bei Bundesspielen", verabschiedet vom DFB-Vorstand am 19.04.1991.

3 Allgemeines

3.1 Die Empfehlungen gelten für Versammlungsstätten mit nicht überdachten Spielflächen, die mehr als 10.000 Besucher fassen und in denen Spiele der 1. und 2. Fußball-Bundesliga, sonstige Spiele unter Beteiligung von Mannschaften dieser Ligen oder internationale Spiele stattfinden.

3.2 Sicherheitsrelevante Veranstaltungen finden ebenfalls in Mehrzweckhallen statt ("Hallenturniere"). Es ist zu erwarten, daß in Zukunft Mehrzweckhallen mit großem Fassungsvermögen und Spielfeldern (stadion-) üblicher Größe errichtet werden. Für Mehrzweckhallen können die nachfolgenden Empfehlungen nicht ohne weiteres übernommen werden.
Auf die entsprechenden Bestimmungen im Entwurf der Musterverordnung der VStättVO wird hingewiesen.

3.3 Der Sicherheitsstand ist regelmäßig zu überprüfen und ggf. sich verändernden Erfordernissen anzupassen. Mängel sind unverzüglich zu beseitigen.
Auf § 83 Musterbauordnung für die Länder der Bundesrepublik Deutschland, Fassung Mai 1990, wird hingewiesen.

4 Umfriedung

4.1 Soweit es die räumlichen und baulichen Voraussetzungen zulassen, sind Stadien mit einer

- weiträumig abgesetzten (äußeren) und
- den Nahbereich einschließenden (inneren)

Umfriedung zu versehen.

Durch Umfriedungen soll das Eindringen in abgetrennte Bereiche, insbesondere durch Überklettern, Durchdringen oder Unterkriechen, verhindert werden. Sie müssen so angelegt sein, daß Pflanzen, Gebäude (-teile) sowie andere Einrichtungen nicht als Übersteighilfen genutzt werden können.

Die äußere Umfriedung umfaßt alle Gebäude, Anlagen und Bereiche, die räumlich und funktional der Sportstätte zuzurechnen sind und der Allgemeinheit nicht zur ständigen Nutzung zur Verfügung stehen.

Die innere Umfriedung umschließt den engeren Bereich der Platzanlage um die Zuschauerbereiche und die Tribünen.

Zur Umfriedung sind Zäune von mindestens 2,50 m Höhe oder gleichwertige Abtrennungen zu verwenden.

4.2 Umfriedungen sind mit Toren auszustatten, die zügig geöffnet bzw. geschlossen werden können, ohne daß dadurch Gefahren entstehen. Tore müssen auch dem Druck größerer Menschenmengen widerstehen.

Tore und Umfriedungen müssen so konstruiert sein, daß sie nur schwer zu überwinden sind.

Zu- und Ausgänge sowie Zu- und Ausfahrten in der äußeren Umfriedung sind so auszugestalten, daß der Fahrzeug- und Personenverkehr zügig und geordnet abgewickelt werden kann. Stauräume für Fahrzeuge und Fußgänger sollen außerhalb des öffentlichen Verkehrsraums zur Verfügung stehen.

An den Eingängen sind Einrichtungen zur Führung von Besucherströmen so zu installieren, daß Personen nur einzeln und hintereinander Einlaß finden. Mechanische Vorrichtungen zur Vereinzelung oder Zählung von Personen (z.B. Drehkreuze) sind unzulässig. Es sind Einrichtungen für Zugangskontrollen/Durchsuchungen von Personen und Sachen vorzusehen.
Die Möglichkeit zur Einrichtung von Vorsperren ist vorzusehen, soweit nach den örtlichen Gegebenheiten realisierbar.

4.3 Kassen sollen in die Umfriedung einbezogen werden. Sie sind gegen unbefugtes Eindringen und Inbrandsetzen zu sichern, mit einer Notfall- (Überfall-) Meldeeinrichtung auszustatten und an das interne Telefonnetz anzuschließen.
Personenleiteinrichtungen (z.B. Drängelgitter) müssen gewährleisten, daß jeweils nur eine Person Zugang zum Kassenschalter erhält.

5 Verkehr

5.1 Die Stadionanlage sollte durch leistungsfähige Verkehrswege erschlossen sein und über günstige Anbindungen an den öffentlichen Personennahverkehr verfügen. Ein Verkehrsleitsystem sollte bereits weit abgesetzt auf günstige Anfahrtmöglichkeiten hinweisen.

5.2 Parkplätze sind so anzulegen, daß sich die Wege der Anhänger der Mannschaften nicht kreuzen bzw. eine Trennung möglich ist. Es kann vorteilhaft sein, wenn die Kennzeichnung der Parkbereiche einen Rückschluß auf entsprechende Stadionbereiche zuläßt (z.B. Übereinstimmung der Parkplatzkennung mit der des zugeordneten Stadionbereiches). Für Behinderte sind Parkplätze im Nahbereich des Stadions vorzusehen.

Für Rettungs- und Einsatzfahrzeuge sind im Bereich der Platzanlage ausreichend Abstellplätze zu schaffen.

Es sind in ausreichender Zahl Übersichtstafeln/Karten des Stadions und seiner Umgebung anzubringen, die auch den eigenen Standort anzeigen.

Soweit auf den Parkplätzen keine Bewachung durchgeführt wird, sind Notrufeinrichtungen anzubringen.

Für Mannschaften und Schiedsrichter müssen eigene, vom allgemein zugänglichen Bereich abgetrennte Parkplätze im inneren eingefriedeten Bereich des Stadions geschaffen werden. Hier sind auch geschützte Unterbringungsmöglichkeiten (z.B. Garagen) für die Fahrzeuge gefährdeter Personen vorzusehen.

Für Ehrengäste und Medienvertreter sollen im Nahbereich des Stadions Parkplätze eingerichtet werden.

5.3 Die Gehwegverbindungen zur Platzanlage sollen dem Verkehrsaufkommen entsprechend dimensioniert sein. Sie müssen bei Dunkelheit beleuchtet sein und sollten den Fahrverkehr nicht kreuzen.

5.4 Zufahrten, Bewegungs- und Aufstellflächen für Rettungs- und Einsatzfahrzeuge sind als solche zu kennzeichnen und von anderen Fahrzeugen freizuhalten (Normblatt DIN 14090 - Flächen für die Feuerwehr auf Grundstücken - ist zu beachten). Eine Landemöglichkeit für Hubschrauber, die insbesondere bei Veranstaltungen freizuhalten ist, muß sich in unmittelbarer Nähe des Stadions befinden.

6 Rettungswege

6.1 Rettungswege sind alle Bereiche, die in einem Notfall von Rettungs- bzw. Hilfskräften benutzt werden oder über die Stadionbesucher in einem solchen Fall die Anlage auf dem kürzesten Weg verlassen.

Auf die Bestimmungen des Entwurfes der Muster-Verordnung VStättVO über Rettungswege wird hingewiesen.

Es ist mit den für die Sicherheit verantwortlichen Stellen eine Abstimmung herbeizuführen über die Einrichtung

- mindestens eines außerhalb der Platzanlage liegenden und im Begegnungsverkehr befahrbaren Rettungsweges ("äußerer Rettungsweg");

- der innerhalb der Platzanlage erforderlichen Rettungswege ("innere Rettungswege").

Soweit es die räumlichen und baulichen Voraussetzungen zulassen, sind für Rettungs- und Hilfskräfte besondere Wege vorzusehen, die vom Publikum nicht benutzt werden können.

Es muß zum Stadioninnenraum mindestens eine Zufahrt (wenigstens 6 m breit und 3,50 m hoch) vorhanden sein, die im Zweirichtungsverkehr genutzt werden kann.

6.2 Rettungswege sind zu kennzeichnen, Stufengänge in Zuschauerbereichen sind mit Signalfarben zu markieren.

Soweit Rettungswege befahrbar sind, müssen Haltverbote eingerichtet werden.

Rettungswege dürfen nicht mit Gegenständen belegt werden, Personen dürfen sich dort nicht dauernd aufhalten.

6.3 Trichterförmige Verengungen des Querschnitts von Rettungswegen sind zu vermeiden.
Türen und Tore müssen die gleiche Breite haben wie die zu ihnen führenden Flure, Treppen, Absätze oder Wege. Türen sollen sich konstruktionsbedingt in Notfällen nur in Fluchtrichtung öffnen lassen.

Bezüglich der lichten Breite von Rettungswegen wird auf die Bestimmungen der VStättVO (Entwurf) hingewiesen.

6.4 Rettungswege sind in die Planunterlagen einzuzeichnen. Die Unterlagen sind allen Sicherheits- und Rettungsdiensten, dem Veranstalter sowie ggf. weiteren Verantwortlichen zur Verfügung zu stellen.

7 Spielfeldumfriedung und Stadioninnenraum

7.1 Das Spielfeld ist mit einem mindestens 2,20 m hohen und mit Abweisern versehenen Zaun oder einer ähnlichen Absperrung (z.B. Trennwände aus nicht brennbarem Verbund-Sicherheitsglas) abzugrenzen. In diese Umfriedung sind ausreichend Rettungstore einzubauen. Tore und Umfriedung müssen so konstruiert sein, daß sie nur schwer zu überklettern sind.

Soweit die Zuschauerbereiche vom Spielfeld durch einen Graben getrennt sind, müssen Überbrückungsmöglichkeiten installiert sein. Beim Neubau von Stadien sind Gräben nicht mehr vorzusehen.

Ggf. sind hinter den Toren Netze anzubringen, um Gegenstände, die aus den Zuschauerbereichen geworfen werden, abzufangen.

Der Zugang zum Spielfeld darf nicht durch Werbebanden oder andere Einrichtungen versperrt sein.

7.2 Rettungstore sollen einflügelig installiert sein. Sie müssen mindestens 2 m breit, mit einem Sicherheitsverschluß versehen, in ihren Umrissen farblich hervorgehoben und in Richtung Spielfläche schnell zu öffnen sein.

Rettungstore müssen mit Buchstaben oder Ziffern beidseitig gemäß DIN 4844, Teil I, Ziffer 4.55, gekennzeichnet sein.

Die Öffnung der Tore ist manuell oder ferngesteuert vorzunehmen. Die manuelle Öffnung darf nur vom Spielfeld aus erfolgen. Hierzu ist geeignetes Personal bereitzustellen. Für den Fall, daß ferngesteuerte Systeme nicht arbeiten, ist die manuelle Öffnung der Tore sicherzustellen.

8 Zuschauerbereiche

8.1 Die Zuschauerbereiche werden gegenwärtig in den meisten Stadien teilweise als Sitz-, teilweise als Stehplatzbereiche ausgestaltet.

Sitzplatzbereiche erhöhen die Sicherheit im Stadion.

Der Ständige Ausschuß des Europarates (s.o. Nr. 2, a.a.O. 2 VIII) und die FIFA (s.o. Nr. 2, a.a.O. S. 41) empfehlen ausschließlich das Sitzplatzstadion.

Die UEFA (s.o. Nr. 2, a.a.O. S. 19) sowie der DFB (s.o. Nr. 2, a.a.O. § 9 Abs. 12 f) haben für bestimmte Spiele die Benutzung von Stehplätzen ausgeschlossen. Darüber hinaus empfiehlt der DFB (s.o. Nr. 2, a.a.O. § 9 Abs. 13) die Umwandlung der Stehplatzbereiche in Bereiche mit numerierten Einzelsitzen, "wobei Stehplatzbereiche für die Anhänger der Heim- und Auswärtsmannschaft in einem von der DFB-Sicherheitskommission jeweils empfohlenen Umfang erhalten bleiben können".

Ob vorhandene Stehplatzbereiche genutzt werden dürfen, ist durch die zuständige Behörde nach Anhörung des Veranstalters und der Polizei unter Berücksichtigung der Erkenntnisse zur Sicherheitslage im Einzelfall zu entscheiden.

Sitzplatzbereiche sollen numerierte Einzelsitze aufweisen. Sitzbänke sind nicht zu verwenden. Die Sitze sind aus schwer entflammbarem Material herzustellen, ihre Unterkonstruktion muß aus nicht brennbaren Baustoffen bestehen.

8.2 Die maximalen Besucherzahlen sind entsprechend der Anzahl der Sitzplätze sowie ggf. der Fläche der Stehplätze festzulegen.

Zuschauerbereiche sollten in Blöcke mit einem maximalen Fassungsvermögen von 2.500 Personen gegliedert werden. Die Blöcke sind mit Abgrenzungen (s.o. Nr. 7.1) zu versehen. An geeigneten Stellen sind die Abgrenzungen mit Türen für Sicherheitskräfte auszustatten.

Zuschauerblöcke sind so zu gestalten, daß eine Zugangskontrolle möglich ist. Wenn das Fassungsvermögen erreicht wird, müssen Blöcke kurzfristig geschlossen werden können.

Stufengänge sind durch Signalfarben, Ausgänge durch Schilder zu kennzeichnen. Sind Mittelhandläufe nicht vorhanden, sind neben steil ansteigenden Platzreihen entsprechende Haltevorrichtungen anzubringen.

8.3 In Stehplatzbereichen sind Wellenbrecher zu installieren (Vgl. Entwurf der Muster-Verordnung VStättVO).

Die Zuschauerbereiche sind so zu gestalten, daß keine Steine, Platten oder sonstigen Gegenstände aufgenommen, herausgebrochen oder anderweitig entfernt werden können.

Alle Türen und Tore innerhalb der Platzanlage sollen mit Schlössern ausgestattet werden, die mit einem Einheitsschlüssel betätigt werden können.

8.4 Fan-Blöcke sind möglichst weit voneinander getrennt anzuordnen. Sie sollten über eigene Zugänge verfügen. Der Weg dorthin sollte so wenig wie möglich Flächen berühren, die von anderen Stadionbenutzern in Anspruch genommen werden.

In besonders gefährdeten Stehplatzbereichen können Laufgassen für Sicherheitskräfte vorgesehen werden. Diese sind mit Türen auszustatten, durch die Problembereiche betreten werden können.
Außerdem können erhöhte Beobachtungspositionen für Sicherheitskräfte eingerichtet werden.

8.5 Toiletten und Verkaufsstellen sind in allen Bereichen des Stadions einzurichten, jedoch nicht in der Nähe von Ein- und Ausgängen sowie Stauräumen o.ä. Es ist sicherzustellen, daß Besucher Toiletten und Verkaufsstellen in unmittelbarer Nähe ihres Blocks aufsuchen können.

8.6 Für behinderte Zuschauer sind besonders geeignete Standorte mit guter Sicht auf das Spielfeld sowie behindertenspezifische Dienstleistungen vorzusehen. Rampen für Rollstühle sind einzurichten.

9 Zutrittsberechtigung/Eintrittskarten

9.1 An Veranstaltungstagen, ggf. auch früher, ist das Betreten/Befahren des Stadions nur nach Vorlage einer Eintrittskarte oder eines Berechtigungsnachweises zuzulassen.

Die Ausgestaltung der Karten/Nachweise und das Verteilungssystem müssen Fälschungen oder unberechtigten Gebrauch erschweren.

Die Zahl der für eine Veranstaltung ausgegebenen Eintrittskarten darf das maximale Fassungsvermögen des Stadions nicht übersteigen.

9.2 Berechtigungsnachweise/Eintrittskarten müssen erkennen lassen, für welchen Bereich des Stadions bzw. für welchen Sitzplatz sie gültig sind.

Eintrittskarten sollen durch farbliche Gestaltung die Zutrittsberechtigung für die entsprechenden Bereiche (z.B. Blöcke) deutlich machen. Die Karten sind mit Unterwerfungsklauseln (z.B. für Durchsuchung) zu versehen.

Die Ausgabe von Ausweisen, die zum Betreten aller Stadionbereiche berechtigen, ist auf unabweisbare Fälle zu beschränken.

10 Räume für Sicherheits- und Rettungskräfte

10.1 Für den Rettungsdienst, die Feuerwehr, den Ordnerdienst und die Polizei sind Räume für Befehlsstellen/Leitzentralen einzurichten. Sie sollen den Überblick über die Zuschauerbereiche und - soweit möglich - über andere sicherheitsrelevante Bereiche ermöglichen.
Die Räume sollen möglichst zusammenhängend angelegt sein. Die Befehlsstelle der Polizei ist in unmittelbarer Nähe zum Stadionsprecher einzurichten.

Die Räume sind mit der erforderlichen Kommunikationstechnik auszustatten.

10.2 Den Rettungsdiensten und der Feuerwehr sind bei Veranstaltungen Räume für den Betrieb einer Rettungswache zur Verfügung zu stellen. Die Wache sollte für Besucher gut erreichbar und für die Erstversorgung leichtverletzter Personen geeignet sein ("Erste-Hilfe-Station").

10.3 Der Polizei sind im Bereich der Platzanlage Räume zur Verfügung zu stellen, die bei Veranstaltungen für den Betrieb einer Polizeiwache, für die Unterbringung festgenommener Personen sowie ggf. für den Aufenthalt von Polizeibeamten geeignet sind.

11 Vorbereitende Maßnahmen für Notfälle/Brandschutz

11.1 Bei Veranstaltungen mit mehr als 5.000 Besuchern ist mindestens 1 Notarzt, bei Veranstaltungen mit mehr als 20.000 Besuchern sind mindestens 2 Notärzte einzusetzen.

11.2 Die beteiligten Stellen stimmen ihre Maßnahmen in gemeinsamen Besprechungen/Übungen ab. Hierzu gehört insbesondere die Festlegung
- der Zahl der Ersthelfer
- der Bereitstellung von Rettungsfahrzeugen
- der Meldewege
- des Verhaltens bei Bombendrohungen
- des Evakuierungsverfahrens
- von Sammelstellen
- der Anfahrtwege für weitere Rettungs-/Unterstützungskräfte.

11.3 Es ist eine Brandschutzordnung aufzustellen. Hierin ist zu regeln, ob im Stadion eine Brandsicherheitswache erforderlich ist.

Im Stadioninnenraum und auf den Rängen sind Eimer mit Sand sowie hitzeabweisende Handschuhe bereitzuhalten.

11.4 Die baulichen Einrichtungen des Stadions sind auch unter Brandschutzgesichtspunkten nach den baurechtlichen Vorschriften zu erstellen.

12 Technische Einrichtungen

12.1 Das Stadion ist mit einer ausreichend starken Beschallungseinrichtung auszustatten. Folgende Bereiche sollten insgesamt, einzeln oder gruppenweise beschallt werden können:

- Ein- und Ausgänge/-fahrten, Kassen/Kontrollstellen, Stellflächen an der äußeren/inneren Umfriedung;
- Umgriff zwischen äußerer und innerer Umfriedung, gesamter Zuschauerbereich einschließlich Ein- und Ausgänge/-fahrten blockweise;
- Innenraum einschließlich Spielfeld.

Durchsagen müssen auch bei ungünstigen Verhältnissen zu verstehen sein. Durch eine besondere Schaltung ("Panikschaltung") ist zu gewährleisten, daß in Notfällen die höchstmögliche Lautsprecherleistung automatisch erreicht wird.

Steuerungseinrichtungen für die Beschallung sind grundsätzlich bei der Veranstaltungsleitung und der Befehlsstelle der Polizei einzurichten. Die polizeiliche Befehlsstelle ist mit einer Vorrangschaltung auszustatten.

12.2 Es ist ein System mit festmontierten und zugleich schwenkbaren Farbvideo-Kameras zu installieren. Wo die Kameras angebracht werden und welche Bereiche sie erfassen, ist im Einzelfall zu entscheiden (z.B. Zuschauerbereiche, Eingänge). Die Geräte sind so anzubringen bzw. baulich zu sichern, daß Unbefugte keinen Zugriff erhalten.

Neben dem Veranstalter und dem Ordnerdienst muß die Polizei über eigene Monitore Zugriff auf das System erhalten. Von der Befehlsstelle der Polizei aus muß das System mit Vorrangschaltung zu bedienen sein.

Das System sollte über eine eigene (unabhängige) Stromversorgung verfügen und das Erstellen von Standbildern vorsehen.

12.3 Die Organisationszentrale des Veranstalters sowie die Befehlsstellen/Leitzentralen der Sicherheits- und Rettungsdienste sind mit amtsberechtigten Telefonanschlüssen auszustatten. Außerdem sollten für diese Stellen Funktelefone bereitgestellt werden.
Es ist festzulegen, in welchen Räumen Telefonanschlüsse vorhanden und wie diese miteinander verbunden sein müssen.
Für dieses Netz ist ein Kommunikationsplan aufzustellen und in jedem der betroffenen Räume bereitzuhalten.

12.4 Folgende Bereiche müssen mit ausreichenden Beleuchtungseinrichtungen versehen werden:

- Parkplätze, Fußwege zum Veranstaltungsraum, Ein- und Ausgänge (bzw. -fahrten), Kassen/Kontrollstellen;
- Flächen und Einrichtungen zwischen der äußeren und inneren Umfriedung bzw. den Tribünen;
- Zuschauerbereiche, Tribünen, Innenraum.

Bei Ausfall der öffentlichen Stromversorgung muß eine sich selbständig einschaltende Ersatzstromquelle in Funktion treten, die für einen mindestens dreistündigen Betrieb ausgelegt ist (Vgl. DIN VDE 0108 - Starkstromanlagen und Sicherheitsstromversorgung in baulichen Anlagen für Menschenansammlungen).

13 Stadionsprecher/Anzeigentafel

Für jede Veranstaltung ist mindestens ein geeigneter, eingewiesener Stadionsprecher einzusetzen. Es sind Texte (ggf. fremdsprachlich) für Lautsprecherdurchsagen bzw. für Anzeigentafeln vorzubereiten.

Für folgende Fälle sind Texte sowohl beim Stadionsprecher als auch bei der Polizei vorzuhalten:

- Zuschauer bei Spielbeginn noch vor den Eingängen
- Spielabbruch
- gefährdendes Verhalten von Zuschauern (z.B. Benutzung pyrotechnischer Gegenstände)
- Überwinden der Spielfeldumfriedung durch Zuschauer
- Gewalttätigkeiten unter Zuschauern
- Evakuierung
- Panik.

14 Einrichtungen für Mannschaften/Schiedsrichter sowie gefährdete Personen

14.1 An- und Abfahrtwege, Parkplätze (s.o. Nr. 5.2) sowie Ein- und Ausgänge für Mannschaften, Schiedsrichter sowie für gefährdete Personen sind baulich von denen der Zuschauer zu trennen. Hierzu sind Umfriedungen gemäß Nr. 7 vorzusehen.

Die Aufenthalts- und Umkleideräume dürfen sich nicht in Bereichen befinden, die Zuschauern zugänglich sind.

14.2 Das Spielfeld sollte vom Tribünen-/Umkleidebereich durch einen Tunnel/gedeckten Gang erreichbar sein, so daß ein Schutz gegen Wurfobjekte aus dem Zuschauerbereich gegeben ist. Ggf. ist der Tunnel teleskopartig bis zum Spielfeldrand ausziehbar zu gestalten.

Bänke und Sitzplätze (z.B. für Spieler und Betreuer) sind durch Überdachung gegen Wurfobjekte aus dem Zuschauerbereich zu schützen

14.3 Für gefährdete Personen sind besonders geschützte Räume und Aufenthaltsbereiche zu schaffen. Hierbei sind schußhemmende Materialien zu verwenden.

15 Überprüfung der Stadionanlage

Anlagen, Einrichtungen und organsisatorisch-betriebliche Bedingungen der Stadionanlage sind anhand der vorliegenden Konzeption durch alle beteiligten Stellen möglichst gemeinsam zu überprüfen, und zwar vor der ersten Inbetriebnahme und danach regelmäßig, mindestens einmal im Jahr.

Anlage 4:

Rahmenrichtlinien für Ordnerdienste (Auszug aus dem NKSS)
Quelle: www.im.nrw.de

D   Rahmenrichtlinien
für Ordnerdienste

1   **Anwendungsbereich**

1.1 Die Rahmenrichtlinien für Ordnerdienste gelten für sportliche Veranstaltungen in Stadien, insbesondere für Spiele unter Beteiligung von Vereinen der Fußball-Bundesligen auf nationaler und internationaler Ebene, für Länderspiele sowie sonstige Spiele mit erhöhtem Risiko.

Eine sportliche Veranstaltung im Stadion darf nur dann ausgetragen werden, wenn der Ordnerdienst die in diesen Rahmenrichtlinien beschriebenen Bedingungen erfüllt.

1.2 Für den Einsatz von Ordnerdiensten in Vorbereichen des Stadions gelten besondere örtliche Festlegungen bzw. Ergänzungen zu diesen Rahmenrichtlinien.

1.3 Bei anderen (als sportlichen) Veranstaltungen können die Rahmenrichtlinien entsprechend angewendet werden.

2   **Adressaten**

2.1 Die Anwendung der Rahmenrichtlinien obliegt grundsätzlich dem Veranstalter, daneben dem Eigentümer/Betreiber des Stadions.

2.2 Es ist Aufgabe der zuständigen Behörden, die Durchsetzung der Rahmenrichtlinien zu gewährleisten und hierzu vollziehbare Auflagenbescheide zu erteilen.

3   **Ziel**

Ziel der Rahmenrichtlinien ist es, einen wirksamen, bei allen sportlichen Veranstaltungen in Stadien möglichst unter gleichen Bedingungen ablaufenden Ordnereinsatz zu bewirken.

4 **Aufgabe des Ordnerdienstes**

4.1 Im Rahmen der Verantwortlichkeit des Veranstalters erfüllt der Ordnerdienst wichtige Aufgaben zur Gewährleistung der Stadionsicherheit. Er leitet seine Befugnisse aus dem Haus- und Organisationsrecht des Veranstalters ab.

4.2 Keine Ordner im Sinne der Rahmenrichtlinien sind Bedienstete, deren Tätigkeit nicht oder nicht vorrangig der Stadionsicherheit dient, wie Angehörige des Kassendienstes, Einweiser u.a.

5 **Organisation und Führung des Ordnerdienstes**

5.1 Die Ordner sind von einem Einsatzleiter Ordnerdienst vor Ort zu führen.

5.2 Der Einsatzleiter wird von einer Führungsstelle unterstützt, die insbesondere die Kommunikation mit den unterstellten Kräften sowie den benachbarten Organisationen abwickelt. Die Führungsstelle ist grundsätzlich in räumlicher Nähe zu Leitungsstellen von Veranstalter bzw. Kommune/Betreiber und Polizei einzurichten. Der Veranstalter hat die erforderlichen Räumlichkeiten zur Verfügung zu stellen.

5.3 Zur Durchführung des Ordnereinsatzes sind die Kräfte in orts- und/oder funktionsbezogene Abschnitte einzuteilen. Jeder Abschnitt wird von einem Abschnittsleiter geführt. Die Abschnittsleiter unterstehen dem Einsatzleiter Ordnereinsatz.

6 Personalansatz

6.1 Die Anzahl der einzusetzenden Ordner richtet sich grundsätzlich nach

- den örtlichen Gegebenheiten (Anzahl der Ein- und Ausgänge, Fluchttore usw.).
- der zu erwartenden Zuschauerzahl,
- der Gefahrenträchtigkeit des Anlasses.

6.2 Vor Festlegung der Einsatzstärke der Ordner ist die Polizei anzuhören.

7 Vor- und Nachbereitung von Ordnereinsätzen

7.1 Der Einsatzleiter Ordnerdienste bereitet die Ordnereinsätze vor, wertet sie nach Einsatzdurchführung aus und betreibt die konzeptionelle Fortschreibung.

7.2 Die Einsatzvorbereitung erfordert insbesondere:

- zeitgerechte Verbindungsaufnahme mit den beteiligten Institutionen;
- Erstellen detaillierter Einsatzpläne bzw. Einsatzanweisungen;
- Erstellen von Aufgabenbeschreibungen für die jeweilige Ordnerfunktion;
- Durchführung von Einsatzbesprechungen; sofern die Zahl der Ordner eine Gesamtbesprechung nicht zuläßt, findet die Besprechung mit den Abschnittsleitern statt; diese führen in der Folge eigene Besprechungen mit den ihnen unterstellten Ordnern durch.

7.3 Die Einsatznachbereitung dient der Überprüfung des Ordnereinsatzes und der Zusammenarbeit mit den beteiligten Institutionen. Ggf. sind gemeinsame Besprechungen durchzuführen. Der Einsatzleiter Ordnerdienst sollte eine Nachbesprechung mit seinen Abschnittsleitern durchführen.

8 **Aufgaben der Ordner**

Mit Beginn ihres Einsatzes haben Ordner im Rahmen der ihnen vom Hausrechtsinhaber zugewiesenen Kompetenzen sowie der sogenannten Jedermannrechte die Ordnung und Sicherheit im Stadion zu gewährleisten. Sie haben insbesondere folgende Aufgaben zu erfüllen:

- Zugangs- und Einfahrtkontrollen an der äußeren und ggf. inneren Umfriedung des Stadions sowie an nicht allgemein zugänglichen Bereichen;

- Schutz sicherheitsempfindlicher Bereiche (z.B. Kassen, Kartenverkaufsstellen, Mannschafts- und Schiedsrichterräume, Rettungs- und Notwege bzw. Fluchttore, Technikräume, Räume und Plätze für gefährdete Personen und deren Fahrzeuge);

- Zurückweisen/Verweisen von Personen, die ihre Aufenthaltsberechtigung für das Stadion nicht nachweisen können, die aufgrund von Alkohol- oder Drogenkonsum ein Sicherheitsrisiko darstellen oder gegen die ein Stadionverbot ausgesprochen worden ist;

- Überprüfen und ggf. Durchsuchen von Stadionbesuchern und der von ihnen mitgeführten Gegenstände bei Einlaß und ggf. im Stadion. Zurückweisung von Besuchern, die mit einer Durchsuchung nicht einverstanden sind;

- Wegnahme, Lagern und ggf. Wiederaushändigen von Gegenständen, die nach rechtlichen Vorschriften oder nach der Stadionordnung nicht mitgeführt werden dürfen;

- Gewährleisten des Blockzwanges, wenn entsprechend gekennzeichnete Eintrittskarten ausgegeben werden;

- Verhindern des Überwechselns von Zuschauern in einen Block, für den sie keine Eintrittskarte vorweisen können;

- Freihalten der Auf- und Abgänge in den Zuschauerbereichen sowie der Rettungs- und Notwege;

- Besetzung der Zugänge/Ausgänge/Fluchttore zu/von den Zuschauerrängen bzw. Blöcken (insbesondere mit Stehplätzen) von der Öffnung bis zur Leerung;

- Verhindern des unberechtigten Eindringens von Stadionbesuchern in Bereiche, für die sie keine Aufenthaltsberechtigung besitzen; insbesondere Verhindern des Eindringens in den Stadioninnenraum;

- Regelung des im befriedeten Stadionbereichs stattfindenden Fahrzeug- und Fußgängerverkehrs;

- Durchsetzung der Stadionordnung, soweit der Veranstalter hierfür verantwortlich ist;

- Meldung strafrechtlich relevanter Sachverhalte an die Polizei;

- Meldung sicherheitsrelevanter Sachverhalte an Polizei, Rettungsdienste, Feuerwehr und ggf. an andere Institutionen, soweit die Gefahren vom Ordnerdienst nicht sofort beseitigt werden können bzw. die Beseitigung dessen Kompetenz oder Leistungsvermögen übersteigen würde.

- 35 -

9 Auswahl, Aus- und Fortbildung

9.1 Bei der Auswahl der Ordner ist insbesondere folgendes zu beachten:

- Ordner müssen volljährig, sollten jedoch nicht älter als 50 Jahre sein;

- die Bewerber haben ein Führungszeugnis vorzulegen, sie müssen über einen einwandfreien Leumund verfügen;

- Ordner müssen ihren Aufgaben von Persönlichkeit und Auftreten her gewachsen sein und hinreichende Gewähr dafür bieten, daß sie ihre Aufgaben zuverlässig erfüllen;

- es müssen ausreichend weibliche Kräfte zur Verfügung stehen.

9.2 Durch eine geeignete Aus- und Fortbildung sind alle Mitarbeiter des Ordnerdienstes auf ihre Aufgaben vorzubereiten.

9.2.1 Jeder Ordner muß an einer Grundeinweisung teilnehmen, bei der mindestens folgende Themen zu behandeln sind:

- Gewährleistung der Stadionsicherheit durch die verschiedenen Institutionen; Rolle des Ordnerdienstes;

- Grundsätzliche rechtliche Vorschriften (z.B. Hausrecht, Stadionordnung, Jedermannrechte);

- Grundzüge des Ordnereinsatzes, Status, Aufgaben, Rechte und Pflichten eines Ordners;

- Praktische Informationen zum Ordnereinsatz (Eintrittskarten, Durchfahrtscheine, Zugangsberechtigungen usw.);

- Konfliktbewältigung und Verhalten in einsatzrelevanten Fällen: Meldeverhalten.

9.2.2 Führungskräfte der Ordnerdienste sind darüber hinaus in folgenden Bereichen fortzubilden:

- Führungs- und Organisationslehre;

- Zusammenarbeit mit anderen Beteiligten;

- Rechtsprobleme beim Ordnereinsatz;

- Lageentwicklung bei Fußballspielen.

9.2.3 Ordner und Führungskräfte sind regelmäßig und ggf. anlaßabhängig über aktuelle Erkenntnisse zu informieren; die Polizei ist zu beteiligen.

9.2.4 Verantwortlich für die Aus- und Fortbildung ist der Leiter des Ordnerdienstes.

Bei wiederkehrenden Veranstaltungen, insbesondere bei Fußballspielen haben Ordner mindestens einmal im Jahr an einer Fortbildung teilzunehmen.
An der Aus- und Fortbildung sind grundsätzlich Vertreter der aus Anlaß von Fußballeinsätzen ebenfalls tätigen Institutionen zu beteiligen. Hierzu gehören insbesondere

- Kommunen (z.B. Ordnungs-, Bau-/Bauaufsichtsbehörden, Sport- und Jugendamt);
- Rettungsdienste/Feuerwehr
- Polizei

- bei Fußballspielen darüber hinaus
  + Staatsanwaltschaft
  + ggf. Fanprojekte o.ä.
  + Vereine/DFB.

Der DFB führt einmal jährlich eine Arbeitstagung für Führungskräfte Ordnerdienste durch, um einen bundesweiten Informationsaustausch sicherzustellen.

10 Erscheinungsbild

Angehörige des Ordnerdienstes tragen einheitliche, auffällige, reflektierende Kleidung.

Ordner müssen aus größerer Entfernung als solche kenntlich sein. Hierzu sollte die Kleidung auf der Vorder- und Rückseite die Aufschrift "Ordner" in ausreichender Größe aufweisen.

Art und Ausgestaltung der Bekleidung dürfen nicht zu Akzeptanz- und Autoritätsverlusten führen. Dies ist besonders im Hinblick auf Werbeaufschriften zu beachten.

Der Einsatzleiter Ordnerdienst und die Abschnittsführer müssen als solche an ihrer Kleidung erkennbar sein.

11 Ausrüstung

11.1 Ordnerdienste versehen ihre Tätigkeit unbewaffnet. Sie führen keine Gegenstände, die dazu bestimmt sind, Verletzungen herbeizuführen.

11.2 Ordnerdienste (ggf. Teilkräfte) sollen mindestens ausgestattet sein mit

- Funkgeräten (Einsatzleiter, Führungsstelle, Abschnittsleiter und Ordner an erkennbar gefahrenträchtigen Positionen)
- Megaphonen
- Alcotestgeräten
- Handsonden für metallische Waffen und gefährliche Gegenstände
- Behältnissen für weggenommene oder abgegebene Gegenstände
- Taschenlampen
- feuerfesten Handschuhen
- Schutzhunden
- Fahrzeugen (bei weitläufigen Bereichen).
- Schlüssel für die Schließanlagen des jeweiligen Einsatzbereiches.

12 Beauftragung des Ordnerdienstes

12.1 Personaleinsatz und Aufgabenerfüllung des Ordnerdienstes sowie dessen Zusammenarbeit mit anderen beteiligten Institutionen müssen möglichst kontinuierlich und langfristig abgewickelt werden. Starke personelle Fluktuation und mangelnde Professionalität im Ordnerdienst sind zu vermeiden. Aus diesem Grunde sind vorrangig gewerbliche Sicherheitsunternehmen oder vergleichbare Einrichtungen mit Ordneraufgaben zu betrauen.

Der Veranstalter trifft mit dem Ordnerdienst (vertragliche) Festlegungen, die insbesondere folgende Anforderungen regeln:

- Auswahl und Verpflichtung von Personal nach den o.a. Grundsätzen;

- hinreichend präzise Beschreibung der Aufgaben;

- Rechte und Pflichten des Ordnerdienstes gegenüber Benutzern der Platzanlage (z.B. Ausübung des Hausrechtes);

- Zahl, Bekleidung, Ausrüstung und Einsatzzeit der einzusetzenden Ordner;

- Organisation und Unterstellungsverhältnisse;

- Möglichkeit organisatorischer und personeller Reaktion auf Lageänderungen;

- Haftung für Personen-, Sach- und Vermögensschäden bzw. entsprechende Versicherung.

12.2 Soweit nicht gewerbliche Unternehmen beauftragt werden, sind mit den Ordnern Verträge abzuschließen, in denen die Rechte und Pflichten beider Vertragsseiten sowie die von dem Ordner wahrzunehmenden Aufgaben aufgeführt sind.

12.3 Es empfiehlt sich, den eingesetzten Ordnern ihre Aufträge ggf. persönlich und in Schriftform auszuhändigen.

12.4 Durch geeignete Maßnahmen ist dafür Sorge zu tragen, daß Ordner ihren Einsatzbereich nicht verlassen bzw. vor Einsatzende abtreten.

13 Kommunikation

13.1 Der Ordnerdienst muß über die erforderlichen technischen Mittel verfügen, um während des Einsatzes von seiner Führungsstelle aus Verbindung zu

- Veranstalter, Rettungsdiensten und Polizei,

- Ordnern bzw. Einsatzabschnitten

halten zu können.

13.2 Es ist sicherzustellen, daß die Ordner ihre Führungsstelle aus allen Bereichen des Stadions unverzüglich über besondere Vorkommnisse informieren können. Jedem Ordner ist aufzuzeigen, was er melden soll und welche Stelle er anzusprechen hat.

Sämtliche technischen Kommunikationsbeziehungen sind in einem Kommunikationsplan darzustellen. Der Plan ist entsprechend zu verteilen.

14 **Zusammenarbeit des Ordnerdienstes mit anderen beteiligten Institutionen**

14.1 Die Zusammenarbeit zwischen Ordnerdienst und anderen Beteiligten, insbesondere dem Stadionbetreiber, der Polizei, der Feuerwehr und dem Rettungsdienst ist innerhalb des Regionalausschusses "Sport und Sicherheit" zu gewährleisten.

14.2 Für besondere Ereignisse sind Maßnahmenkataloge abzustimmen sowie Kommunikationswege zu bestimmen; der Ordnerdienst ist in die vorgesehenen Maßnahmen einzuweisen.

14.3 Soweit es zur Aufrechterhaltung der Sicherheit im Stadion erforderlich ist, darf die Polizei dem Ordnerdienst Weisungen erteilen.

15 Durchsetzung der Richtlinien

15.1 Mit dem vollziehbaren Auflagenbescheid (Nr. 2.2) soll insbesondere folgendes festgelegt werden:

- Ordnerzahl,
- besonders zu besetzende Bereiche,
- Aufgaben der Ordner,
- Einsatzzeitraum,
- Maßnahmen bei besonderen Ereignissen,
- Kommunikation und Zusammenarbeit mit anderen Beteiligten,
- Kennzeichnung der Ordner.

15.2 Die zuständigen Behörden kontrollieren bei
- Einzelveranstaltungen grundsätzlich,
- wiederkehrenden Veranstaltungen mindestens zweimal je Saison

vor Ort, ob der Ordnerdienst sachgerecht durchgeführt wird.
Sie prüfen ferner, ob die in Nr. 9 festgelegten Aus- und Fortbildungsmaßnahmen erfolgt sind.

15.3 Der Betreiber hat die Überlassung des Stadions an den Veranstalter von dessen Verpflichtung, einen Ordnerdienst gemäß diesen Richtlinien einzusetzen, abhängig zu machen. Das gilt sowohl für zivilrechtliche Verträge als auch für eine Überlassung nach öffentlichem Recht.

Anlage 5:

Richtlinien zur Verbesserung der Sicherheit bei Bundesspielen (vom DFB)

Quelle:
www.bundesliga.de/imperia/md/content/transferlistepdfs/anhang6.pdf

Anhang VI: Richtlinien zur Verbesserung der Sicherheit bei Bundesspielen

Inhaltsverzeichnis:

I. Allgemeines

§ 1 Geltungsbereich
§ 2 Aufgaben und Zuständigkeiten

II. Bauliche Maßnahmen

§ 3 Grundsatz
§ 4 Bereich außerhalb der Platzanlage
§ 5 Äußere Umfriedung/Kassen und Kontrollstellen
§ 6 Innere Umfriedung
§ 7 Spielfeldumfriedung, Rettungs-/Fluchttore zum Spielfeld, Spielerzugang
§ 8 Äußerer/innerer Rettungsweg
§ 9 Zuschauerbereiche
§ 10 Räume für Sicherheits- und Ordnungskräfte, Fernsehüberwachung
§ 11 Regelungen für Mannschaften/Schiedsrichter und gefährdete Personen
§ 12 Beleuchtung/Notstromversorgung
§ 13 Beschallungseinrichtungen
§ 14 Telefoneinrichtungen
§ 15 Brandschutz
§ 16 Erste Hilfe

III. Organisatorische/betriebliche Maßnahmen

§ 17 Grundsatz
§ 18 Zusammenarbeit Verein/Sicherheitsträger, Sicherheitsbeauftragter
§ 19 Überlassung einer Platzanlage
§ 20 Veranstaltungsleitung
§ 21 Zutrittsberechtigung
§ 22 Kontrollen
§ 23 Alkoholverkaufsverbot/Getränkeausschank
§ 24 Freihalten der Rettungswege
§ 25 Ordnungsdienst

IV. Sonstige Maßnahmen

§ 26 Pläne der Platzanlagen
§ 27 Stadionordnung
§ 28 Stadionsprecher
§ 29 Fan-Betreuung
§ 30 Stadionverbote
§ 31 Spiele mit erhöhtem Risiko

V. Schlussbestimmungen

§ 32 Ordnungsvorschrift
§ 33 Inkrafttreten

I. Allgemeines

§ 1
Geltungsbereich

1. Diese Richtlinien gelten für Bundesspiele gem. § 19 DFB-Spielordnung, die auf von Vereinen der Lizenzligen genutzten Platzanlagen ausgetragen werden.

2. Sie umfassen alle Sicherheitsmaßnahmen baulicher, technischer, organisatorischer und betrieblicher Art, die bei Bundesspielen auf einer Platzanlage sowie in deren Nahbereich auf den entsprechenden Verkehrswegen und Parkflächen erforderlich sind.

3. Die Vorschriften der UEFA und der FIFA sowie die öffentlichrechtlichen Bestimmungen bleiben hiervon unberührt.

§ 2
Aufgaben und Zuständigkeiten

1. Die Richtlinien verpflichten ausschließlich die Mitglieder des DFB.

2. Es ist Aufgabe des Vereins, alle zumutbaren Maßnahmen zu treffen oder auf diese hinzuwirken, die geeignet oder erforderlich sind, die Sicherheit bei der Durchführung von Bundesspielen auf der von ihnen genutzten Platzanlage zu gewährleisten. Der Verein ist für das Verhalten aller Personen verantwortlich, die in seinem Auftrag bei der Organisation der Bundesspiele mitwirken.

3. Soweit der Verein aus eigenem Recht keine Befugnis besitzt, die notwendigen Sicherheitsmaßnahmen selbst anzuordnen und gegebenenfalls durchzuführen, hat er bei den zuständigen Stellen auf deren Realisierung hinzuwirken. Werden die vom Verein für erforderlich gehaltenen Sicherheitsmaßnahmen nicht durchgeführt, so hat er dem DFB zu berichten.

4. Die Rechte und Pflichten der zuständigen Stellen des privaten und öffentlichen Rechts (z.B. Platzanlagenbetreiber, Ordnungsamt, Polizei, Feuerwehr) bleiben davon unberührt.

II. Bauliche Maßnahmen

§ 3
Grundsatz

1. Eine Platzanlage von Vereinen der Lizenzligen darf grundsätzlich nur dann für die Austragung von Bundesspielen genutzt werden, wenn sie in baulicher und technischer Hinsicht dem neuesten Stand der Sicherheitserfordernisse entspricht.

2. Die für den Bau und die technische Ausstattung der Platzanlage geltenden Gesetze, Verordnungen und Verwaltungsanordnungen sind zu beachten.

3. Der Verein ist verpflichtet, die von ihm genutzte Platzanlage gemeinsam mit den Sicherheitsträgern jährlich rechtzeitig vor Saisonbeginn zu überprüfen und das Ergebnis in einem Besichtigungsprotokoll niederzulegen.

§ 4
Bereich außerhalb der Platzanlage

1. Die Platzanlage soll durch leistungsfähige Verkehrswege für den Individualverkehr erschlossen sein und – nach Möglichkeit – auch günstige Anbindungen an Massenverkehrsmittel haben.

2. Der Größe der Platzanlage angemessene – bei Bedarf auch beleuchtete – Parkplätze für Pkw und Busse mit ausreichenden Rückstauräumen sollen im Nahbereich vorhanden sein.

3. Alle Straßen und Wege zur Platzanlage sowie zu den zugeordneten Parkplätzen sind mit Leitbeschilderung auszustatten. Die Leitbeschilderung soll bereits weit abgesetzt von der Platzanlage und den Parkplätzen aufgestellt sein.

4. Alle Gehwegverbindungen zur Platzanlage sollen entsprechend dem Verkehrsaufkommen dimensioniert,
   - nach Möglichkeit kreuzungsfrei mit dem Fahrverkehr geführt und
   - ausreichend ausgeleuchtet sein.

5. Auf den Parkplätzen und den Wegen zur Platzanlage sollen Notrufeinrichtungen installiert sein.

6. Im Nahbereich der Platzanlage sind große Übersichtstafeln zur weiteren Orientierung (Lage der Eingänge und Blöcke) anzuordnen.

7. Vor den Stadioneingängen ist die Stadionordnung gut sichtbar und lesbar durch Aushang den Besuchern zur Kenntnis zu bringen.

§ 5
Äußere Umfriedung/Kassen und Kontrollstellen

1. Die äußere Umfriedung umschließt weiträumig die gesamte Fläche der Platzanlage. Sie soll mindestens 2,5 m hoch sein und darf nicht leicht zu übersteigen, zu durchdringen, zu unterkriechen und zu beseitigen sein. Die Umfriedung soll in ihrer ganzen Länge einsehbar sein; in der Nähe befindliche Büsche, Bäume etc. dürfen nicht zum Überklettern geeignet sein. Kassen, Kioske oder andere Gebäude, welche in der Umfriedung liegen, sind so auszubilden, daß sie keine Übersteighilfen bieten.

2. Zu- und Ausgänge sowie Zu- und Abfahrten in der äußeren Umfriedung sind so auszugestalten, daß der Fahrzeug- und Personenverkehr zügig und geordnet abgewickelt werden kann. Stauräume für Fahrzeuge und Fußgänger sind so einzurichten, daß sie nicht in den öffentlichen Verkehrsraum hineinragen.

3. Alle Tore müssen zügig geöffnet bzw. geschlossen werden können, ohne daß dadurch besondere Gefahren verursacht werden. Sie sind so einzurichten, daß sie dem Druck von Menschenmengen standhalten. In geöffnetem Zustand müssen sie durch Feststeller in ihrer Lage gesichert werden können. Für die Tore ist eine sog. „Feuerwehrschließung" vorzusehen (z.B. Doppelschließzylinder).

4. An den Zugängen zur Platzanlage sind grundsätzlich Leiteinrichtungen, z.B. Drängelgitter, einzurichten und so aufzustellen, daß Personen nur einzeln und

hintereinander Einlaß finden können. Im Stauraum vor den Zugängen sollen bei Bedarf Vorsperren eingerichtet werden.

5. An den Zugängen/Zufahrten sind Einrichtungen zu schaffen, an denen die Möglichkeit besteht, Personen und Gegenstände zu durchsuchen, Sachen abzulegen und gesichert zu verwahren (Kontrolleinrichtungen).

6. Kassen und Kontrolleinrichtungen sollen in die äußere Umfriedung einbezogen werden; sie sind gegen unbefugtes Eindringen und Inbrandsetzen zu sichern.

7. Kassen- und Kontrolleinrichtungen sollen mit Telefon an die Regiezentrale des Veranstalters angeschlossen sein. Sie sind zu beleuchten, wenn Veranstaltungen während der Dunkelheit stattfinden.

§ 6
Innere Umfriedung

Die innere Umfriedung umschließt den engeren Bereich der Platzanlage um die Zuschauerbereiche und die Tribünen. Sie soll entsprechend § 5 (1) eingerichtet werden, wenn hierzu die flächenmäßigen Voraussetzungen gegeben sind.

§ 7
Spielfeldumfriedung, Rettungs-/Fluchttore zum Spielfeld, Spielerzugang

1. Der Innenraum ist durch eine 2,20 m hohe Einzäunung (Metallkonstruktion, Sicherheits-Verbundglas etc.) oder durch einen schwer überwindbaren Graben oder durch eine Kombination von Zaun und Graben von den Zuschauerbereichen abzugrenzen.

   Mit dem vom Verein nachzuweisenden vorherigen Einverständnis des Stadioneigentümers und der örtlichen Sicherheitsorgane kann die Innenraumsicherung vor Sitzplatzbereichen auch durch andere geeignete Maßnahmen gewährleistet werden.

2. Der Zugang zum Spielfeld ist für Notfälle zu ermöglichen. Dazu sind in den Zäunen Rettungs- bzw. Fluchttore einzubauen. Soweit die Zuschauerbereiche vom Spielfeld durch einen Graben getrennt sind, sind in Höhe der Rettungstore Überbrückungen einzurichten. Ausnahmen sind mit Einwilligung des DFB dann zulässig, wenn den Zuschauern andere Fluchtwege in einem ausreichenden Maße zur Verfügung stehen.

3. Die Rettungstore müssen schnell und leichtgängig in Richtung Spielfläche zu öffnen sein. Sie sind grundsätzlich in direkter Flucht der jeweiligen Treppen- und Stufenläufe des Zuschauerbereiches einzurichten. Die Fluchtrichtung zum Spielfeld darf nicht durch Werbebanden oder andere Einrichtungen versperrt werden. Vorhandene Werbebanden müssen so konstruiert sein, dass sie keine Hindernisse bilden.

4. Die Rettungstore sollen einflügelig und müssen mindestens 2 m breit, mit einem Panikverschluss versehen, in ihren Umrissen farblich herausgehoben und mit Ziffern oder Buchstaben beidseitig gem. DIN 4844, Teil 1, Ziffer 4.55 gekennzeichnet sein.

5. Die Öffnung der Tore darf ferngesteuert oder manuell vorgenommen werden. Soweit Tore nur manuell zu öffnen sind, hat dies vom Spielfeld aus zu erfolgen. Beim Ausfall ferngesteuerter Systeme ist die unverzügliche manuelle Öffnung der Tore sicherzustellen.

6. Die Spieler sind beim Betreten und Verlassen des Innenraumes durch geeignete Konstruktionen gegen Einwirkungen aus dem Zuschauerbereich zu schützen.

§ 8
Äußerer / innerer Rettungsweg

1. In Abstimmung mit den Verantwortlichen der örtlichen Sicherheitsträger (Polizei, Ordnungsbehörde, Feuerwehr, Rettungs- und Sanitätsdienst) ist ein außerhalb der Platzanlage liegender und durch Halteverbote freizuhaltender Rettungsweg (äußerer Rettungsweg) zu schaffen und zu kennzeichnen. Das Normblatt DIN 14090 Feuerwehrpläne ist in Abstimmung mit der örtlichen Feuerwehr zu beachten. Der äußere Rettungsweg sollte zweispurig angelegt und befahrbar sein.

2. Der äußere Rettungsweg ist in Planunterlagen zu kennzeichnen. Die Pläne sind allen Sicherheitsträgern, dem Platzanlagenbetreiber und dem Verein zur Verfügung zu stellen.

3. Für die Einrichtung und Festlegung eines innerhalb der Platzanlage gelegenen Rettungsweges (innerer Rettungsweg) gelten die Absätze 1 bis 2 entsprechend.

4. Das Spielfeld der Platzanlage muss über mindestens eine Zufahrt erreichbar sein. Die Zufahrt soll im Gegenrichtungsverkehr befahrbar sein.

5. Soweit eine Laufbahn vorhanden ist, muss diese mindestens auf einer Seite für das Befahren durch Einsatzfahrzeuge freigehalten werden.

§ 9
Zuschauerbereiche

1. Die Zuschauerbereiche sind in Blöcke mit entsprechenden Zu- und Abgängen, in der Regel für etwa 2.500 Zuschauer, zu unterteilen.

   Zwischen Sitz- und Stehplätzen sowie an den Grenzen der Sektoren sollen Abtrennungen so eingerichtet werden, dass ein Wechsel von Zuschauern in einen anderen Block verhindert wird.

2. Alle Zuschauerbereiche, insbesondere die Stehplätze, sind baulich so auszugestalten, dass der Zuschauer im Gefahrenfalle nicht durch winkel- oder bogenförmige Einrichtungen (sog. „tote Ecken") gehindert ist, seinen Platz in Richtung eines Ausgangs- bzw. Rettungs- oder Fluchttores zu verlassen.

3. In den Stehplatzbereichen sind Wellenbrecher anzubringen. Ihre Einrichtung und Ausgestaltung richten sich nach den landesrechtlichen Bestimmungen. Vorhandene Wellenbrecher sind jährlich auf ihre Stand- und Bruchfestigkeit zu prüfen.

4. In den Zuschauerbereichen, insbesondere mit Stehplätzen, sind die Umgebung und der Boden so auszugestalten, dass keine Steine, Platten oder sonstige Gegenstände aufgenommen, herausgebrochen oder anderweitig entfernt werden können. Mobile Sachen auf der Platzanlage, z.B. Papierkörbe etc., sind zu befestigen.

5. Alle Zu-, Aus- und Durchgänge, Zu- und Abfahrten innerhalb der Platzanlage sollen mit Schlössern ausgestattet werden, die mit einem Einheitsschlüssel geöffnet werden können.

6. Die Auf- und Abgänge sowie die Rettungswege sind durch Signalfarben-Anstrich zu markieren; das Normblatt DIN 4844, Teil 1 ist zu beachten.

7. Die Zuschauerbereiche (Blöcke) sind zu kennzeichnen. Die Kennzeichnung ist deutlich erkennbar und so auszugestalten, dass sich Zuschauer und insbesondere Sicherheitskräfte jederzeit daran orientieren können.

8. Die Blöcke für die Fans der beiden Mannschaften sollen möglichst weit voneinander entfernt angeordnet werden. Ihre Abtrennung zu den Zuschauerbereichen ist besonders stabil auszubilden. Der Block für die Fans der Gastmannschaft soll einen eigenen Zugang haben. Der Weg dorthin soll möglichst wenig andere, von den übrigen Stadionbesuchern benutzte Wege kreuzen.

9. Alle baulichen Einrichtungen innerhalb der Platzanlage sind unter Brandschutzgesichtspunkten mit entsprechenden Baustoffen gem. DIN 4102 zu erstellen.

10. Auf Platzanlagen ohne Laufbahn (sog. reine Fußballstadien) sind grundsätzlich hinter den Toren mindestens in Strafraumbreite ausreichend hohe, engmaschige Netze zur Über- und Durchwurfsicherung zu installieren.

11. Toiletten und Kioske sollen über die gesamte Platzanlage verteilt angeordnet werden. Bereiche, in denen sich erfahrungsgemäß Risikogruppen aufhalten, sind mit eigenen Toiletten und Kiosken auszustatten.

12. Die Stehplatzbereiche auf von den Vereinen der Lizenzligen genutzten Platzanlagen sollen kontinuierlich in nummerierte Einzelsitze mit mindestens 30 cm hoher Rückenlehne umgerüstet werden, wobei für die Anhänger der Heim- und Auswärtsmannschaft Stehplätze bis zu 20% der gesamten zulässigen Stadionkapazität erhalten bleiben können.

§ 10
Räume für Sicherheits- und Ordnungskräfte, Fernsehüberwachung

1. Den Sicherheitskräften und dem Ordnungsdienst sind Sammelplätze und Bereitstellungsräume sowie Parkflächen zur Aufstellung benötigter Einsatzfahrzeuge einzurichten und vorzuhalten.

2. Dem Sanitäts- und Rettungsdienst, der Polizei, dem Ordnungsdienst und der Feuerwehr sind Räume für Befehlsstellen einzurichten. Sie sollen einen Überblick auf die Tribünen – und soweit baulich möglich – auf sicherheitsrelevante Bereiche ermöglichen.

3. Die Befehlsstellen der unter Abs. 2 genannten Sicherheitsträger sollen möglichst in zusammenhängenden Räumen (Sicherheitszentrale) untergebracht werden. Stadionsprecher und Einsatzleitung der Polizei sind grundsätzlich nebeneinander unterzubringen.

4. Der Polizei sind im Bereich der Platzanlage an gesicherter und geeigneter Stelle Verwahr- und Festnahmeräume für bis zu 20 Personen einzurichten. Ferner sind Räume für den Betrieb einer Polizeiwache vorzusehen, die für alle leicht erreichbar sein müssen.

5. Innerhalb der Platzanlage und in den Außenbereichen vor den Eingängen sollen Video-Kameras mit Zoom-Einrichtungen installiert werden. Die Anlage sollte von der Befehlsstelle der Polizei zu bedienen, an die Polizeimonitore angeschlossen sein und die Möglichkeit der Standbildaufnahme zur Identifikation von Personen bieten.

§ 11
Regelungen für Mannschaften/Schiedsrichter und gefährdete Personen

1. An- und Abfahrtswege sowie Zu- und Abgänge für Mannschaften und Schiedsrichter sind baulich grundsätzlich von denen der Zuschauer zu trennen. Die Einrichtung besonderer Sicherheitsbereiche ist zweckmäßig; die Umfriedung der Sicherheitsbereiche ist entsprechend § 5 Abs.1 auszugestalten.
2. Absatz 1 gilt für die An- und Abfahrtswege sowie Zu- und Abgänge von gefährdeten Personen entsprechend.
3. Für besonders gefährdete Personen sollen Räume und Aufenthaltsbereiche eingerichtet werden, die gegen gewaltsames Eindringen und die Einwirkung mit Schusswaffen oder Sprengmitteln gesichert sind; gesicherte Flächen für das Abstellen der Fahrzeuge dieser Personen sind bereitzustellen.

§ 12
Beleuchtung, Notstromversorgung

1. Soweit Spiele während der Dunkelheit stattfinden, müssen folgende Bereiche ausreichend beleuchtbar sein:
   - Zu- und Ausfahrten, Zu- und Ausgänge im Bereich der äußeren und – soweit vorhanden – inneren Umfriedung sowie die Kassen und Stauräume vor den Zugängen, die Parkplätze und die Wege zur Platzanlage außerhalb der öffentlichen Verkehrsflächen
   - Wege und Umgriff zwischen der äußeren und – soweit vorhanden – inneren Umfriedung bzw. den Tribünen - Zuschauerbereiche, Tribünen und Innenräume.
2. Bei Ausfall der öffentlichen Netzversorgung muss eine Ersatzstromversorgung gewährleistet sein.

§ 13
Beschallungseinrichtungen

1. Die Platzanlage ist mit einer Beschallungseinrichtung auszustatten. Sie soll folgende Bereiche, wahlweise gesamt oder selektiv, ausreichend beschallen:
   - die Ein- und Ausgänge/Zu- und Abfahrten, Kassen und Kartenkontrollstellen. Aufstellflächen und -räume an der äußeren/inneren Umfriedung
   - den Umgriff zwischen äußerer und innerer Umfriedung sowie Tribünen samt Zu- und Abgängen/Zu- und Abfahrten
   - die Zwischenbereiche mit folgender Unterteilung:
     - hinter den Toren,
     - Gerade und Gegengerade (insbesondere die Bereiche der „Gäste-" und „Heimfans"),
     - das Spielfeld.
2. Die Beschallungsanlage ist so auszugestalten, dass Durchsagen auch bei ungünstigen Verhältnissen zu verstehen sind. Für Notfälle muss gewährleistet sein, dass der

Lautsprecherpegel automatisch den höchsten Level erreicht; eine besondere Schaltung (Panikschaltung) ist vorzusehen.

Die Vorschriften über die Notstromversorgung (§ 12 Abs. 2) gelten entsprechend.

3. Die Befehlsstelle der Polizei (§ 10, Abs. 2) ist mit einer Vorrangschaltung für die Beschallungseinrichtungen auszustatten.

§ 14
Telefoneinrichtungen

1. Die Regiezentrale der Veranstaltungsleitung sowie die Befehlsstellen der Sicherheitsträger sind mit amtsberechtigten Telefonanschlüssen auszustatten.

2. Das interne Telefonnetz soll folgende Anschlüsse erfassen:

   - Regiezentrale,
   - Befehlsstellen der Polizei, des Rettungsdienstes, der Feuerwehr, des Ordnungsdienstes,
   - Polizeiwache,
   - Verwahrräume der Polizei,
   - Mannschafts-, Schiedsrichterräume,
   - Geschäftsstelle des Vereins (soweit vorhanden).

   Die Einrichtung weiterer Telefonanschlüsse an potentiellen Brennpunkten der Platzanlage (für Polizei, Ordnungsdienst, Rettungs- und Sicherheitsdienst sowie Feuerwehr) ist erforderlich.

3. Die Einrichtung von Gegensprechanlagen für die in Abs. 2 genannten Anschlüsse wird empfohlen.

§ 15
Brandschutz

1. Die von der örtlichen Feuerwehr geforderten Hydrantenanschlüsse sind einzurichten.

2. An Punkten, die durch die Feuerwehr festzustellen sind, sind darüber hinaus Feuerlöscher der Kategorie A, B, C, Gr. III aufzustellen. Die Feuerlöscher sind so zu kennzeichnen, dass ihr Austausch und Veränderungen festgestellt werden können.

3. Bei den Spielen sind im Innenraum Eimer mit Sand und feuerhemmende Handschuhe bereitzustellen.

§ 16
Erste Hilfe

Auf Anforderung sind dem Sanitätsdienst geeignete Räume für die medizinische Erstversorgung der Zuschauer zur Verfügung zu stellen.

III. Organisatorische/betriebliche Maßnahmen

§ 17
Grundsatz

Der Verein ist verpflichtet, alle organisatorischen und betrieblichen Maßnahmen zu treffen, die geeignet und erforderlich sind, Gefahren für die Platzanlage, die Zuschauer und den Spielbetrieb vorzubeugen sowie diese bei Entstehen abzuwehren.

§ 18
Zusammenarbeit Verein/Sicherheitsträger, Sicherheitsbeauftragter

1. Der Verein ist verpflichtet, einen Sicherheitsbeauftragten zu benennen und diesen mit der Wahrnehmung aller Sicherheits- aufgaben zu betrauen.

2. Dem Sicherheitsbeauftragten obliegt es insbesondere,
   - außergewöhnliche sicherheitsrelevante Ereignisse vor, während und nach den Bundesspielen zu erfassen, auszuwerten und dem DFB mitzuteilen,
   - die gem. § 3 Abs. 3 jährlich durchzuführenden Platzanlagen-Inspektionen zu leiten oder – soweit die Leitung durch einen Vertreter einer Verwaltungsbehörde erfolgt
   - an diesen verantwortlich mitzuwirken,
   - spätestens vier Wochen vor Beginn einer jeden Saison und bei besonderen Anlässen Sicherheitsbesprechungen mit Vertretern des Eigentümers der Platzanlage, der Rettungs- und Sanitätsdienste, der Feuerwehr, des Ordnungsdienstes, der Ordnungsbehörde und insbesondere der Polizei zu führen. Über diese Sicherheitsbesprechung ist eine Niederschrift zu fertigen.

3. Dem Sicherheitsbeauftragten ist der Zugang zu allen Bereichen der Platzanlage zu gestatten.

4. Die Sicherheitsbeauftragten der Vereine haben mit dem für Sicherheitsfragen zuständigen Organ des DFB eng zusammenzuarbeiten.

§ 19
Überlassung einer Platzanlage

1. Der Verein hat, sofern er keine eigene Platzanlage nutzt, mit dem Eigentümer der Platzanlage einen Nutzungsvertrag abzuschließen.

2. In dem Nutzungsvertrag sollen zumindest Vereinbarungen getroffen werden über:
   - Lage, Größe und Bezeichnung des zu nutzenden Geländes und der zu nutzenden Räume unter Beifügung von Plänen der Platzanlage,
   - Rechte und Pflichten des Nutzers,
   - Nutzungsumfang und -dauer,
   - berechtigte Nebennutzer und Art der Nutzungsberechtigung,
   - Berechtigung zum Einsatz eines Ordnungsdienstes,
   - technische und bauliche Betreuung der Platzanlage während der Veranstaltung, insbesondere durch Anwesenheit von sachverständigen Mitarbeitern,
   - Übertragung des Hausrechts einschließlich der Berechtigung des Nutzers, die Ausübung auf Dritte weiter zu übertragen.

§ 20

Veranstaltungsleitung

1. Der Verein hat bei Bundesspielen einen Veranstaltungsleiter einzusetzen.

2. Der Veranstaltungsleiter ist verpflichtet, ständigen Kontakt zu den Sicherheitsträgern, insbesondere zur Polizei, zu halten.

3. Der Veranstaltungsleiter hat dafür zu sorgen, dass ihm Personen zur Seite stehen, die mit der technischen und baulichen Ausstattung der Platzanlage vertraut sind und erforderlichenfalls die notwendigen Maßnahmen unverzüglich einleiten bzw. durchführen können.

§ 21
Zutrittsberechtigung

1. Der Verein ist verpflichtet, am Spieltage nur Personen und Fahrzeuge das Betreten der Platzanlage zu gestatten, die einen Berechtigungsnachweis vorlegen können. Bauaufsichtlich zugelassene Platz- und Aufnahmekapazitäten sind zu beachten.

2. Berechtigungsnachweise sind:

   - Eintrittskarten,
   - Arbeitskarten/-ausweise,
   - Durchfahrtsscheine.
   - Dienstausweise der Sicherheitsorgane im Zusammenhang mit der Wahrnehmung von dienstlichen Aufgaben stehen den Berechtigungsnachweisen gleich.

3. Die Berechtigungsnachweise sollen möglichst fälschungssicher gestaltet und gegen Missbrauch durch Mehrfachnutzung geschützt sein.

4. Berechtigungsnachweise sind grundsätzlich darauf zu beschränken, dass nur bestimmte, genau bezeichnete Bereiche betreten werden dürfen. Berechtigungsnachweise mit der Befugnis, die gesamte Platzanlage zu betreten sind auf das unabdingbar notwendige Maß zu beschränken.

5. Eintrittskarten sollen mit dem Datum des Spieltages und möglichst der Spielpaarung versehen sein.

6. Der Kartenverkauf ist möglichst so zu organisieren, dass die Anhänger der beiden spielenden Mannschaften in räumlich voneinander getrennten Zuschauerbereichen untergebracht werden. Im Einzelfall kann es geboten sein, den Zuschauern entgegen dem Aufdruck ihrer Eintrittskarte andere Bereiche zuzuweisen.

§ 22
Kontrollen

An den Zu- und Abgängen, den Zu- und Abfahrten der äußeren und inneren Umfriedung der Platzanlage sowie an den sonstigen Zugängen nicht allgemein zugänglicher Bereiche sind Kontrollen der Besucher durchzuführen.

Die Kontrollen haben sich auf die Feststellung

- der Zutrittsberechtigung,
- von Waffen und gefährlichen Gegenständen, die nach den Bestimmungen der allgemeinen Gesetze und der Stadionordnung (§ 27) nicht mitgeführt werden dürfen,
- des Mitführens von alkoholischen Getränken und
- des Zustandes von Personen, die alkoholisiert sind oder dem Einfluss anderer Mittel unterliegen, so dass sie mit hoher Wahrscheinlichkeit nicht mehr vernunftgemäß ihren Willen betätigen können,

zu erstrecken.

An den Kontrollstellen dürfen Personen aufgefordert werden, sich und ihre mitgeführten Gegenstände durchsuchen zu lassen.

Personen, die sich einer Kontrolle oder einer Durchsuchung nicht unterziehen, ist der Zutritt zur Platzanlage zu untersagen. Zwangsweise Durchsuchungen durch den Ordnungsdienst sind unzulässig.

Werden Gegenstände festgestellt, die gem. Abs. 2 nicht mitgeführt werden dürfen, so sind sie der Polizei zu übergeben oder zwischen zu lagern. Liegt erkennbar eine Straftat vor, darf der Betroffene durch den Kontrollierenden bis zur Übergabe an die Polizei festgehalten werden (§ 127 Abs. 1 Strafprozessordnung); die Übergabe ist unverzüglich durchzuführen. Soweit Betroffene ihr Eigentums- und Besitzrecht an den Gegenständen aufgeben und diese nicht aus strafrechtlichen Gründen der Polizei übergeben werden müssen, sind sie bis zu ihrer Vernichtung gegen Zugriff durch Dritte gesichert zu verwahren.

Werden bei den Kontrollen Personen festgestellt, die alkoholisiert sind oder dem Einfluss anderer Mittel unterliegen, so dass sie mit hoher Wahrscheinlichkeit nicht mehr vernunftgemäß ihren Willen betätigen können, so ist ihnen der Zutritt zur Platzanlage zu verwehren.

§ 23
Alkoholverkaufsverbot/Getränkeausschank

1. Der Verkauf und die öffentliche Abgabe von alkoholischen Getränken sind vor und während des Spiels innerhalb des gesamten umfriedeten Geländes der Platzanlage grundsätzlich untersagt. Mit ausdrücklicher, vom Verein nachzuweisender Einwilligung der örtlichen zuständigen Sicherheitsorgane, unter Einbindung der Polizei, können hiervon je nach örtlichen Gegebenheiten Ausnahmen zugelassen werden, insbesondere für die Abgabe alkoholreduzierten Biers (mit einem Alkoholwert bis zu 3%).

2. Werden Personen im Bereich der Platzanlage angetroffen, die alkoholisiert sind oder unter anderen, den freien Willen beeinträchtigenden Mitteln stehen, so sind sie aus der Platzanlage zu verweisen.

3. Getränke dürfen nur in Behältnissen verabreicht werden, die nach Größe, Gewicht und Art der Substanz nicht splittern können und nicht als Wurf- und Schlagwerkzeuge geeignet sind. Soweit möglich und geboten sind mit den örtlich zuständigen Behörden Absprachen darüber zu treffen, in welcher Weise Aspekte des Umweltschutzes (Abfallvermeidung, Recycling etc.) bei der Beschaffung und Verwendung der Behältnisse berücksichtigt werden können.

§ 24

Freihalten der Rettungswege

1. Die gemäß § 8 festgelegten Rettungs- und Notwege sind jederzeit freizuhalten.
2. Alle Zu- und Abgangstore der Rettungs- und Notwege sind – von der Öffnung der Platzanlage an bis zu deren Leerung – durch den Ordnungsdienst ständig besetzt zu halten.
3. Soweit eine Laufbahn vorhanden ist, muss diese mindestens auf einer Seite für das Befahren durch Einsatzfahrzeuge freigehalten werden.

§ 25
Ordnungsdienst

1. Mit Öffnung der Platzanlage ist die Ordnung zu gewährleisten und aufrecht zu halten. Dies gilt auch für die Durchsetzung aller in diesen Richtlinien enthaltenen Verpflichtungen.
2. Zur Wahrnehmung der in Abs. 1 genannten Aufgaben ist ein Ordnungsdienst – bestehend aus weiblichen und männlichen Mitarbeitern – einzusetzen. Die Mitarbeiter des Ordnungsdienstes müssen volljährig und zuverlässig sein; sie sollen Erfahrungen in der Wahrnehmung der Ordnungsdienstaufgaben bei Bundesspielen besitzen.
3. Die Mitarbeiter des Ordnungsdienstes sind mit einer einheitlichen, reflektierenden und gut erkennbaren Bekleidung – zumindest mit einer einheitlichen Jacke und der Aufschrift „Ordner" – auszustatten. Die Führungskräfte sollen sich durch eine besondere farbliche Gestaltung ihrer Kleidung unterscheiden.
4. Die Führungskräfte des Ordnungsdienstes (Leiter und Vertreter, Abschnittsleiter und – soweit vorhanden – Unterabschnittsleiter) sind einmal im Jahr – möglichst vor Beginn der Saison – durch einen erfahrenen Polizeibeamten zu beschulen. Den sonstigen Mitarbeitern des Ordnungsdienstes sind die Schulungsinhalte weiterzuvermitteln.
5. Soweit der Verein die Ordnungsdienstaufgabe von einem gewerblichen Sicherheitsunternehmen durchführen lässt, ist ein Vertrag zu schließen. Der Vertrag soll vor allem folgendes beinhalten:

   - übertragene Aufgaben (Absatz 6)
     Aufgabenkatalog,
     zu besetzende Positionen,
     Vorlage von Einsatzplänen,
     zeitliche Dimension der Aufgaben;
   - Rechte und Pflichten des Ordnungsdienstes gegenüber den Benutzern der Platzanlage,
   - Anzahl und Auswahl der einzusetzenden Mitarbeiter sowie ihre fachliche und persönliche Qualifikation,
   - Organisation des Ordnungsdienstes, Unterstellungsverhältnisse,
   - Kennzeichnung der Mitarbeiter des Ordnungsdienstes.

6. Der Ordnungsdienst hat im wesentlichen folgende Aufgaben wahrzunehmen:

   - Zugangs- und Anfahrtskontrollen an der äußeren und inneren Umfriedung des Stadions sowie an nicht allgemein zugänglichen Bereichen;

- Schutz sicherheitsempfindlicher Bereiche (z.B. Kassen, Kartenverkaufsstellen, Mannschafts- und Schiedsrichterräume, Räume und Plätze für gefährdete Personen und deren Fahrzeuge, Personal und technische Ausstattung der Rundfunkvertreter);
- Zurückweisen und Verweisen von Personen, die ihre Aufenthaltsberechtigung für das Stadion nicht nachweisen können, die aufgrund von Alkohol- oder Drogenkonsum ein Sicherheitsrisiko darstellen oder gegen die ein Stadionverbot ausgesprochen worden ist;
- Überprüfen und Durchsuchen von Stadionbesuchern und der von ihnen mitgeführten Gegenstände bei Einlass und im Stadion;
- Zurückweisen von Besuchern, die mit einer Durchsuchung nicht einverstanden sind;
- Wegnahme, Lagern und ggf. Wiederaushändigen von Gegenständen, die nach rechtlichen Vorschriften oder nach der Stadionordnung nicht mitgeführt werden dürfen;
- Gewährleistung der Blocktrennung, wo entsprechend gekennzeichnete Eintrittskarten ausgegeben wurden;
- Verhindern des Überwechselns von Zuschauern in einen Block, für den sie keine Eintrittskarte vorweisen können;
- Freihalten der Auf- und Abgänge in den Zuschauerbereichen sowie der Rettungs- und Fluchtwege;
- Besetzen der Zugänge, der Ausgänge und der Fluchttore in und vor den Zuschauerbereichen (insbesondere mit Stehplätzen) von der Öffnung bis zur Leerung;
- Verhindern des unberechtigten Eindringens von Stadionbesuchern in Bereiche, für die sie keine Aufenthaltsberechtigung besitzen, insbesondere Verhindern des Eindringens in den Stadioninnenraum;
- Schutz der Spieler und Schiedsrichter beim Betreten und Verlassen des Spielfeldes;
- Regelung des im befriedeten Stadionbereich stattfindenden Fahrzeug- und Fußgängerverkehrs;
- Durchsetzen der Stadionordnung, soweit der Veranstalter hierfür verantwortlich ist;
- Meldung strafrechtlich relevanter Sachverhalte an die Polizei;
- Meldung sicherheitsrelevanter Sachverhalte an die Polizei, an die Rettungsdienste, an die Feuerwehr und an andere betroffene Institutionen, soweit die Gefahren vom Ordnungsdienst nicht sofort beseitigt werden können oder dürfen.

7. Die Aufgaben des Ordnungsdienstes sind nach Sachbereichen zu gliedern und in Abschnitte sowie gegebenenfalls Unterabschnitte aufzuteilen. Entsprechende Führungskräfte sind einzusetzen.

8. Die Anzahl der einzusetzenden Ordner richtet sich grundsätzlich nach den örtlichen Gegebenheiten (Anzahl der Ein- und Ausgänge, Fluchttore etc.), der zu erwartenden Zuschauerzahl und der Gefahrenträchtigkeit des Anlasses.

9. Vor der Festlegung der Einsatzstärke sind die örtlichen Sicherheitsorgane zu hören.

10. Der Ordnungsdienst ist mit Funksprechgeräten für alle Führungskräfte und für die Mitarbeiter auszustatten, die an gefährlichen Stellen eingesetzt sind.

11. Die Funksprechstellen sind in einem Gesamtkommunikationsplan (Regiekreis) aufzuführen, der alle Sicherheitsträger umfassen soll; der Kommunikationsplan ist entsprechend zu verteilen.

IV. Sonstige Maßnahmen

§ 26

Pläne der Platzanlagen

1. Die Platzanlage ist mit allen ihren Einrichtungen, Toren, Zu- und Abgängen, Ein- und Ausfahrten, Umfriedungen, Rettungswegen, Beschilderungen u.ä. in ihren wesentlichen Zügen in Planunterlagen festzuhalten.

2. Die Planunterlagen sind in den Einsatzzentralen der Sicherheitsträger und dem DFB in mindestens DIN A2-Größe auszuhändigen.

3. Den Einsatzkräften der Polizei, der Feuerwehr, des Rettungs- und Sanitätsdienstes, des Ordnungsdienstes sind auf Anforderungen verkleinerte Unterlagen (bis zur Größe DIN A5) zur Verfügung zu stellen.

§ 27
Stadionordnung

1. Im Benehmen mit den örtlichen Sicherheitsträgern und dem Platzanlageneigentümer ist darauf hinzuwirken, dass für die Platzanlage eine öffentlich-rechtliche Benutzungsordnung (Stadionordnung) erlassen wird.

2. Die Stadionordnung soll Ge- und Verbote enthalten, die dazu beitragen, sicherheits- und ordnungsbeeinträchtigende Verhaltensweisen von Besuchern der Platzanlage zu reduzieren. Für den Fall der Nichtbeachtung sollen die Ge- und Verbote sanktioniert werden.

§ 28
Stadionsprecher

1. Der Stadionsprecher ist zu beschulen und mit vorbereiteten Texten für Lautsprecherdurchsagen auszustatten.

2. Lautsprecherdurchsagen sind insbesondere für folgende Fälle vorzubereiten, die Texte sind sowohl beim Platzanlagensprecher als auch bei der Polizei sofort greifbar vorzuhalten:

    - Zuschauer bei Spielbeginn noch vor den Eingängen,
    - Spielabbruch durch den Schiedsrichter,
    - schwere Auseinandersetzung zwischen gewalttätigen Zuschauergruppen,
    - Übersteigen der Spielfeldumfriedung durch einzelne Zuschauer bzw. durch Zuschauergruppen,
    - Auffinden eines sprengstoff-/brandsatzverdächtigen Gegenstandes,
    - Bedrohung mit Brand- und Sprengstoffanschlägen,
    - Gefahren durch Unwetter bzw. bauliche Mängel der Platzanlage,
    - Gefahren durch panikartige Verhaltensweisen der Zuschauer.

§ 29
Fan-Betreuung

1. Der Verein muss einen Fanbetreuer einsetzen.

2. Aufgabe des Fan-Betreuers ist es u.a., alle Maßnahmen zu ergreifen, die geeignet und erforderlich sind, die Anhänger des eigenen Vereins von sicherheitsgefährdenden

Verhaltensweisen innerhalb und außerhalb der Platzanlagen abzuhalten. Dabei ist besonders anzustreben, dass Gewaltneigungen erkannt und abgebaut sowie bestehende „Feindbilder" beseitigt oder reduziert werden.

3. Die unter Absatz 2 genannten Ziele sollen vom Fan-Betreuer insbesondere durch folgende Maßnahmen erreicht werden:

   - Besprechungen mit den Anhängern, Weitergabe von Informationen,
   - Veranstaltungen mit den Anhängern, an denen Vereinsmitarbeiter und Spieler beteiligt werden.
   - Aufenthalte bei den Anhängern während der Heim- und Auswärtsspiele und gezieltes Einwirken auf sie in gefährlichen Situationen.

§ 30
Stadionverbote

1. Gegen Personen, die durch ihr Verhalten innerhalb oder außerhalb der Platzanlage im Zusammenhang mit einem Fußballspiel die Sicherheit und Ordnung der Veranstaltung beeinträchtigen oder gefährden, soll ein Stadionverbot ausgesprochen werden. Das Betretungsverbot kann unter Beachtung des Grundsatzes der Verhältnismäßigkeit auf ein Stadion beschränkt oder mit bundesweiter Wirksamkeit ausgestattet werden.

2. Bundesweit wirksame Stadionverbote kommen nur bei einem schwerwiegenden Fehlverhalten, insbesondere bei der Beteiligung an anlassbezogenen Straftaten innerhalb oder außerhalb der Stadien (z.B. in den Innenstädten oder auf den Reisewegen) in Betracht. In den folgenden Fällen soll regelmäßig ein bundesweit wirksames Verbot ausgesprochen werden:

   - Bei der Einleitung eines Ermittlungsverfahrens wegen der Beteiligung an einer Straftat unter Anwendung von Gewalt gegen Leib oder Leben oder gegen fremde Sachen mit der Folge eines nicht unerheblichen Schadens, wegen eines gefährlichen Eingriffs in den Verkehr, wegen Störung öffentlicher Betriebe, wegen Nötigung, wegen Landfriedensbruch, wegen Hausfriedensbruch, wegen Gefangenenbefreiung, wegen eines Raub- oder Diebstahldelikts, wegen Missbrauchs von Notrufeinrichtungen, wegen Handlungen nach § 27, Abs. 1 des Versammlungsgesetzes, wegen eines Verstoßes gegen das Waffen- oder Sprengstoffgesetz;
   - bei dem Besitz von Waffen oder anderen gefährlichen Gegenständen;
   - bei einem schwerwiegenden Verstoß gegen die Stadionordnung.

3. Ein auf das örtliche Stadion beschränktes Betretungsverbot kommt über die in Abs. 2 genannten Fälle hinaus bei einem minderschweren Fehlverhalten – auch bei der Beteiligung an anderen Straftaten – in Betracht.

4. Zuständig für die Erteilung eines Stadionverbotes ist der Verein als Hausrechtsinhaber. Ist der Verein ausnahmsweise nicht zur Ausübung des Hausrechtes befugt, beantragt er die Verhängung des Stadionverbotes bei dem Berechtigten.

   Wird bei Spielen deutscher Mannschaften im Ausland ein anlassbezogener Sachverhalt (Abs. (2)) festgestellt, so ist die Zuständigkeit des DFB gegeben.

   Alle Vereine sind damit einverstanden, dass der DFB und jeder einzelne Verein bei Vorliegen der Voraussetzungen auch ein für ihre Platzanlage geltendes bundesweit wirksames Stadionverbot ausspricht.

5. Das Verbot ist den Betroffenen unverzüglich nach der Feststellung des anlassbezogenen Sachverhalts schriftlich unter Angabe der Gründe und der Dauer mitzuteilen; es wird mit der Aushändigung oder Zustellung des Schreibens wirksam. Durchschriften aller Stadionverbote sind der Polizei zuzuleiten.

   Die Dauer des örtlich begrenzten Betretungsverbotes soll drei bis zwölf Monate, die des bundesweit wirksamen Verbotes ein bis fünf Jahre betragen.

6. Zentralstelle für die Pflege der Daten bei der Verhängung bundesweit wirksamer Stadionverbote ist das Ligasekretariat des DFB.

   Die Vereine teilen der Zentralstelle unverzüglich unter Verwendung eines einheitlichen Vordrucks die von ihnen ausgesprochenen bundesweit wirksamen Stadionverbote mit. Die Zentralstelle speichert die Verbote in einer Datenbank, wobei ausschließlich die in dem Vordruck enthaltenen Daten erfasst werden.

   Sie übersendet den Vereinen und der Zentralen Informationsstelle Sporteinsätze (ZIS) Listenausdrucke der Stadionverbote, die Name, Vorname, Geburtsdatum und -ort, Wohnort und Anschrift, Grund und Dauer des Verbotes sowie den Verein enthalten, der das Verbot ausgesprochen hat. Die Datenbank wird gegen unberechtigten Zugriff Dritter geschützt.

7. Bundesweit wirksame Stadionverbote gelten für alle Spiele, die von den Vereinen der Bundesliga, der 2. Bundesliga und vom DFB veranstaltet werden. Bei Verstößen ist jeder betroffene Veranstalter verpflichtet, Strafantrag wegen Hausfriedensbruch zu stellen und die mit einem Stadionverbot belegten Personen des Stadions zu verweisen.

8. Ein Stadionverbot wird durch die Stelle aufgehoben, die es erlassen hat. Bei der Zentralstelle ist die Löschung der Daten zu veranlassen. Die Zentralstelle hat die erfolgte Löschung mitzuteilen.

9. Die Sicherheitskommission ist ermächtigt, verbindliche Richtlinien zur einheitlichen Festsetzung und Verwaltung von Stadionverboten zu erlassen.

§ 31
Spiele mit erhöhtem Risiko

1. Spiele mit erhöhtem Risiko sind Spiele, bei denen aufgrund allgemeiner Erfahrung oder aktueller Erkenntnis die hinreichende Wahrscheinlichkeit besteht, dass eine besondere Gefahrenlage eintreten wird.

2. Die Feststellung, dass ein Spiel mit erhöhtem Risiko gegeben ist, obliegt in erster Linie dem Platzverein, der die Entscheidung frühestmöglich nach Anhörung der Sicherheitsorgane – insbesondere des Einsatzleiters der Polizei – zu treffen hat. Die Vereine sind verpflichtet, ihre Entscheidung dem Ligasekretariat des DFB unverzüglich mitzuteilen. Dasselbe gilt, wenn einer entsprechenden Anregung des Gastvereins oder der Sicherheitsorgane nicht entsprochen wurde. In besonderen Ausnahmefällen ist das Ligasekretariat des DFB berechtigt, aufgrund eigener Erkenntnisse ein Spiel als „Spiel mit erhöhtem Risiko" einzustufen.

3. Bei Spielen mit erhöhtem Risiko sind die allgemeinen Sicherheitsmaßnahmen mit besonderer Sorgfalt durchzuführen. Das Ligasekretariat kann im Einvernehmen mit der Sicherheitskommission eine Sicherheitsaufsicht anordnen.

4. Darüber hinaus sind folgende Maßnahmen zu erwägen:

- Begrenzung des Verkaufs der Eintrittskarten für die Stehplatzbereiche,
- strikte Trennung der Anhänger in den Zuschauerbereichen durch
    - Zuweisung von Plätzen entgegen dem Aufdruck auf den Eintrittskarten (zwangsweise Kanalisierung),
    - Einrichten und Freihalten sog. „Pufferblöcke" (Freiblöcke zwischen gefährdeten Zuschauerbereichen),
    - Verstärkung des Ordnungsdienstes, insbesondere an den Zu- und Ausgängen der Zuschauerbereiche, im Innenraum der Platzanlage und zwischen den Anhängern verfeindeter Zuschauergruppen;
- striktes Freihalten der Auf- und Abgänge in den Zuschauerbereichen,
- Bewachung der Platzanlage mindestens in der Nacht vor der Veranstaltung,
- rechtzeitige Information der Zuschauer über den „Ausverkauf" eines Spiels;
- Begleitung der Gästefans durch Ordner des Gastvereins;
- Einsatz des Stadionsprechers des Gastvereins.

V. Schlussbestimmungen

§ 32
Ordnungsvorschrift

Für den Fall dass die baulichen, technischen, organisatorischen und betrieblichen Anforderungen an die Nutzung einer Platzanlage diesen Richtlinien nicht entsprechen und daraus dauernde schwerwiegende Sicherheitsbeeinträchtigungen zu erwarten sind, kann die Platzanlage nach vorherigen Androhungen für Bundesspiele gesperrt werden.

§ 33
Inkrafttreten

Diese geänderten Richtlinien treten am 1. Januar 2000 in Kraft.

Entwurf einer Stadionordnung

In der Präambel einer Stadionordnung sind die gesetzlichen Grundlagen für den Erlass der Verordnung mitzuteilen. Die gesetzlichen Grundlagen sind in den Bundesländern verschieden, so dass sie in dem Entwurf nicht aufgeführt werden können.
Die Stadionordnung ist materiell eine Benutzungsordnung. In Nordrhein-Westfalen ist für ihren Erlass nach § 28 der Gemeindeordnung der Stadtrat zuständig.

§ 1
Geltungsbereich

Diese Benutzungsordnung gilt für die umfriedeten Versammlungsstätten und Anlagen des ... Stadions.

§ 2
Widmung

1. Das Stadion dient vornehmlich der Austragung von Fußballspielen und der Durchführung von Großveranstaltungen mit überregionalem oder repräsentativem Charakter.

2. Ein Anspruch der Allgemeinheit auf Benutzung der Versammlungsstätten und der Anlagen des Stadions besteht nicht.

3. Die im Einzelfall abzuschließenden Verträge über die Benutzung des Stadions richten sich nach bürgerlichem Recht.

§ 3
Aufenthalt

1. In den Versammlungsstätten und Anlagen des ... Stadions dürfen sich nur Personen aufhalten, die eine gültige Eintrittkarte oder einen sonstigen Berechtigungsausweis mit sich führen oder die ihre Aufenthaltsberechtigung für diese Veranstaltung auf eine andere Art nachweisen können. Eintrittskarten und Berechtigungsausweise sind innerhalb der Stadionanlage auf Verlangen der Polizei oder des Kontroll- und Ordnungsdienstes vorzuweisen.

2. Zuschauer haben den auf der Eintrittskarte für die jeweilige Veranstaltung angegebenen Platz einzunehmen.

3. Für den Aufenthalt im Stadion an veranstaltungsfreien Tagen gelten die von der Stadt im Einvernehmen mit den Stadionnutzern getroffenen Anordnungen.

§ 4
Eingangskontrolle

1. Jeder Besucher ist bei dem Betreten der Stadionanlage verpflichtet, dem Kontroll- und Ordnungsdienst seine Eintrittskarte oder seinen Berechtigungsausweis unaufgefordert vorzuzeigen und auf Verlangen zur Überprüfung auszuhändigen.

2. Der Kontroll- und Ordnungsdienst ist berechtigt, Personen – auch durch den Einsatz technischer Hilfsmittel – daraufhin zu untersuchen, ob sie aufgrund von Alkohol- oder Drogenkonsum oder wegen des Mitführens von Waffen oder von gefährlichen oder feuergefährlichen Sachen ein Sicherheitsrisiko darstellen. Die Untersuchung erstreckt sich auch auf mitgeführte Gegenstände.

3. Personen, die ihre Aufenthaltsberechtigung nicht nachweisen können, und Personen, die ein Sicherheitsrisiko darstellen, sind zurückzuweisen und am Betreten des Stadions zu hindern. Dasselbe gilt für Personen, gegen die innerhalb der Bundesrepublik ein Stadionverbot ausgesprochen worden ist. Ein Anspruch der zurückgewiesenen Besucher auf Erstattung des Eintrittsgeldes besteht nicht.

§ 5
Verhalten im Stadion

1. Innerhalb des Stadionanlage hat sich jeder Besucher so zu verhalten, dass kein anderer geschädigt, gefährdet oder – mehr als nach den Umständen unvermeidbar – behindert oder belästigt wird.

2. Die Besucher haben den Anordnungen der Polizei, der Feuerwehr, des Kontroll-, des Ordnungs- und des Rettungsdienstes sowie des Stadionsprechers Folge zu leisten.

3. Aus Sicherheitsgründen und zur Abwehr von Gefahren sind die Besucher verpflichtet, auf Anweisung der Polizei oder des Kontroll- und Ordnungsdienstes andere Plätze als auf ihrer Eintrittskarte vermerkt – auch in anderen Blöcken – einzunehmen.

4. Alle Auf- und Abgänge sowie die Rettungswege sind freizuhalten.

§ 6
Verbote

1. Den Besuchern des Stadions ist das Mitführen folgender Gegenstände untersagt:

    a) rassistisches, fremdenfeindliches und rechtsradikales Propagandamaterial;
    b) Waffen jeder Art;
    c) Sachen, die als Waffen oder Wurfgeschosse Verwendung finden können;
    d) Gassprühdosen, ätzende oder färbende Substanzen;
    e) Flaschen, Becher, Krüge oder Dosen, die aus zerbrechlichem, splitterndem oder besonders hartem Material hergestellt sind;
    f) sperrige Gegenstände wie Leitern, Hocker, Stühle, Kisten, Reisekoffer;
    g) Feuerwerkskörper, Leuchtkugeln und anderen pyrotechnischen Gegenstände;
    h) Fahnen- oder Transparentstangen, die länger als einen Meter sind oder deren Durchmesser größer als drei Zentimeter ist;
    i) mechanisch betriebene Lärminstrumente;
    j) alkoholische Getränke aller Art;
    k) Tiere;
    l) Laser-Pointer.

2. Verboten ist den Besuchern weiterhin:

    a) rassistische, fremdenfeindliche oder rechtsradikale Parolen zu äußern oder zu verbreiten;

b) nicht für die allgemeine Benutzung vorgesehene Bauten und Einrichtungen, insbesondere Fassaden, Zäune, Mauern, Umfriedungen der Spielfläche, Absperrungen, Beleuchtungsanlagen, Kamerapodeste, Bäume, Maste aller Art und Dächer zu besteigen oder zu übersteigen;
c) Bereiche, die nicht für Besucher zugelassen sind (z. B. das Spielfeld, den Innenraum, die Funktionsräume), zu betreten;
d) mit Gegenständen aller Art zu werfen;
e) Feuer zu machen, Feuerwerkskörper oder Leuchtkugeln abzubrennen oder abzuschießen;
f) ohne Erlaubnis der Stadt oder des Stadionnutzers Waren und Eintrittskarten zu verkaufen, Drucksachen zu verteilen und Sammlungen durchzuführen;
g) bauliche Anlagen, Einrichtungen oder Wege zu beschriften, zu bemalen oder zu bekleben;
h) außerhalb der Toiletten die Notdurft zu verrichten oder das Stadion in anderer Weise, insbesondere durch das Wegwerfen von Sachen, zu verunreinigen.

§ 7
Haftung

1. Das Betreten und Benutzen des Stadions erfolgt auf eigene Gefahr. Für Personen- und Sachschäden, die durch Dritte verursacht wurden, haftet die Stadt nicht.

2. Unfälle oder Schäden sind der Stadt unverzüglich zu melden.

§ 8
Zuwiderhandlungen

Wer den Vorschriften der §§ 3, 4, 5, 6 dieser Benutzungsordnung zuwiderhandelt, kann mit einer Geldbuße von mindestens DM 5,– bis höchstens DM 1000,– nach den Vorschriften des Gesetzes über Ordnungswidrigkeiten (OWiG) (in der Fassung der Bekanntmachung vom 19. Februar 1987, BGBl. I S. 602) belegt werden.

Besteht der Verdacht einer strafbaren Handlung oder einer sonstigen Ordnungswidrigkeit, so kann Anzeige erstattet werden.

Außerdem können Personen, die gegen die Vorschriften der Stadionordnung verstoßen, ohne Entschädigung aus dem Stadion verwiesen und mit einem Stadionverbot belegt werden.

Verbotenerweise mitgeführte Sachen werden sichergestellt und – soweit sie für ein strafrechtliches Ermittlungsverfahren nicht benötigt werden – nach dem Wegfall der Voraussetzungen für die Sicherstellung zurückgegeben.

Die Rechte des Inhabers des Hausrechts bleiben unberührt.

Anlage 6:

Entwurf eines Handbuches zur Gewaltprävention im Sport (Europäische Konvention über Zuschauergewalt und –fehlverhalten bei Sportveranstaltungen, insbesondere bei Fußballspielen)

Quelle: www.kos-fanprojekte.de/service/download.htm

Straßburg, 26. November 2002								T-RV (2002) 21

Europäische Konvention über Zuschauergewalt und -fehlverhalten bei
Sportveranstaltungen, insbesondere bei Fußballspielen (T-RV)

Entwurf eines Handbuches zur Gewaltprävention im Sport

Text in der Sitzung vom 10.-11. Oktober 2002 in Straßburg geändert

T-RV (2002)21

INHALT

Einleitung		3
I.	Allgemeine Prinzipien einer Präventionsstrategie	3
A.	Die aktuelle Situation des Hooliganismus	3
1.	Vereine und Ligen	3
2.	Internationale Turniere	4
2.	Die Notwendigkeit präventiver Maßnahmen zur Bekämpfung von Gewalt im Sport	4
II.	Initiativen und präventive Maßnahmen	4
A.	Beziehungen zwischen Vereinen und Fans	4
1.	Einleitung	4
2.	Die Satzung	4
3.	Vereinsbeauftragte für die Beziehungen zu den Fans und deren Verbänden	5
4.	Fanabteilungen	5
B.	Die Rolle des Vereins in seinem sozialen Umfeld	6
1.	Sozialarbeit	6
2.	Die Stadt im Stadion und das Stadion in der Stadt	6
C.	Fanbetreuung	6
1.	Soziale und pädagogische Fanbetreuung	6
2.	Definition	7
3.	Das Personal	7
4.	Die Methode	7
a.	Pädagogische Aktivitäten	7
b.	Soziale Unterstützung	8
c.	Straßenarbeit	8
d.	Spieltage	8
5.	Die Beziehung zwischen Fanprojekten und der Polizei	8
6.	Internationale Zusammenarbeit bei der Fanbetreuung	8
D.	Die Rolle der örtlichen Behörden und anderer Stellen	9
1.	Pädagogische Aktivitäten	9
2.	Die Rolle beratender Ausschüsse bei der Gewaltprävention im Sport	9
E.	Fanbotschaften	10
1.	Die Atmosphäre des Turniers	10
2.	Zweck	10
3.	Arbeitsweise	11
a.	Struktur	11
b.	Besetzung und Personal	11
c.	Öffnungszeiten	11
d.	Lage und Erreichbarkeit	11
e.	Empfangseinrichtungen, Dienstleistungen und Information	12
4.	Andere Aspekte	13
a.	Botschaften in Durchgangsstädten	13
b.	Informationszentren für einheimische Fans	14
5.	Finanzen	14
6.	Begleitpersonen	14
a.	Rolle und Aufgaben	14
b.	Struktur	15
c.	Anwerbung, Auswahl und Ausbildung	15
F.	Aktivitäten für die einheimische Bevölkerung...	15
a.	Überzeugungskampagnen	15
b.	Zielgerichtete Prävention	15

Einleitung

Gewaltprävention ist bei vielen Sportereignissen in allen europäischen Ländern eine Notwendigkeit.

Das Konzept hat viele Formen und entspricht den großen Unterschieden in der praktischen Realität.

Präventionsmaßnahmen variieren stark; sie reichen von Abendkursen für Kinder in eigener Regie der Sportvereine über Abenteuersport für Hooligans an Wochenenden und die weithin bekannten Fanbotschaften bei größeren Turnieren bis zu Fairplaykampagnen. Manches wird auch von Verbänden in Privatinitiative organisiert; anderes geschieht im Rahmen staatlicher Programme in der Regie öffentlicher und halböffentlicher Einrichtungen.

Insgesamt sind diese Programme höchst erfolgreich und effektiv, wenn sich auch ihre Philosophien und politischen Hintergründe stark unterscheiden.

Ein konsistenterer Ansatz für Probleme, die viele unterschiedliche Länder gemeinsam haben, ist wünschenswert. Dies gilt besonders im Zusammenhang mit internationalen Spielen oder Turnieren.

Es ist das Ziel dieses Handbuches, auf gute Praktiken hinzuweisen und sie zu fördern, damit die einzelnen Länder aus ihren Erfahrungen wechselseitig lernen. Dabei enthält es keine Vorschriften. Es ist vielmehr eine Speisekarte, aus der die Mitgliedsstaaten je nach Bedarf und Notwendigkeit eine Auswahl treffen können.

I. Allgemeine Prinzipien einer Präventionsstrategie

A. Die aktuelle Situation des Hooliganismus

Am Beginn des 21. Jahrhunderts ist die Gewalt in Fußballstadien trotz aller Bemühungen und großer Investitionen in den letzten zwanzig oder mehr Jahren immer noch ein aktuelles und beunruhigendes Problem.

Die Mehrzahl der europäische Länder ist mehr oder weniger stark betroffen. Das Problem hat verschiedene Erscheinungsformen. In den meisten Ländern hat sich Lage stabilisiert, und die Gewalt hat sich aus den Stadien in die Städte und Stadtzentren verlagert. In einigen Ländern haben sich auch die Beteiligten an den Gewalthandlungen verändert. Zu den Fußballfans zählen Jugendliche aus schwierigen sozialen Umfeldern, und der Hooliganismus verbindet sich mit der Gewalt in den Städten.

1. Vereine und Ligen

Seit Fußball ein Zuschauersport ist, gibt es Gewalt in den Stadien; seit dem Ende des 19. Jahrhunderts in England und seit dem Beginn des 20. auf dem Kontinent. Zuschauergewalt, sei sie spontan oder geplant, tritt meistens bei Berufsfußballspielen auf, in einigen Ländern aber auch im Zusammenhang mit Amateurspielen und anderen Sportarten.

Die Fußballwelt von heute wird aber auch mit geplanten Gewalttaten konfrontiert, Gruppengewalt in der Form körperlicher Angriffe oder von Vandalismus, begangen von einem harten Kern der Fangruppen. Dieser harte Kern reist mit bestimmten Vereinen und sucht systematisch die Konfrontation mit dem harten Kern von Fans der gegnerischen Vereine. Sie halten sich für die Elite der Fans; die Mitgliedschaft in einer Gruppe von Hooligans gilt ihnen als Lebensstil, der ihnen hilft, ihre soziale Identität zu stärken.

Diese Gewalt kann eine relativ organisierte Form annehmen. Einige dieser Gruppen nutzen die neuen Kommunikationstechnologien (GSM, Internet usw.) für die Planung und Durchführung ihrer Taten.

2. Internationale Turniere

   Internationale Turniere sind einmalige Großereignisse, bei denen man beträchtliche Zuschauerbewegungen und große Menschenmengen über einen längeren Zeitraum steuern muss.

   Im Laufe der Jahre hat es eine Reihe von ernsten Zwischenfällen gegeben.

   Die Stadien bleiben während der Turniere fast frei von Zwischenfällen; sie finden meistens in den Stadtzentren statt, nach den Spielen oder an den Tagen zwischen den Spielen.

B. **Die Notwendigkeit präventiver Maßnahmen zur Bekämpfung von Gewalt im Sport**

Seit der Tragödie im Heysel-Stadion ist viel unternommen worden, um Gewalt zu verhindern, sowohl national als auch in internationaler Zusammenarbeit, was Polizeieinsätze, Infrastruktur, Zuschauerkontrolle, Videoüberwachung, Organisation (Eintrittskarten) und strafrechtliche Sanktionen angeht.

Auf lokaler Ebene sind zwar viele Initiativen gegen Gewalt entstanden, die zu verhindern suchen, dass Fußballfans gewalttätig werden. Auf der internationalen oder gesamt-europäischen Ebene gibt es jedoch bisher keinen gemeinsamen oder koordinierten Ansatz in der Prävention.

Daher ist zu wünschen, dass aktiven Präventionsmaßnahmen auf diesen Ebenen mehr Aufmerksamkeit geschenkt wird, die als Ergänzungen konventioneller Sicherheitsmaßnahmen betrachtet werden sollten. Diese unterschiedlichen Arten von Maßnahmen müssen in einem ausgewogenen Verhältnis zueinander stehen.

Die verfassungsrechtlichen Gegebenheiten sind sicher von Land zu Land verschieden; in den meisten Ländern werden aber kommunale Behörden bei der Entwicklung und Bereitstellung der verschiedenen Maßnahmen eine wichtige Rolle spielen, die in diesem Handbuch beschrieben werden. In der Tat wird die untere Ebene der öffentlichen Verwaltung als Katalysator für die Präventionsstrategien fungieren und den Bemühungen um eine Beteiligung von Sportorganisationen und -vereinigungen den nötigen Schwung geben müssen.

II. **Initiativen und präventive Maßnahmen**

A. **Beziehungen zwischen Vereinen und Fans**

1. Einleitung

   Die Beziehungen zwischen den Vereinen und ihren Fans bieten einen Rahmen für eine Reihe von Präventivmaßnahmen. Die Vereine sollten bei der Einführung solcher Maßnahmen Verantwortung übernehmen.

   Für Sportvereine und -verbände sollte es selbstverständlich sein, die Unterstützung der Fans zu verstärken und einen Prozess in Gang zu setzen, der sie ihren Fans näherbringt und neue gesellschaftliche Bindungen schafft.

2. Die Satzung

   Im Idealfall sollten der Verein und Vertreter seiner Fanclubs eine gemeinsame Satzung entwerfen, in der die gegenseitigen Rechte und Pflichten geregelt sind. Dies trägt zur Formalisierung der Beziehungen zwischen Vereinen und Fans bei.

   Eine Fansatzung kann Fragen der Mitgliedschaft, Beratung und Information, der Zugänglichkeit, der Ticketzuteilung, des Merchandising, der Gemeinschaftsaktivitäten und Treueprämien regeln. Sie sollte sich auf Kommunikation mit dem Verein gründen, Partnerschaften mit den Behörden vor Ort und den Medien einschließen und das Fair Play im Sport zum Mittelpunkt haben.

Die UEFA kann ihre Mitgliedsverbände bei diesem Prozess unterstützen, indem sie einen Katalog positiver Beispiele bereitstellt.

3. Vereinsbeauftragte für die Beziehungen zu den Fans und deren Verbänden

Die Vereine sollten ihre Fanvereine zu schätzen wissen, ihre Gründung fördern und sie regelmäßig in allen sie betreffenden Fragen konsultieren. Je mehr diese Gruppen an der Entscheidungsfindung des Vereins beteiligt sind, desto mehr wird ihnen an angenehmen und gewaltfreien Bedingungen für alle Zuschauer liegen. Dies ist besonders gut bei den antirassistischen Initiativen zu beobachten, die Vereine und Fans in vielen Ländern in die Wege geleitet haben.

In allen deutschen Vereinen des Profifußballs ist ein Vereinsmanager (d.h. jemand mit Entscheidungskompetenz) für die Beziehungen zu den Fans verantwortlich und stellt sicher, dass die Fanverbände Unterstützung erhalten und der Kommunikationsprozess konkret und dauerhaft ist.

4. Fanabteilungen

Größere Vereine könnten über die Einrichtung von eigenen "Fanabteilungen" nachdenken, die sich mit allen Aspekten der Beziehungen zwischen Verein und Fans beschäftigen. Dabei werden sich von Verein zu Verein Unterschiede ergeben, aber im allgemeinen sollten sie sich mit der Ticketvergabe, der Liste der Spieltermine, Information, Reiseorganisation und allgemeinen Regeln beschäftigen. Viele Vereine haben in diesen Abteilungen Fans angestellt. Als Teil des Vereinsmanagements bilden sie eine eigene Schnittstelle zwischen Verein und Fan.

B. Die Rolle des Vereins in seinem sozialen Umfeld

1. Sozialarbeit

Mit ihrem großen symbolischen Wert sollten die Vereine während der ganzen Woche in ihrem Stadtteil, in der Gemeinschaft und ihrem gesamten Umfeld eine führende Rolle spielen. Der Verein kann bei der Unterstützung umfassender sozialer Strategien eine zentrale Rolle spielen. Er kann eine treibende Kraft für die Förderung des Sports sein und den Lernprozess junger Leute voranbringen. Er kann sogar bürgerschaftliches Engagement fördern. Die gesellschaftliche Rolle des Fußballs darf sich nicht auf die Spieltage oder den sportlichen Wettbewerb beschränken.

Es gibt bemerkenswerte Beispiele, die diesen Weg aufzeigen und die es verdienen, auch an anderer Stelle übernommen zu werden.

Eines dieser Beispiele sind die Sozialprogramme in England. Einer ihrer gängigen Bestandteile ist es, in Zusammenarbeit mit den städtischen pädagogischen Diensten Nachhilfeunterricht für Schüler mit Schulproblemen anzubieten. Der Unterricht wird von Lehrern auf dem Vereinsgelände gehalten. Die Schüler werden dorthin mit Fahrzeugen gebracht, die das Vereinslogo tragen. Die freiwillige Beteiligung an diesem Unterricht ist groß, und die schulischen Leistungen der Schüler haben sich verbessert.

Ein weiteres Beispiel sind "Sozialeinheiten", die das Fußballspiel in Wohngebieten fördern, Amateurfußballturniere veranstalten und Fußballprofis an Kampagnen beteiligen, die den Wert sportlichen Engagements und der damit verbundenen Ethik herausstellen sollen.

Tschechische Vereine haben mit der Hilfe der Regierung Juniorfanclubs für sehr junge Fans gegründet (zwischen 8 und 12 Jahren), die sportliche und pädagogische Angebote machen. Sozialarbeiter bieten im "Klubhaus", einem Freizeitzentrum, soziale Dienste an. Das Ziel ist es dabei, solchen Gruppen von jungen Fans eine positive Mentalität und positives Verhalten nahezubringen und so eine "neue" Sportkultur entstehen und eine neue Generation loyaler Fans sich entwickeln zu lassen.

Die zahlreichen örtlichen Initiativen verdienen Unterstützung und ein internationales Netzwerk. In diesem Zusammenhang wäre es sinnvoll, in jedem nationalen Verband, bei der UEFA und der FIFA einen Verantwortlichen für "Prävention und Sozialprogramme" zu benennen, der bei der Entwicklung dieser Aktivitäten hilft und institutionelle Unterstützung bietet.

2. Die Stadt im Stadion und das Stadion in der Stadt

Im Fußballstadion kommen die unterschiedlichsten Menschen zusammen. Der Sport bietet das Potential, die unterschiedlichen Bestandteile der städtischen Gesellschaft zusammenzuführen, indem er positives Handeln der Gruppe anlässlich der Sportereignisse fördert.

Das Stadion sollte seine Rolle im Leben der Stadt voll ausspielen, damit die in der Stadt lebenden Menschen den Eindruck haben, zum Stadion zu gehören.

So können die Stadien zum Beispiel bei Weltmeisterschaften die in ihrer Nähe lebenden Menschen am sportlichen Geschehen beteiligen und der sportlichen Infrastruktur einen Platz im Herzen der Stadt zuweisen. Dies geschieht zunächst dadurch, dass man sich die Arbeitsplätze zunutze macht, die durch die Weltmeisterschaft entstehen, und mit einem Programm zur sozialen Wiedereingliederung junger Leute zusammenarbeitet. Zum zweiten, indem man Besichtigungstouren für Einheimische durch das Stadion anbietet, um zu zeigen, dass es zugänglich bleibt, und zum letzten, indem man in Verbindung mit dem Sportereignis multikulturelle Tage organisiert, an denen sich alle örtlichen Vereinigungen und Behörden beteiligen.

C. Fanbetreuung

1. Soziale und pädagogische Fanbetreuung

Im Hinblick auf die veränderten Erscheinungsweisen des Hooliganismus und seine örtlichen Besonderheiten sind mehrere Länder zu dem Schluss gekommen, dass der Einsatz von Sozialarbeitern für die sozialpädagogische Betreuung der Fans erforderlich ist; sie haben entsprechende Schritte unternommen. Als Ergänzung sowohl der passiven, stadionbezogenen Sicherheitsmaßnahmen und der Überwachung als auch der polizeilichen Maßnahmen ist die Fanbetreuung Teil einer mittel- und langfristigen Präventionsstrategie, die auf einer anhaltenden Basisarbeit mit den Fans beruht.

2. Definition

Fanbetreuung ist Teil einer Strategie der "aktiven Sozialprävention". Sie findet dort statt, wo die Zielgruppe sich aufhält. Die Förderung einer positiven Fankultur und die Schaffung positiver Bedingungen für mitreisende Fans sind Schlüsselvoraussetzungen.

Soziales und pädagogisches Handeln von Fachleuten ist hier das Grundprinzip. Es richtet sich an Gruppen jugendlicher Fußballfans. Die kontinuierliche Weiterentwicklung solcher Projekte ist unerlässlich, wobei sichergestellt sein muss, dass ständig neue Betreuer hinzukommen und "on the job" ausgebildet werden. Dadurch wird vermieden, dass die Projekte in Traditionen erstarren. Die Welt der Fußballfans ändert sich, also müssen sich auch die Betreuungsprojekte ändern.

Fanprojekte sind Hintergrundaktivitäten, die sich erst dann voll entfalten, wenn sie ein Teil Ihrer Umgebung sind und sich auf einen Verein oder eine Stadt beziehen. Die Interventionen der Fanbetreuer auf dem Gebiet des Fußballs sind Teil einer breiter angelegten städtischen Präventions- oder Sicherheitsstrategie, die von den Kommunen entwickelt wird.

In der Praxis hat die Fanbetreuung viele Formen, vorwiegend deshalb, weil sich die Profile der Fans unterscheiden, aber auch, weil der Hooliganismus in verschiedenen Formen auftritt, was dazu führt, dass sich die angewandten Methoden in den einzelnen

Ländern unterscheiden. Fanbetreuung ist daher ein flexibles Konzept, das sich an die jeweilige Situation im Stadion, den örtlichen Bedarf und nationale Kulturen anpassen muss. In Belgien, Deutschland und den Niederlanden sind die Bemühungen auf diesem Gebiet am besten strukturiert und institutionalisiert.

In diesen Ländern arbeiten in den Projekten Sozialarbeiter und -pädagogen, die in der Kultur der Fans verwurzelt sind. Da dieses Arbeitsgebiet sehr empfindlich ist und mit komplexen psychosozialen Problemen zu tun hat, arbeiten die Teams mit und unter den Fans.

Bei der Finanzierung müssen die Regierungen Verantwortung übernehmen, direkte Unterstützung bei der Organisation und Umsetzung muss von den Vereinen und den Kommunen kommen.

3. Das Personal

Fanbetreuer stehen im Normalfall in einem vertraglichen Arbeitsverhältnis.

4. Die Methode

Fanbetreuung verlangt Beweglichkeit zu Hause und auswärts. Das bedeutet, dass die Arbeit auch während der Zeiten fortgeführt wird, in denen sich die Fans nicht mit dem Fußball beschäftigen; es geschieht durch die Organisation strukturierter pädagogischer Aktivitäten.

Die Fanbetreuung findet zum Teil im Stadion statt und ist dann situationsbezogen, hat aber ihren Schwerpunkt in sozialen und pädagogischen Angeboten während der anderen Wochentage.

a. Pädagogische Aktivitäten

Die pädagogischen Aktivitäten bieten eine wertvolle Gelegenheit für gezielte pädagogische Arbeit mit den Fans außerhalb des Spielbetriebes mit seinen emotionalen Komponenten.

Die Organisation klassischer sportlicher Betätigung (wie Fußball auf einem normalen oder kleineren Platz) ist Teil eines pädagogischen Projektes, das darauf abzielt, junge Leute zu beteiligen und verantwortungsbewusster zu machen. Das Spiel ist aber auch ein Angebot an junge Fans, die ansonsten in ihren Städten nichts mit sich anzufangen wissen, und kommt ihrem Wunsch nach Aktivität entgegen. Eine gewisse Struktur kann sich durch die Teilnahme an Amateurmeisterschaften ergeben.

Abenteuersportarten wie Rafting und Klettern usw. haben sich bewährt. Sie erlauben es den jungen Fans, ihren Wert auf einem positiven Gebiet zu beweisen und sich den Herausforderungen des Freiluftsports zu stellen, anstatt gewalttätig zu werden. Sie dienen auch als Ventil für aufgestaute Energien und bieten die Spannung, die die Fans brauchen. Durch die Teilnahme an diesen Aktivitäten lernen sie, sich besser einzuschätzen.

Da der Schlüssel dieser Bemühungen in der Steigerung des Verantwortungsbewusstseins und Engagements liegt, sind reine Konsumveranstaltungen zu vermeiden, deren Zweck nichts weiter ist als die Beschäftigung der Fans. Das Hauptziel besteht darin, die positiven Energien und Potentiale der Jugendlichen zu nutzen und sie sich durch Aktion ausdrücken zu lassen.

b. Soziale Unterstützung

Die Verbindung zum Fußball bedeutet, dass hier eine Möglichkeit besteht, soziale Arbeit für bestimmte benachteiligte Gruppen zu leisten. Die Fanbetreuung kann denen helfen, die Schwierigkeiten haben und denen von keiner herkömmlichen Einrichtung geholfen wird. Wenn sich die sozialen Verhältnisse der Fans bessern, ist ein Schritt auf dem Weg getan, der sie, auch als Individuen, unabhängiger macht.

c. Straßenarbeit

Dauerhafter Kontakt mit den Fans ist wichtig; er bildet den Zement für die erzieherische Arbeit, die getan werden muss.

Dieser Kontakt kann über Straßenarbeit in den Wohngebieten aufrechterhalten werden oder an Orten, die von Fans besucht werden, wie z.B. Bars. Der Kontakt zwischen den Spielen und anderen Aktivitäten trägt dazu bei, dass sich ein Vertrauensverhältnis entwickelt.

Der Kontakt kann auch in einem Fanzentrum gehalten werden, einer pädagogischen Einrichtung, die während der Woche offen ist und Spiele und pädagogisches Material anbietet: Ein Ort, an dem sich die Fans in einem erzieherischen Umfeld ungezwungen treffen können. Eine solche Einrichtung ist eine dauerhafte Schnittstelle zwischen Fanbetreuern und Fans.

d. Spieltage

Das Hauptziel der Fanbetreuung an Spieltagen besteht darin, einen Kommunikationskanal zwischen den Fans und den Veranstaltern offenzuhalten.

Wenn die Fanbetreuung von Betreuern geleistet wird, die von den Institutionen anerkannt und von den Fans akzeptiert werden, kann man die Betreuer als Verbindungslinie zwischen Veranstaltern und Fans ansehen. Dank ihrer besonderen Stellung im Zentrum der Veranstaltung und des beständigen Dialoges können sie Konflikte entschärfen und dazu beitragen, Zwischenfälle zu vermeiden.

5. Die Beziehung zwischen Fanprojekten und der Polizei

Die Wirksamkeit von Fanbetreuung im Rahmen integrierter Prävention ist erwiesen, unkoordiniertes Vorgehen kann sich als dagegen kontraproduktiv erweisen. Eine positive Kooperation zwischen der Polizei und den Fanbetreuern ist die Grundlage einer langfristigen und strukturierten Präventionsstrategie. Die Methoden mögen sich unterscheiden, das Ziel ist dasselbe: Die Reduzierung der Gewalt im Sport.

Zu diesem Zweck müssen beide Partner ihre Rollen und Perspektiven kennen und ihre Beiträge zu schätzen wissen, die sie insbesondere beim Abbau von Spannungen an Spieltagen leisten können. Fanbetreuer können als wichtige Kommunikationskanäle für die Vereine und die Polizei sowie die Fangruppen fungieren.

In erfolgreichen Projekten haben die Polizei und die Betreuer einen formalen Mechanismus für ihre gegenseitige Beratung und Information verabredet, den die örtlichen Behörden koordinieren. Während beträchtliche Verdienste in der formalen Beteiligung der Polizei bei der Handhabung von Fanprojekten liegen, raten einige Länder davon ab, die Polizei in die Strukturen der Fanbetreuung einzubeziehen.

6. Internationale Zusammenarbeit bei der Fanbetreuung

Nachdem der Fußball und der Hooliganismus eine internationale Dimension erreicht haben, wollen vielleicht nun auch andere Länder die Idee der Fanbetreuung entsprechend ihren eigenen Gegebenheiten übernehmen.

Jedes Land, jede Region und jede Stadt haben ihre Besonderheiten, und alles Handeln muss auf diese spezifischen lokalen Merkmale abgestimmt werden, insbesondere auf das Niveau der Institutionalisierung und des Dialoges zwischen den Betreuern, dem Verein, den zuständigen Behörden und der Polizei.

Die internationalen Beziehungen zwischen Fanbetreuungsprogrammen können sich auf den Austausch spezifischer Erfahrungen konzentrieren, um die Praxis in den beteiligten Ländern zu stützen und zu bereichern.

Vieles spricht für die Vernetzung der lokalen Fanprojekte durch eine nationale Plattform. Jedes Land wird deshalb vielleicht einen Beauftragten für die Fanbetreuung benennen wollen, der Informationen an zentraler Stelle sammelt und sie lokal und an Kollegen in anderen Ländern weitergibt. Dies könnte sich immer dann als nützlich erweisen, wenn Vereine an internationalen Wettbewerben teilnehmen.

Diese Vertreter können sich von Zeit zu Zeit in einem dafür geeigneten Forum zusammenfinden, die Entwicklungen analysieren und ihre Erfahrungen austauschen.

Die Fanbetreuung richtet sich zuerst an Fans von Vereinsmannschaften. Eine internationale Konstruktion für die Betreuung von Fans von Nationalmannschaften sollte sich mehr auf die "Begleitpersonen" konzentrieren (s. Abschnitt E6), ein flexibleres Konzept, das es ermöglicht, die Arbeit auf alle Fans auszuweiten. "Begleitpersonen" können auch Mitarbeiter von Fanprojekten sein, aber nicht alle müssen ausschließlich aus diesem Kreis kommen.

D. Die Rolle der örtlichen Behörden und anderer Stellen

1. Pädagogische Aktivitäten

Die Behörden vor Ort sind am besten geeignet, solche Aktivitäten zu koordinieren und unterstützen, die sich des Sports für Zwecke der Prävention oder Integration bedienen, insbesonderederer, die an Schulen stattfinden oder sich an Schüler richten. In Österreich zum Beispiel werden Kampagnen organisiert, um den Schülern den Wert von Fair Play und Toleranz nahezubringen, sie Respekt vor anderen Kulturen zu lehren und ihnen die Notwendigkeit bewusst zu machen, dass Rassismus bekämpft werden muss. Gleichzeitig betreibt das FARE-Netzwerk nationale und internationale Kampagnen gegen Rassismus.

In den Städten soll gefährdeten Stadtteilen besondere Aufmerksamkeit gewidmet werden. Sie haben Priorität, wenn es um Prävention durch Sport geht. Es ist wichtig, den jungen Leuten in benachteiligten Vierteln Gelegenheit zu geben, sich regelmäßig in einem strukturierten Kontext sportlich zu betätigen; finanzielle Überlegungen dürfen dem nicht entgegenstehen.

Der Amateursport ist die Grundlage aller sportlichen Betätigung. Während die Medien sich zu allererst auf den professionellen Sport konzentrieren, sind die Probleme der Gewalt auch im Alltagssport von Bedeutung, besonders im Amateurfußball.

Zusätzlich zu solchen Kampagnen, die auf die Veränderung von Einstellungen zielen, besteht auch Handlungsbedarf bei Amateurvereinen und allen anderen, die sich am Sport auf dieser Ebene beteiligen.

Französisches Recht ermöglicht die Ernennung eines "verantwortlichen Beamten für die Gewaltprävention im Sport" in 26 Départements. Dieser Beamte unterstützt örtliche Sportvereinigungen, Institutionen und andere Gruppen im Kampf gegen Gewalt im Amateursport.

2. Die Rolle beratender Ausschüsse bei der Gewaltprävention im Sport

Die kommunalen Verwaltungen müssen Strukturen für die Beschäftigung mit der Gewalt im Sport und für die Koordination der entsprechenden Aktivitäten bereitstellen. Dies könnte in Form eines Ausschusses geschehen, der sich aus Vertretern der Fanprojekte, der Polizei, des Fußballvereins und der Gerichte, von Jugend- und Sportverbänden sowie Bildungseinrichtungen zusammensetzt.

Der Ausschuss kann unter anderem den kommunalen Behörden gegenüber seine Meinung äußern und Vorschläge unterbreiten, wie die Präventionsstrategie und die dazugehörigen Programme gestaltet werden sollen. Er kann auch als Vermittler zwischen denen fungieren, die im Feld arbeiten, und den Entscheidungsträgern, oder aber Anstöße für spezifische Projekte geben, an denen die Partner beteiligt sind - sei es in der Form von Überzeugungskampagnen oder punktgenauer Maßnahmen, die dem tatsächlichen Bedarf entsprechen.

Schließlich könnte er auf neue Trends hinweisen und dabei deren Nutzen für schnelle, angemessene und wirksame Reaktionen im Blick behalten.

E. Fanbotschaften

1. Die Atmosphäre des Turniers

Bei der Organisation sportlicher Ereignisse haben die Sicherheit der Zuschauer und der Öffentlichkeit oberste Priorität. Eine große Herausforderung besteht darin, die Balance zwischen den Sicherheitserfordernissen vor dem Hintergrund tatsächlicher Risiken zu finden und der Bewahrung des festlichen und unbeschwerten Charakters der Veranstaltung.

Die Veranstaltung muss einladend und festlich bleiben, einheimische und angereiste Fans korrekt und mit Respekt behandelt werden. Was die Gastfreundschaft im Zusammenhang mit den Spielen angeht, braucht man einen klar erkennbaren, leicht verständlichen und, wenn nötig, konsequenten Ansatz bei der Behandlung der Fans, den Empfangseinrichtungen, die man für sie organisiert und bei dem Einsatz der Verkehrsmittel und der Kommunikation.

Dies lässt sich nur erreichen, wenn alle Beteiligten im Rahmen einer integrierten Strategie und mit gemeinsamen Zielen zusammenarbeiten. Diese Partnerschaft bedarf des Konsenses aller Beteiligten und ihrer Einbeziehung in der Planungsphase und während der Veranstaltung.

Es muss darauf hingewiesen werden, dass die Arbeit in den Stunden oder sogar Tagen vor Spielbeginn von zentraler Bedeutung ist. Gut organisierte Veranstaltungen vor den Spielen wirken sich immer positiv auf das Verhalten der Fans und die Atmosphäre im Stadion aus.

Ein grundlegendes Ziel der präventiven Vorkehrungen ist es, eine Partnerschaft mit der Polizei herzustellen und ihr Arbeit abzunehmen (bei ihrer nachrangigen Aufgabe, die Öffentlichkeit mit Informationen zu versorgen). Das ermöglicht es ihr, sich auf ihre Hauptaufgabe zu konzentrieren, die Einhaltung der öffentlichen Ordnung. Das Präventionsprogramm spielt auch bei der Schaffung einer ruhigen Atmosphäre eine bedeutende Rolle; sie ist ein Beitrag zur Verringerung von Polizeieinsätzen.

2. Zweck

Fanbotschaften sollen als Anlaufstellen für ausländische Fans dienen; sie konzentrieren sich auf die Fankultur und die besonderen Bedürfnisse der Fans während des Turniers. Sie bieten ihnen die Gelegenheit, in ihrer eigenen Sprache mit Leuten zu sprechen, die mit der Umgebung der Fans vertraut und in der Lage sind, individuelle Probleme zu lösen. Die Fans können sich dort informieren, und ihnen kann bei allen Fragen geholfen werden, die mit den Spielen, dem Kartenverkauf, Unterkunft, Reisen, Freizeitaktivitäten, der Übertragung von Spielen auf Großbildleinwände, mit dem Diebstahl oder Verlust von Dokumenten oder der medizinischen Versorgung zu tun haben sowie bei einer Reihe anderer Angelegenheiten, zum Beispiel dem Geldumtausch oder alternative Aktivitäten.

Das Ziel besteht darin, einen Informationskanal zwischen den Fans und den lokalen und nationalen Behörden bereitzustellen, über den aktuelle Informationen schnell und effizient verbreitet werden. Ein Turnier hat ein eigenleben und unterliegt ständigen Veränderungen. Die Lage kann sich schnell beträchtlich verändern. Da das Turnier unbeweglich ist, ist es entscheidend, eine Einrichtung zu haben, die direkte Verbindung zur Lage im Feld hat und sich verändernden Situationen anpassen kann.

Fanbotschaften können auch den Behörden gegenüber den Standpunkt der Fans vertreten, wenn Probleme auftauchen, und vorbeugende Initiativen ergreifen, um gute

Beziehungen zwischen den unterschiedlichen Fangruppen und örtlichen ethnischen Gruppen herzustellen.

3. Arbeitsweise

a. Struktur

Während eines internationalen Turniers sollte jede gastgebende Stadt ein eigenes Programm für Fanbotschaften haben.

Verschiedene Formen sind möglich: eine einzige Botschaft oder zwei - jeweils eine pro Land - möglicherweise mit einem dritten Informationszentrum für durchreisende Fans.

Der Grad der Professionalität und die Autonomie der Einrichtungen richten sich nach den kulturellen Trends der betreffenden Länder. Fanbotschaften können von den zuständigen Behörden ebenso eingerichtet werden wie von den Fans selbst.

Es ist zwingend erforderlich, dass die Botschaften in der Lage sind, mit den Fans angemessen umzugehen, insbesondere mit denen der auswärtigen Mannschaften.

b. Besetzung und Personal

Es ist natürlich wünschenswert, dass denen, die an Fanbotschaften mitarbeiten, angemessene Mittel zur Verfügung stehen und sie über die Fähigkeiten verfügen, die für die oben beschriebenen Funktionen erforderlich sind.

Dabei kann es sich um bezahltes Personal handeln, das von einer Behörde oder einem beauftragten Verband beschäftigt wird. In anderen Fällen hat sich der Einsatz engagierter Freiwilliger aus Fanorganisationen ebenfalls bewährt.

Das Personal einer Fanbotschaft sollte über gute Kenntnisse der Fankultur seiner Zielgruppe verfügen, sich vor Ort gut auskennen, engen Kontakt mit allen zuständigen örtlichen, nationalen und internationalen Institutionen halten sowie die Sprache der Zielgruppe und des gastgebenden Landes sprechen.

c. Öffnungszeiten

Fanbotschaften sollten über möglichst viele Stunden zugänglich und telefonisch erreichbar sein. Die Erfahrung hat gezeigt, dass ununterbrochene Öffnung während des Turniers wünschenswert sein kann.

Am Tag vor einem Spiel, am Spieltag und am Tag danach müssen die Botschaften so lange wie möglich geöffnet sein.

Einer der Vorteile von Fanbotschaften ist ihre Erreichbarkeit, ein anderer ihre Flexibilität, die es ihnen ermöglicht, sich auf neue Situationen einzustellen und ihre Handlungen auf den Lebensstil der anreisenden Fans auszurichten.

d. Lage und Erreichbarkeit

Den richtigen Platz zu finden, ist ein sensibler Teil der Vorbereitungen, denn Fanbotschaften müssen in der Praxis zugänglich sein und sichtbar an einem leicht erreichbaren Ort stehen.

Die Frage des Standortes bedarf eingehender Beratungen durch die für die Prävention Verantwortlichen, die Fanverbände, die Polizei und die kommunalen Behörden. Im Idealfall stehen die Fanbotschaften im Stadtzentrum. Dadurch kann ein großer Teil der Arbeit schon vor dem Spiel geleistet werden, und die Botschaften sind für sehr viele Fans erreichbar, die normalerweise erst eine oder zwei Stunden vor dem Anstoß ins Stadion gehen.

Es ist nützlich, in der Nähe des Stadions Fankonsulate einzurichten, wie bei der EM 1996, um den Fans einen zusätzlichen Anlaufpunkt unmittelbar vor und nach dem Spiel zu bieten.

Der Weg zu den Fanbotschaften muss klar und deutlich ausgeschildert sein, damit die Fans sie leicht finden können und sie jederzeit erreichbar sind. Es ist hilfreich, wenn die Schilder ein Logo tragen, das allen Turnierstädten gemeinsam ist; dies erleichtert die Wiedererkennung. Die Literatur, die die Fans zu Hause vor dem Turnier erhalten, sollte die Adressen und andere Details der Fanbotschaften enthalten. Der Aushang von Plakaten mit Stadtplänen, auf denen die Standorte der Fanbotschaften markiert sind (und andere nützliche Informationen wie die Lage von Bushaltestellen, Bankautomaten usw.) in den Schaufenstern von Läden oder Cafés ermöglicht es den Fans, ihren eigenen Standort jederzeit und überall zu bestimmen oder den Standort ihrer Fanbotschaft zu finden.

e. Empfangseinrichtungen, Dienstleistungen und Information

Da das Personal der Fanbotschaften ständig Verbindung zu den Veranstaltern, den städtischen und staatlichen Stellen, der Polizei und den Sicherheitsdiensten hält, kann es die Fans aktuell und präzise informieren. Es muss sich vergewissern, dass diese Informationen stimmen und verlässlich sind, und sie ständig überprüfen, um Fehlinformationen der Fans zu vermeiden.

Ein Nebenziel besteht darin, Gerüchte im Keim zu ersticken. Phantastische Gerüchte zirkulieren in großer Zahl bei den Turnieren. Dies kann zu Problemen führen, mit denen nicht leicht umzugehen ist. Da die Botschaften sowohl an zentraler Stelle im Netzwerk der Organisatoren stehen, als auch über direkte Verbindungen zu den Fans vor Ort verfügen, können sie solchen Gerüchten ein Ende bereiten.

Spiele und Regelungen für das Turnier

Die Fanbotschaften verbreiten Broschüren mit Informationen über die Stadien und deren Standort, die Zufahrtswege, öffentliche Verkehrsmittel und die Anstoßzeiten der Spiele. Sie müssen auch über rechtliche Bestimmungen im Zusammenhang mit dem Turnier oder der Steuerung der Menschenmengen informieren, ebenso über die Regeln, die in den einzelnen Stadien gelten, und auflisten, was verboten ist und welches Verhalten als sozialschädlich gilt.

Die Bestimmungen variieren von Land zu Land und manchmal von Spiel zu Spiel, wenn es um Transparente, Kameras, Feuerwerkskörper, Mobiltelefone, Videokameras oder Regenschirme geht.

Eintrittskarten und deren Vertrieb

Die Veranstalter des Turniers sollten den Fanbotschaften präzise und aktuelle Informationen über die Preise, die Verkaufsstellen, die Zahl der Restkarten (so vorhanden), die Zeitlimits und sonstigen Verkaufsbedingungen zur Verfügung stellen oder ihnen eine Anlaufstelle benennen, an der sie diese Informationen abrufen können. Für die Fans ist es wichtig, rechtzeitig zu wissen - und zwar verlässlich - wenn ein Spiel ausverkauft ist, wie viele Karten noch zu welchem Preis vorhanden sind, oder wann der Kartenverkauf eingestellt wird. Fanbotschaften verkaufen allerdings selbst keine Karten.

Unterkunft

Im allgemeinen ergänzen oder unterstützen Fanbotschaften die herkömmlichen Fremdenverkehrsbüros, die über verschiedene Unterbringungsmöglichkeiten und Services informieren. Es ist wichtig, dass nicht nur über Hotels informiert wird, sondern auch über preisgünstigere Unterkünfte wie Campingplätze oder Privatunterkünfte. Genaue Informationen über öffentliche Verkehrsmittel, mit denen man dort hinkommt (Ort, Preise und Fahrplan), sollten ebenfalls vorliegen.

Wenn alle Unterkünfte belegt sind, muss es möglich sein, die Fans auf weiter entfernte Unterkünfte zu verweisen und ihnen die Verkehrsmittel dorthin zu nennen. Wenn die

Situation sich weiter zuspitzt, können die Botschaften in Zusammenarbeit mit den Behörden und der Polizei den Bedarf für Notunterkünfte ermitteln und die Fans zu improvisierten Campingplätzen, Sporthallen mit Feldbetten usw. leiten.

Reisen

Die Reisen durch das Land, der Transport in den Städten sowie zu und von den Stadien sind bei Turnieren eine anspruchsvolle Aufgabe, bei der es besonders auf gute Informationen ankommt. Nicht nur Stadtpläne, sondern auch die Fahrpläne der öffentlichen Verkehrsmittel (Züge, Busse, Straßenbahnen, U-Bahnen) sollten zur Verfügung stehen, und die Fans sollten mit Informationen versorgt werden, die ihrem persönlichen Bedarf entsprechen. Auch über öffentliche und private Parkplätze in der Stadt oder der Nähe des Stadions, über Park-and-Ride-Angebote und die Fahrpläne von Zubringerdiensten zu den Stadien sollte informiert werden (im Idealfall mit einer Haltestelle "Fanbotschaft").

Diebstahl oder Verlust von Dokumenten

Amtliche Dokumente wie Pässe, Personalausweise oder Sozialversicherungsausweise und Flugtickets oder Eintrittskarten und anderes werden bei Turnieren häufig verloren oder gestohlen. Dies bereitet den Fans viel Ungemach, da sie sich in der unbekannten Umgebung verloren fühlen und versuchen müssen, mit einer fremden Sprache zurechtzukommen. Sie brauchen eine direkte Verbindung oder die Fanbotschaft, die sich ihrer Probleme annimmt. Ihre Ausstattung und ihre Freundlichkeit machen sich bei Problemen dieser Art bezahlt.

In diesem Zusammenhang erweist sich die Anwesenheit eines Konsularbeamten in der Nähe der Fanbotschaft des Landes als vorteilhaft; sie wird deshalb empfohlen.

Medizinische Versorgung

Fanbotschaften müssen in der Lage sein, über Krankenhäuser, medizinische Einrichtungen und Notdienste, zahnärztliche Notdienste und die Sozialversicherungssysteme zu informieren und den Fans die Richtung weisen.

Aktivitäten

Fanbotschaften sind bedeutende Informationsquellen für Freizeit-, Sport und Kulturveranstaltungen, die den Einheimischen angeboten werden, oder Sonderveranstaltungen für Fans in der Stadt oder anderen Landestellen und für die Verkehrsmittel, mit denen man dort hinkommt. Manchmal organisieren Fanbotschaften solche Aktivitäten selbst mit oder für Fans, seien es Konzerte, Spiele oder anderes.

Es ist wichtig, dass diese Informationen auf dem neuesten Stand sind, denn viele Aktivitäten werden zu spät organisiert, um in der offiziellen Literatur zu erscheinen, oder Alternativveranstaltungen werden dort nicht aufgenommen. Andere Aktivitäten, über die vorwiegend durch die Fanbotschaften informiert werden sollte, schließen die öffentlichen Übertragungen von Spielen ein, die nicht immer vorher geplant und manchmal der letzte Ausweg sind, die Bewegungen der Zuschauer zu kanalisieren, die keine Karten für ein ausverkauftes Spiel bekommen haben.

4. Andere Aspekte

a. Botschaften in Durchgangsstädten

Neben der Einrichtung von Fanbotschaften in den Spielstädten kann es sinnvoll sein, zusätzliche Einrichtungen in den Städten zu schaffen, durch die Fans in großen Mengen reisen, oder in denen sie Unterkunft finden. Dies sind Städte mit Sehenswürdigkeiten oder einem besonderen Unterhaltungsangebot, sie bieten attraktive Aktivitäten oder haben sehr viele Hotelbetten, die wahrscheinlich von vielen Fans belegt werden, oder es sind Städte, deren Lage sie zwangsläufig zu Durchgangsstädten macht.

Solche kleineren Einrichtungen lassen sich leicht in normalen Büros unterbringen, etwa in Fremdenverkehrsbüros. Sie informieren auch über die Städte, in denen das Turnier stattfindet.

b. Informationszentren für einheimische Fans

Die Einrichtung eines Informationszentrums für einheimische Fans in der Nähe des Stadions durch die örtlichen Behörden ist sinnvoll. Es ergänzt, aber ersetzt die klassische Fanbotschaft nicht. Eine klassische Fanbotschaft in der Stadt mit vielen Angestellten ist während der gesamten Dauer des Turniers nicht gerechtfertigt.

5. Finanzen

Um effektiv arbeiten zu können, entstehen für eine Fanbotschaft erhebliche Personal- und Sachkosten.

Wegen der Einmaligkeit der Veranstaltung können einige Aufgaben mit der Ausstattung, in den Gebäuden und mit dem Personal der Kommune oder von Verbänden erledigt werden. Eine eigene Finanzierung ist trotzdem erforderlich.

Der Staat und die Veranstalter des Turniers und der Spiele müssen für die Finanzierung und den Betrieb der Botschaft das Ihre tun.

6. Begleitpersonen

a. Rolle und Aufgaben

Einige Länder halten es für sinnvoll, ihren Fans Begleitpersonen mit auf die Reise in andere Länder zu schicken, oder darum zu bitten, dass solche Personen die Fans aus anderen Ländern begleiten. Sie kommen aus den Herkunftsländern der Fans, sprechen die Sprache des Gastgeberlandes und sind mit der Kultur des jeweiligen Landes vertraut.

Die Begleitpersonen reisen mit den Fans ihrer Länder im Gastgeberland; Grundlage ihrer Bewegungen sind die Termine der Spiele. Sie sind am Tag vor dem Spiel, am Spieltag und am Tag danach am Spielort. Sie reisen auch an andere Orte, wenn sich große Mengen Fans dort aufhalten.

Sie können in der Fanbotschaft stationiert sein und ihr als verlängerter Arm oder als Ordner dienen und organisierte Gruppen aus ihren Heimatländern ins Stadion und zurück zur Unterkunft begleiten. Letzteres gilt vorwiegend für die Fans von Vereinsmannschaften, die an internationalen Wettbewerben teilnehmen.

Die Begleitpersonen haben außerhalb ihrer Heimatländer keine besonderen Rechte; ihre Rolle ist daher begrenzt.

Es ist ihre Hauptaufgabe, sich um die auswärtigen Fans zu kümmern, ihnen die Dienstleistungen zu bieten, die sie brauchen, um freundlicher aufgenommen zu werden, und die Gastfreundschaft zu optimieren, die ihnen entgegengebracht wird. Sie können die Fans informieren und helfen ihnen in enger Zusammenarbeit mit der Fanbotschaft bei der Lösung von Problemen.

Sie spielen die Rolle von wandernden Fanbotschaftern und helfen, eine positive Fankultur zu entwickeln und zu stärken, die sich auf Respekt und Toleranz gründet. Unter bestimmten Umständen sind sie in einigen Ländern in der Lage, den Dialog zwischen den Fans und der Polizei zu ermöglichen, damit Spannungen abgebaut und Polizeieinsätze unnötig werden.

Unter Umständen und wenn dies zwischen den beiden betroffenen Ländern so vereinbart ist, können sie an Spieltagen die Aufgaben von Fanbetreuern übernehmen (s. Abschnitt C). In diesem Fall gelten dieselben Überlegungen wie auf der lokalen Ebene.

b. Struktur

Die Größe der Teams und die Art der Zusammenarbeit mit den Veranstaltern, Behörden und der Polizei richten sich nach den örtlichen Gegebenheiten. Wichtig ist, dass es eine klare Kommunikationsstruktur gibt und die Zuständigkeiten gegenseitig vereinbart und verstanden werden.

c. Anwerbung, Auswahl und Ausbildung

Die Gastgeberländer können auch einen Nutzen darin sehen, Betreuungspersonal und Dolmetscher unter Bürgern der anreisenden Länder zu suchen, die schon im Land leben. Bestimmte Länder wie die Türkei und Jugoslawien werden weitgehend von Fans unterstützt, die in dem veranstaltenden Land oder in Nachbarstaaten leben. Auch andere Länder haben eine beträchtliche Zahl eingewanderter Fans, etwa Spanien, Italien oder Portugal.

Die typische Begleitperson kommt nicht unbedingt aus einem vergleichbaren Beruf oder beschäftigt sich pädagogisch mit Hooligans oder jugendlichen Straftätern. Da der Hauptzweck ihrer Tätigkeit die primäre Prävention ist und sie sich an alle Fans richtet, kann es nützlich sein, sich nicht von professionellen Reflexen oder unterschiedlicher Praxis leiten zu lassen.

F. Aktivitäten für die einheimische Bevölkerung während des Turniers

b. Überzeugungskampagnen

Begleitveranstaltungen sind notwendig, um das Bewusstsein der Einheimischen zu steigern und sie zu ermutigen, sich an dem Ereignis zu beteiligen, damit die festliche Dimension und die Idee der Gastfreundschaft in den Vordergrund treten. Wenn dies in einer einladenden Atmosphäre geschieht, wird es alle im Geiste der Brüderlichkeit vereinen, den jeder während des Turniers erwartet.

Das Turnier sollte mit seiner starken Symbolkraft als Katalysator für groß angelegte präventive Maßnahmen dienen. Die Verbreitung der Werte von Toleranz und Respekt wird durch multikulturelle Aktivitäten und Überzeugungskampagnen gefördert.

Das Bewusstsein der einheimischen Bevölkerung muss durch präventive Kampagnen gesteigert werden. Ein Beispiel für eine sehr wertvolle Initiative findet sich in den primären Präventionsaktivitäten im Rahmen des Schulprojektes "Welkom!" in den Niederlanden.

Die festliche Seite der Veranstaltung muss betont werden, ebenso wie die Idee des Fair Play. Insbesondere kommt es darauf an, eine Panikstimmung zu entmystifizieren, die während der Vorbereitungsphase solcher Turniere unweigerlich von den Medien geschürt wird. Die Spannung in der einheimischen Bevölkerung muss reduziert werden, die Menschen müssen auf ein brüderliches Fußballfest vorbereitet werden, und nicht auf Konfrontationen mit bierdurstigen und gewalthungrigen ausländischen Invasoren.

Die Besitzer von Gaststätten und Bars sind eine wichtige Zielgruppe, denn sie spielen eine zentrale Rolle, wenn es darum geht, den Alkoholkonsum in Grenzen zu halten. Sowohl den Angestellten als auch dem Management muss ihre Verantwortung klargemacht werden. Sie brauchen gezielte Informationen, damit sich die Wahrscheinlichkeit von Zwischenfällen verringert.

b. Zielgerichtete Prävention

Es muss versucht werden zu verhindern, dass sozial anfällige Bevölkerungsgruppen sich ausgeschlossen fühlen. Das Turnier und alles, was dazugehört, darf nicht die Sache einiger weniger Privilegierter sein. Präventionsmaßnahmen müssen in den Wohnvierteln durchgeführt werden, insbesondere in denen, die als schwierig gelten.

Solche Maßnahmen sollten sich an örtliche Strategien der Integration durch Sport und multikulturelle Prävention anschließen. Sie sollten in Zusammenarbeit mit Verbänden und ähnlichen Gruppen organisiert werden, die Erfahrung mit sozialpräventiver Arbeit haben. Alternativen lassen sich organisieren, um zu vermeiden, dass Langeweile aufkommt, eine Situation, in der es häufig zu Straftaten kommt. Beispiele für solche Alternativen sind Sportturniere, "Schnupper"-Teilnahme an bestimmten Sportarten, Themenabende, Konzerte und pädagogische Maßnahmen. Solche Aktivitäten haben auch strukturierende Funktion, wenn sie Teil eines wohldurchdachten pädagogischen Projektes sind. Hinzu kommt, dass sie die Aufmerksamkeit der Jugendlichen von ihrem potentiellen Interesse an möglichen Konfliktfeldern und von der Beteiligung an Zusammenstößen ablenken.

www.ingramcontent.com/pod-product-compliance
Lightning Source LLC
Chambersburg PA
CBHW020113010526
44115CB00008B/809